Methodische Elemente des Unterrichts

Sozialformen, Aktionsformen, Medien

Herausgegeben von Julia Drumm

Vandenhoeck & Ruprecht

Bibliografische Information der Deutschen Nationalbibliothek

Die Deutsche Nationalbibliothek verzeichnet diese Publikation in der Deutschen Nationalbibliografie; detaillierte bibliografische Daten sind im Internet über http://dnb.d-nb.de abrufbar.

ISBN 978-3-525-40003-6

Gesamtherstellung: ⊕ Hubert & Co, Göttingen

Gedruckt auf alterungsbeständigem Papier.

Inhalt

Vorwort

Das vorliegende Buch möchte Anregungen und Handwerkszeug für einen methodisch abwechslungsreichen und gut durchdachten Unterricht liefern. Dazu werden sowohl gängige als auch weniger verbreitete methodische Elemente beschrieben. Die systematischen Darstellungen laden ein, die eigene Unterrichtspraxis zu reflektieren und evtl. um das eine oder andere methodische Element zu erweitern.

Die meisten Kapitel entstanden im Zusammenhang mit der Arbeit an dem Buch *Innovative Methoden für den Lateinunterricht.*[1] Insofern stammen viele der unterrichtspraktischen Beispiele aus dem Fach Latein. Sie werden aber an zahlreichen Stellen ergänzt durch Hinweise und Beispiele aus anderen, v.a. sprachlichen und gemeinschaftskundlichen Fächern des gymnasialen Unterrichts.

Herzlichen Dank allen, die an diesem Projekt beteiligt waren: den Autorinnen und Autoren für ihre Ausdauer und Kooperationsbereitschaft, Kolleginnen und Kollegen sowie Schülerinnen und Schülern[2] für wertvolle Anregungen und das Beisteuern von Beispielen, und nicht zuletzt dem Verlag Vandenhoeck & Ruprecht für die gute und produktive Zusammenarbeit.

Herschweiler-Pettersheim, im Juni 2007   Julia Drumm

---

[1]   Drumm, Julia / Frölich, Roland (Hg.): Innovative Methoden für den Lateinunterricht, Göttingen 2007.

[2]   Um der besseren Lesbarkeit willen verwenden wir in den Texten dieses Buches in der Regel nur die männlichen Formen, wobei stets Schülerinnen und Lehrerinnen mit gemeint sind.

1 Einführung

Unter methodischen Elementen verstehen wir einzelne Sozialformen, Aktionsformen / Handlungsmuster und Medien. Sie bilden die Grundbausteine, aus denen sich komplexere Unterrichtsformen (die sog. methodischen Großformen) zusammensetzen.

In diesem Buch werden folgende methodische Elemente vorgestellt:
- Sozialformen (Kap. 2): Klassenunterricht, Einzelarbeit, Partnerarbeit, Gruppenarbeit;
- Aktionsformen / Handlungsmuster (Kap. 3): Schülervortrag, Referat und Präsentation, Lehrervortrag, Unterrichtsgespräch, Rundgespräch, Rollenspiel, szenische und musikalische Elemente;
- Medien (Kap. 4): Arbeitsblätter, Tafel und Folien, Plakate, Tonträger, Computer, Bilder, Filme, Lernspiele.

Jedes methodische Element kann sowohl in eher geschlossenen methodischen Großformen (z.B. Lehrgang, Kurs, Trainingsprogramm) als auch in offenen Großformen (z.B. Projekt, Freiarbeit, Exkursion) vorkommen.[1]

Sozialformen

Sozialformen geben an, mit wem ein Schüler in einer bestimmten Unterrichtsphase zusammenarbeitet. Sie regeln also die Beziehungs- und Kommunikationsstruktur des Unterrichts.[2]

---

1 Zur Definition und Einteilung methodischer Großformen vgl. Meyer, H., I, 143-146; Drumm / Frölich, 9-12.
2 Meyer, H., I, 136-143.

Es gibt nur vier mögliche Sozialformen:
- Klassenunterricht: Alle Mitglieder einer Lerngruppe (Schüler und Lehrer) arbeiten zusammen.
- Einzelarbeit: Jeder Schüler arbeitet (still) allein.
- Partnerarbeit: Die Schüler arbeiten in Zweiergruppen.
- Gruppenarbeit: Die Schüler arbeiten in Kleingruppen.

Aktionsformen / Handlungsmuster

Aktionsformen bzw. Handlungsmuster[3] bezeichnen die Art und Weise, wie ein bestimmter Stoff von Schülern oder vom Lehrer dargeboten, sich angeeignet oder erlebbar gemacht wird. Sie sind wie Drehbücher, die für einzelne Szenen bestimmte Abläufe festlegen und – je nach Unterrichtsthema – mit verschiedenen Inhalten gefüllt werden können.[4]

Die vorgestellten Aktionsformen / Handlungsmuster lassen sich je nach Art des Umgangs mit dem Unterrichtsstoff in drei Gruppen einteilen, wobei die Übergänge fließend sind:[5]
- Formen der (kognitiven) Informationsvermittlung: Schülervortrag, Referat und Präsentation; Lehrervortrag;
- Formen des gemeinsamen Erarbeitens und des Gedankenaustausches: Unterrichtsgespräch, Rundgespräch;
- Formen des ganzheitlichen[6] Erlebens bzw. Vertiefens eines Themas: Rollenspiel, szenische Elemente und musikalische Elemente.

---

3   Weitere Bezeichnungen: Lehrformen, Arbeitsformen, methodische Grundformen; Meyer, H., I, 125.
4   Meyer, H., I, 124-128. Meyer nennt als Beispiele für Handlungsmuster u.a.: Lehrervortrag, Schülerreferat, Schülerdiskussion, gelenktes Gespräch, Tafeltext-Erarbeitung, Schreiben eines Diktats, Rollenspiel, Planspiel, Experiment, Streitgespräch, Podiumsdiskussion, Textarbeit, Kartenarbeit, Anfertigen einer Collage / einer Wandzeitung, Erkundungsgang, Interview, Katechisieren (Abfragen), Arbeit mit Standbildern, Geschichten erzählen, Arbeit mit Arbeitsblättern, Lernspiel, Lehrgespräch; vgl. 115.
5   Manche Aktionsformen können auch mehreren Gruppen zugeordnet werden, z.B. kann ein Rollenspiel nicht nur dem Erleben oder Vertiefen eines Themas, sondern auch der Informationsvermittlung dienen, vgl. Kap. 3.5, Beispiel 5.

Medien

Medien sind die Materialien und Geräte, mit deren Hilfe der Unterrichtsstoff vermittelt wird. Dabei reicht das Spektrum von Jahrhunderte alten Medien wie Tafel und Papier bis zu modernen technischen Geräten wie Tonträger und Computer. Ein Medium kann in einfacher Ausfertigung zentral für eine ganze Lerngruppe vorhanden sein oder in mehrfacher Ausfertigung jedem einzelnen Schüler bzw. jeder Schülergruppe zur Verfügung stehen.

Es werden folgende Medien vorgestellt: Arbeitsblätter, Tafel und Folien, Plakate, Tonträger, Computer, Bilder, Filme und Lernspiele.

Ein Medium an sich ist zunächst »tote Materie«. Es muss durch Lehrer und Schüler im Rahmen des Unterrichts mit Leben gefüllt werden.[7] Darum werden in den Kapiteln nicht nur technische Informationen zu den jeweiligen Medien gegeben, sondern v.a. Überlegungen zu ihrer Einbettung ins Unterrichtsgeschehen angestellt. Alle Medien können – je nach Aktionsform – von Lehrern genauso wie von Schülern genutzt werden.

Aufbau eines Kapitels

Die Kapitel folgen alle einem ähnlichen Aufbauschema:
1. Definition und Ziele des jeweiligen Elements.
2. Mögliche Einsatzorte und Inhalte.
3. Charakteristika, z.B. Vorstellung verschiedener Formen und Ausprägungen, Überlegungen zur Lehrer- und Schülerrolle.
4. Durchführung / Einsatz im Unterricht.
5. Beispiele zu konkreten Anlässen im Unterrichtsgeschehen.

---

6   »Ganzheitlich« meint das Einbeziehen des ganzen Körpers und das Ansprechen verschiedener Sinne.

7   Meyer drückt dies mit folgendem Bild aus: »Unterrichtsmedien sind ›tiefgefrorene‹ Ziel-, Inhalts- und Methodenentscheidungen. Sie müssen im Unterricht durch das methodische Handeln von Lehrern und Schülern wieder ›aufgetaut‹ werden« (Meyer, H., I, 150).

2 Sozialformen

2.1 Klassenunterricht

2.1.1 Definition und Ziele

Klassenunterricht ist die Sozialform, bei der – im Unterschied zu Einzel-, Partner- und Gruppenarbeit – die ganze Lerngruppe mit dem Lehrer zusammen arbeitet. Es gibt *ein* zentrales Geschehen, an dem alle Schüler teilhaben.

Das Unterrichten in der Gesamtgruppe kann unterschiedliche Ziele verfolgen. Es will z.b.
– den Lernfortschritt der Gesamtgruppe planbar machen;
– sicherstellen, dass zentrale Inhalte von allen Schülern gehört werden;
– den Schülern gemeinsame Erlebnisse und Erfahrungen verschaffen;
– ermöglichen, dass Dinge gemeinsam ausgewertet oder geplant werden;
– die Vielfalt an Erfahrungen und Ideen einer großen Gruppe ausnutzen.

2.1.2 Mögliche Einsatzorte und Inhalte

Im Schulalltag ist Klassenunterricht »die häufigste aller vier Sozialformen«.[1] Jede Phase des Unterrichts lässt sich als Klassenunterricht gestalten, z.B.
– die Erarbeitung eines neuen Themas, eines Textes o.Ä. im Unterrichtsgespräch;

---

1   Meyer, H., II, 187.

- die Bewertung eines Textes oder die Erörterung von Fragen im Unterrichtsgespräch oder Rundgespräch;
- die Vermittlung neuer Inhalte durch Lehrervortrag oder Schülerreferat.
- Auch handlungsorientierte Unterrichtsformen werden mit der Gesamtgruppe durchgeführt bzw. vor ihr aufgeführt und besprochen, z.b. ein Rollenspiel oder andere szenische und musikalische Elemente.

In materialgestützten und projektartigen offenen Unterrichtsformen finden v.a. die Einführungsphasen und die Auswertungsphasen im Klassenunterricht statt, z.b.
- Einführung und Auswertung von Lernzirkel, Freiarbeit, Wochenplan, Gruppenpuzzle und projektorientierter Gruppenarbeit;
- Planung und Präsentation der Ergebnisse von Projekten, Vorhaben, Museumsbesuchen oder Schulfahrten.

2.1.3 Durchführung / Charakteristika

Eine gesamte Gruppe zu führen ist sehr anspruchsvoll, besonders wenn die Gruppe groß ist. Die zentrale Herausforderung liegt darin, alle Schüler bei der Stange zu halten, also einen für möglichst alle fruchtbaren Klassenunterricht zu gestalten. Es ist deshalb hilfreich, sich über folgende Punkte Gedanken zu machen:

Mögliche Aktionsformen
»Klassenunterricht« heißt nicht automatisch »Unterrichtsgespräch«. Der Klassenunterricht ist vielmehr nur der Rahmen für viele verschiedene Aktionsformen:
- Vortragsformen: Lehrervortrag, Referat, Präsentation,
- Gesprächsformen: gebundene und offene Unterrichtsgespräche, Rundgespräch,
- Formen gemeinsamen Erlebens: szenische oder musikalische Elemente.

Was zu welchem Zeitpunkt passt, hängt ab von Thema und Zielsetzung der Unterrichtsstunde, aber auch von der persönlichen

Tagesform des Lehrers oder der Klasse. Es ist wichtig, sich in jedem Fall Rechenschaft über den Einsatz einer bestimmten Aktionsform zu geben.

Lehrer- / Schülerrolle
Alle am Klassenunterricht beteiligten Personen sollten sich darüber im Klaren sein, welche Rolle sie in einer bestimmten Unterrichtsphase spielen. Wenn man eine Klasse neu übernimmt, braucht es gewöhnlich eine Weile, bis man selbst und die Schüler sich in den verschiedenen Situationen des Klassenunterrichts zurechtgefunden haben. Gerade zu Beginn ist deshalb Konsequenz im Rollenverhalten besonders wichtig.

Für den Klassenunterricht braucht man einen Leiter oder Gesprächsführer, der
– Inhalte referiert,
– das Unterrichtsgespräch moderiert oder
– in eine Aktionsform einführt.
Das muss nicht in jedem Fall der Lehrer sein.

Für den Rest der Gruppe sind verschiedene Rollen denkbar:
– Stille Zuhörer (mit / ohne Arbeitsauftrag), z.b. bei einem Lehrervortrag, einem Referat, einer Präsentation, oder stille Zuschauer / Beobachter eines Rollenspiels / einer szenischen Interpretation;
– Gesprächspartner in einem fragend-entwickelnden Unterrichtsgespräch, z.b. bei der Erarbeitung einer Übersetzung, eines Grammatikthemas, einer Interpretation;
– gleichberechtigte Diskussionspartner, z.B. bei der Planung eines Projektes oder einer Schulfahrt oder bei der Auswertung einer Unterrichtsreihe;
– Mitspieler, z.B. bei szenischen oder musikalischen Umsetzungen eines Textes.

Mögliche Sitzordnungen
Ein eher äußerlicher, aber nicht unwichtiger Faktor gerade im Klassenunterricht ist die »Psychologie des Raumes«, die zum einen in der Anordnung der Tische, zum andern in der Sitzordnung der Schüler besteht.

Vorab: An vielen Schulen sind die Unterrichtsräume zu klein, um viele Möglichkeiten der Gestaltung zu haben. Hinzu kommt, dass Gruppen oft auf Wanderschaft durchs Schulhaus sind und man nicht zu Beginn und am Ende jeder Stunde die Zeit aufwenden möchte, das Mobiliar umzustellen. In jedem Fall kann man Folgendes bedenken:

– Sind die Tische unter den Gesichtspunkten von Akustik und Blickkontakt einigermaßen zweckmäßig angeordnet? (Unterrichtsgespräch, Klassenarbeit, Gruppenarbeit, ...)
– Ist jeder Tisch frei zugänglich? (Austausch der Schüler untereinander, Rundgänge des Lehrers während der Stillarbeitsphasen, ...)
– Sitzen die oder einige Schüler unnötig weit hinten (bei großen unterbelegten Räumen)?

Besteht die Möglichkeit, die Anordnung der Tische im Saal selbst zu gestalten, so hat man die Wahl zwischen verschiedenen Tischanordnungen:[2]
– Einzelbänke hinter- und nebeneinander,
– Bankreihen hintereinander,
– Hufeisen, evtl. plus mittige Einzelbänke,
– Gruppentische,
– Stuhlkreis ohne Tische,
– Zuschauerraum mit Stühlen und stühlefreier Bühne.

Für den Wechsel verschiedener Sozial- und Aktionsformen besonders geeignet scheint die sog. Klippert'sche Sitzordnung:[3]

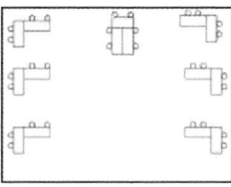

Für Klassenunterricht, Einzel- und Partnerarbeit sind jeweils zwei Tische über Eck gestellt. Falls man mehr Sitzplätze benötigt, als »Sitzecken« im Saal Platz haben, kann ein Gruppentisch in der Saalmitte hinten dazukommen.

2   Tipps zum Umstellen der Sitzordnung vgl. Kap. 3.4.4.
3   Grafiken aus: http:/www.gslenzinghausen.de/printable/509976960711e0e0b/
     5099769607133238e.html.

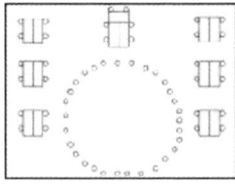 Diese Anordnung der Tische kann durch Bewegen von nur wenigen Tischen so umgestellt werden, dass jeweils zwei Tische einen Gruppentisch bilden und in der Mitte des Saales ein freier Raum für einen Stuhlkreis, eine Bühne o.Ä. entsteht.

Wenn sich eine Lerngruppe neu zusammenfindet, wird man die Wahl der Plätze zunächst den Schülern überlassen, da zu Beginn ohnedies sehr viel vom Lehrer vorgegeben werden muss.

Ein gelegentlicher Wechsel des Sitzplatzes schafft beim Schüler ein besseres Gefühl für den Raum (v.a. seine Akustik) und ein bewussteres Wahrnehmen der Gesamtgruppe (durch Kontakte zu verschiedenen Bank- oder Sitznachbarn). Um dies zu fördern, kann man die Bänke oder Bankreihen nach einem bestimmten System wöchentlich / monatlich rollieren lassen, z.B. indem die Sitzplätze immer wieder neu ausgelost werden.

Es kann aus disziplinarischen Gründen auch einmal notwendig sein, Schüler (zeitweise) voneinander zu trennen oder Einzelne zu isolieren.

Rituale

Die gesamte Gruppe im Sinne des Klassenunterrichts betreffen auch die Rituale zur Begrüßung und zum Abschied. Es bietet sich an, beides von Beginn an zu tun (fachspezifisch z.B. in der unterrichteten Fremdsprache), z.B.:

L: Salvete / Valete, discipuli discipulaeque! //
    Salve / Vale, magister / magistra!
E: Good morning! // Good bye!
F: Bonjour les jeunes! // Au revoir!
S: ¡Buenos días! // ¡Adiós!

2.1.4 Schwierigkeiten und Tipps

Die Schüler sprechen zu leise:
– Als Lehrer häufiger die Position in der Klasse wechseln, möglichst keine direkt vor sich sitzenden Schüler aufrufen.

- Für Diskussionen u.Ä. Sitzordnung ändern (Stuhlkreis).
- Selbst ganz leise antworten.
- Mit den Schülern ein Zeichen vereinbaren, das bedeutet: »Bitte lauter sprechen!«
- Bei den am weitesten entfernt Sitzenden nachfragen, ob alles verstanden wurde (nicht zur Regel machen!).

Der Gesprächsleiter verliert den Faden:
- Zur Vorbereitung die Fluchtpunkte des geplanten Unterrichtsgesprächs memorieren und sich während des Gesprächs immer wieder vergegenwärtigen.
- Schlüsselfragen im Vorfeld überlegen und einprägen.
- Sich während des Gesprächs stichwortartige Erinnerungsnotizen machen.
- Die Gesprächsteilnehmer um Hilfe bitten: »Jetzt habe ich den Faden verloren, helft mir mal ...«

Die Schüler sind nicht bei der Sache:
- Vor einem Unterrichtsschritt deutlich sagen, welche Rolle die Schüler jetzt haben: was ihre Aufgabe ist (z.b. Zuhören, Meinungen einbringen, Spielen, Mitschreiben, ...) und welche Materialien sie (nicht) brauchen, ...
- Benötigte Medien vor Gesprächsbeginn so vorbereiten, dass sie sich nahtlos einfügen lassen.

Konzentrationsprobleme, die Aufmerksamkeit lässt nach:
- Möglichst schnell prüfen, was schuld daran sein könnte (z.B. zu lange Dauer der Klassenunterrichtsphase, schlechte Luft im Saal, ungünstige Sitzordnung, zu wenig Visualisierung der Lerninhalte, ...), und Konsequenz ziehen; die kann auch darin bestehen, den Klassenunterricht (vorübergehend) abzubrechen.
- Im Hinblick auf die nächste Planung eines Klassenunterrichts die konkrete Situation analysieren und nach Lösungsmöglichkeiten suchen (ggf. gemeinsam mit den Schülern).
- Für jede Klasse gesondert möglichst bald herausfinden, wie viel Klassenunterricht am Stück sie verträgt.

2.2 Einzelarbeit

2.2.1 Definition und Ziele

Bei der Einzelarbeit, auch Stillarbeit genannt, arbeiten die Schüler selbstständig und eigenverantwortlich. Im Unterschied zum Klassenunterricht bestimmen sie selbst die Reihenfolge und das Tempo ihrer Denkschritte. Im Gegensatz zur Partner- und Gruppenarbeit arbeitet jeder still für sich allein. Die eher kürzere Phasendauer hat die Einzelarbeit mit der Partnerarbeit gemeinsam.

Hauptmerkmal der Einzelarbeit ist, dass die Schüler frei sind in ihren Denkprozessen, die bei gleicher Aufgabenstellung individuell sehr unterschiedlich verlaufen.[4] Der bewusste Einsatz der Einzelarbeit dient daher dem Ziel,

– individuelle Denkvorgänge (und damit auch Binnendifferenzierung) zu ermöglichen. Dies ist besonders bei der Aufnahme und Einübung neuen Lernstoffs oder neuer Techniken (z.B. Vokabellernen, Vorerschließen von Texten) sowie bei Stoffwiederholungen erforderlich;

– Zeit bereitzustellen, in der die Schüler »Lernroutine«[5] erwerben, d.h. Konzentration, Selbstständigkeit und Durchhaltevermögen (v.a. in der Überwindung von Schwierigkeiten) schulen. Dadurch wird auch die Hausaufgaben-Kompetenz gefördert;

– inmitten der schulalltäglichen Betriebsamkeit Oasen der Ruhe zu schaffen.

Unabhängig davon ist es erwiesen, dass im Unterricht eine Abwechslung von gesteuerten und freien Denkphasen dem Verständnis zuträglich ist. Gelegentlich kann Einzelarbeit auch der Arbeitsteilung dienen, wenn sich z.B. im Rahmen eines Projektes oder eines Museumsbesuches die Mitglieder einer Klein-

---

4   Peterßen, 64: »Schon lange ist eingesehen worden, dass es leistungshomogene Lerngruppen allein auf Grund lebensaltersgleicher Zusammensetzung [...] gar nicht geben kann.«

5   Mattes, 28.

gruppe nochmals aufteilen, um verschiedene Arbeitsaufträge zu erfüllen.

2.2.2 Mögliche Einsatzorte und Inhalte

Einzelarbeit hat ihren Platz im »klassischen« phasenstrukturierten Unterricht, bei der Erledigung von Hausaufgaben und beim Schreiben von Tests und Klassenarbeiten. Außerdem ist sie zentraler Bestandteil vieler offener Unterrichtsformen, v.a.: Lernzirkel, Freiarbeit, Wochenplan und Gruppenpuzzle. Auch einzelne Phasen von projektartigen Unterrichtsformen, Museumsbesuchen und Fahrten können in Einzelarbeit stattfinden.

Folgende Inhalte eignen sich für Einzelarbeit:
- Nachdenken über ein Thema und Sammeln eigener Gedanken, z.b. indem in einigen Minuten Stille Stichworte zu einem Bildimpuls, einem Rätsel, einer provozierenden These notiert werden;[6]
- Vorarbeiten für die Erarbeitung von neuen Inhalten, z.b. Aufgaben zur Textvorerschließung (Markieren von Schlüsselbegriffen, Gliedern eines Textes, Nachschlagen von Wörtern im Lexikon);
- Erarbeitung von neuen Inhalten (z.b. Grammatik, Übersetzung, Interpretation, Sachtexte) anhand von Arbeitsblättern, Computerprogrammen, Lernspielen oder Büchern;
- Beobachtungs- / Höraufträge, z.b. zu Bildern, Filmen, szenischen Darbietungen, Kassetten / CDs;
- Sicherung von Ergebnissen, z.b. Abschreiben eines Tafelbildes, Niederschrift gemeinsam erarbeiteter Übersetzungen;
- Übung von bereits erarbeitetem Stoff, z.b. Übungsaufgaben, Lernspiele, Computerprogramme;
- Kreative Vertiefung, z.b. produktive Schreibaufträge zu Texten, Themen oder Gegenständen;
- Selbstüberprüfung, z.b. Abfrage von Vokabeln oder Formen, Tests, Klassenarbeiten und Eigenanalyse der zurückgegebenen Tests / Klassenarbeiten (vor der Besprechung).

---

6   Besonders zu empfehlen als Stundeneinstieg bei unruhigen Klassen.

2.2.3 Charakteristika

Zeitlicher Rahmen
Die Länge der Einzelarbeits-Phasen ist grundsätzlich abhängig vom stofflichen Inhalt. In der Regel erstrecken sie sich über fünf bis 20 Minuten einer Unterrichtsstunde, größere Arbeitsaufträge oder Klassenarbeiten können auch mehrere Stunden in Anspruch nehmen. Bei jüngeren Schülern kann es sinnvoll sein, mehrere kürzere Phasen über eine Unterrichtsstunde zu verteilen.

Anforderungen an die Schüler
In der Einzelarbeit ist der Schüler mit seinen kognitiven Fähigkeiten und seinem Konzentrationsvermögen ganz gefordert. Auch erweist es sich hier, ob er über Ausdauer im Denken verfügt und genügend Ehrgeiz mitbringt, ein intellektuelles Ziel über eine gewisse Zeitspanne hinweg zu verfolgen. Die Schüler sollen erkennen, dass es wichtig ist, diese Disziplin zu trainieren. Sie sollen verstehen, dass die Bewältigung von Aufgaben in Einzelarbeit unabdingbare Voraussetzung ist für eine effiziente Erledigung von Hausaufgaben, aber auch von größeren Arbeitsaufträgen im Rahmen offener und projektartiger Unterrichtsformen.

Formen
Einzelarbeit kann als Phase in den laufenden Klassenunterricht eingebettet sein. In diesem Fall wird sie vom Lehrer eingeführt, von allen Schülern gleichzeitig begonnen und beendet und in der Regel im anschließenden Klassenunterricht besprochen.

Daneben kann Einzelarbeit *eine* mögliche Sozialform im Rahmen von offenen Unterrichtsformen wie Lernzirkel, Freiarbeit und Wochenplan sein. Dann entscheidet sich ein Schüler individuell für diese Sozialform, beginnt und beendet seine Arbeit entsprechend seinem persönlichen Zeitplan und überprüft die Ergebnisse entweder sofort in Selbstkontrolle oder am Ende der Unterrichtseinheit in der Auswertungsphase.

2.2.4 Durchführung in drei Phasen

(1) Einführungsphase
Für ein Gelingen der Einzelarbeit ist es sehr wichtig, genaue Arbeitsanweisungen zu geben. Zu bedenken sind:
– Art und Anzahl der verpflichtend zu bearbeitenden Aufgaben;
– Verhalten während der Arbeitsphase (leises Flüstern mit dem Nachbarn erlaubt, bei Fragen nach vorn kommen oder sich melden, Fragen notieren und erst später stellen, absolute Stille, ...);
– Zur Verfügung stehende Zeit;
– Beschäftigung derer, die fertig sind.

Wenn man die Einzelarbeit in einer neuen Gruppe als gut planbare Sozialform einrichten möchte, muss man sich selbst sehr genau an die eigene Zeitvorgabe halten, damit sie von den Schülern tatsächlich mit in ihre Arbeitshaltung einbezogen wird. Als Training für Prüfungssituationen, die wesentlich von Zeitdruck geprägt sind, ist dies ein eigenes Lernziel.

Bei jüngeren Schülern kann es sich lohnen, zur Markierung von Beginn und Ende der Arbeitsphase ein Ritual einzuführen, z.B. in Form eines akustischen oder optischen Signals (Wecker, Sanduhr o.Ä.).

(2) Arbeitsphase
Während die Schüler arbeiten, steht der Lehrer zwar als Ansprechpartner zur Verfügung, er sollte seine Schüler aber mehr und mehr dazu bringen, ihn nicht immer beim ersten Problem zu konsultieren, sondern erst einmal selbst nachzudenken. Für den Bedarfsfall einigt man sich am besten auf ein stilles Meldezeichen, damit die Konzentration der anderen nicht gestört wird. Was die atmosphärische Gestaltung im Allgemeinen anbelangt, sollte der Lehrer darauf bedacht sein, etwaige Ähnlichkeiten zu Prüfungssituationen zu vermeiden.

Bei jüngeren Schülern ist es grundsätzlich sinnvoll, jedem Schüler während der Einzelarbeit über die Schulter zu schauen, um zum einen auf inhaltliche und formale Korrekturen (Heftführung) hinzuweisen, zum andern zu vermitteln, dass es durchaus darauf ankommt, ob er diese Phase ernst nimmt. Wird etwas abgeschrieben, ist es bis in die späte Mittelstufe hinein sehr zu empfehlen, Rundgänge durchs Klassenzimmer zu machen, um die sprachliche und inhaltliche Richtigkeit sicherzustellen.

Rundgänge eignen sich besonders dafür, mit Schülern ins Gespräch zu kommen, die sich ins allgemeine Unterrichtsgespräch nur ungern einbringen, und sie bei der Gelegenheit zu ermutigen, ihr Arbeitsergebnis in der Besprechung vorzutragen.

Störend wirkt das Herumgehen des Lehrers während Leseaufträgen oder sonstiger Aufgaben, bei denen wenig geschrieben und viel gedacht wird.[7]

(3) Besprechung / Kontrolle der Ergebnisse
Die Kontrolle der Ergebnisse kann im Klassenunterricht, in Kleingruppen oder individuell durch den einzelnen Schüler bzw. den Lehrer erfolgen.

Kontrolle im Klassenunterricht
Oft wird die Kontrolle der Ergebnisse unter Anleitung des Lehrers in einem Unterrichtsgespräch erfolgen, z.b. mit einer vorbereiteten Lösung (Folie, Arbeitsblatt, Tafel). Je nach Leistungsstand der Schüler und Schwierigkeitsgrad der Aufgaben können auch die Schüler diese Phase leiten. Dazu wird vor Beginn oder während der Einzelarbeit ein Schüler (bei umfangreicheren Aufgaben können es auch mehrere sein) beauftragt, die Lösung auf Folie zu schreiben, entweder im Anschluss an seine eigene Arbeit im Heft oder an ihrer statt (dann kann man die korrigierte Folie später für ihn kopieren). Nach Abschluss der Arbeitsphase kommt er vor und präsentiert der Gruppe sein Ergebnis, wobei er notwendige Korrekturen andersfarbig einträgt. Auch die Aktionsform des Rundgesprächs eignet sich gut für die schülergeleitete Besprechung von Ergebnissen.[8]

Kontrolle in Kleingruppen
Schüler, die ihre Aufgaben schneller erledigen, lassen ihr Ergebnis zur Sicherheit kurz vom Lehrer prüfen und gehen anschließend zu den Mitschülern, um deren Ergebnisse mit ihnen durch-

7   Zur Rolle des Lehrers vgl. auch Kap. 2.3.4 und Kap. 2.4.5.
8   Kap. 3.4.5, Beispiel 1.

zusprechen. Dabei muss die Anzahl der schnelleren Schüler vorher in etwa abschätzbar und groß genug sein, um in angemessener Zeit die restlichen Schüler zu beraten. Abschließend werden im Klassengespräch möglichst nur noch offene Fragen besprochen. Für dieses Vorgehen muss unter den Schülern eine besonders vertraute Atmosphäre herrschen.

Man kann auch durch Abzählen, Tischgruppen o.Ä. feste Kleingruppen bilden und ihnen eine Musterlösung aushändigen, anhand derer sie ihre Ergebnisse besprechen.

Eine besondere Form der Kontrolle in Kleingruppen stellen die »Expertengruppen« während eines Gruppenpuzzles dar. Hier finden sich alle Schüler, die in der Aneignungsphase denselben Arbeitsauftrag bearbeitet haben, zusammen, um ihre Ergebnisse miteinander zu vergleichen und evtl. noch bestehende fachliche Fragen in der Gruppe zu klären.

Individuelle Kontrolle durch die Schüler
Der Lehrer kann die Einzelarbeit in der Kontrollphase aufrechterhalten, indem er eine vorbereitete Lösung (z.B. auf Folie) auflegt, die von den Schülern dann still verglichen wird.

Diese Form der Selbstkontrolle findet auch in den offenen Unterrichtsformen statt (Kontrolle anhand des Arbeitsmaterials oder des Lösungsordners).

Individuelle Kontrolle durch den Lehrer
Der Lehrer kann nach der Einzelarbeit auch die Ergebnisse der Schüler einsammeln und überprüfen. Dies empfiehlt sich z.B., wenn in der Einzelarbeit ein Vokabelheft oder eine Vokabelkartei vervollständigt wurde. Hier sollte man regelmäßig kontrollieren, damit keine falschen Wörter und Bedeutungen gelernt werden.

Auch in den offenen Unterrichtsformen kann eine Kontrolle durch den Lehrer geschehen, wenn es z.B. für eine (kreative) Aufgabe mehrere denkbare Lösungen gibt, für die man kein einfaches Muster anfertigen kann.

2.2.5 Schwierigkeiten und Tipps

Aufgrund des individuellen Charakters der Einzelarbeits-Phasen
können folgende Probleme auftreten:

Problem	Tipps
Lehrer hat nicht genug Zeit eingeplant und stört die Konzentration durch die Aufforderung, schneller zu schreiben oder zu denken.	Erinnerungsnotizen machen, wie viel Zeit welcher Aufgabentyp in Anspruch nimmt. Wenn die Situation trotzdem wieder eintritt, abwägen, ob die Unterbrechung oder der langsamere Fortgang im Stoff mehr Schaden anrichtet. (Vielleicht ist man als Lehrer geneigt, den Wert konzentrierter Einzelarbeit zu unterschätzen, weil man in dieser Phase nicht so gefordert ist wie die Schüler.)
Lehrer bricht die Phase ab, bevor sie für die meisten inhaltlich abgeschlossen war, nun sind die Ergebnisse nur z.T. besprechbar.	Erst die schwächeren Schüler ihre Teilergebnisse vortragen lassen, dann die besseren, und denen, die nicht so weit gekommen sind, Zeit zum Mitschreiben geben.
Schüler lösen die Aufgaben[9] unterschiedlich schnell.	Ein Zusatzangebot bereitstellen, mit dem die schnelleren Schüler weiterarbeiten können, z.B.: Zusatzaufgaben mit Lösungsblättern, Sach- und Lesebücher zum Thema. Von vornherein einen Teil der Aufgaben als Hausaufgabe stellen, die dann diejenigen, die schneller sind, schon bearbeiten dürfen. (*Gefahr:* Die Aufgaben werden nicht gründlich genug erledigt.)

---

[9]   Wird am Computer gearbeitet, vereinfacht sich das Problem insofern, als lehrwerksbezogene (und auch andere) Softwareprogramme so viel Aufgabenmaterial mit Lösung bereitstellen, dass die Binnendifferenzierung schnell organisiert ist.

Bei Abschreibaufgaben: Schüler sind unterschiedlich schnell und die, die fertig sind, stören die Stille durch Privatunterhaltungen.	Klare Anweisung geben, dass der, der mit dem Abschreiben fertig ist, diesen oder anderen Stoff bereits lernen soll. Wenn alle so weit sind, kann man das Gelernte mündlich wiederholen lassen.

2.3 Partnerarbeit

2.3.1 Definition und Ziele

Bei der Partnerarbeit wird der Klassenverband für eine begrenzte Zeit in Zweiergruppen aufgeteilt, die sich gemeinsam und selbstständig mit einer Aufgabenstellung beschäftigen. Die Ergebnisse werden in der Regel im anschließenden Klassenunterricht besprochen bzw. präsentiert. Obwohl die Partnerarbeit oft ein Schattendasein führt, erzielt sie manchmal bessere Ergebnisse als der Klassen- und Gruppenunterricht.[10]

Partnerarbeit schafft im Unterrichtsablauf einen Raum, in dem die Schüler aus der eher rezeptiven und auf das Klassengeschehen konzentrierten Haltung herausgeholt und zur persönlichen Auseinandersetzung mit dem aktuellen Thema aufgefordert werden.[11]

Wie die Einzelarbeit soll die Partnerarbeit individuelle Denkvorgänge ermöglichen und die kognitive Leistungsfähigkeit der Schüler fördern.[12]

Darüber hinaus schult Partnerarbeit die soziale Kompetenz der Schüler, und zwar in einem Rahmen, der zeitlich, personell und inhaltlich überschaubarer ist als der der Gruppenarbeit. Zweierbeziehungen stellen den Grundbaustein sozialen Lernens dar.[13]

---

10 Nuhn, 21.
11 Nuhn bezeichnet die Partnerarbeit als »willkommene Ergänzung und Abwechslung« des Klassenunterrichts (Bovet, 64).
12 Nach Nuhn, 21, ist die Partnerarbeit der Einzelarbeit überlegen, was die Leistungen betrifft.
13 Bovet, 64.

Im sog. Helfersystem kann der schwächere Schüler durch die Unterstützung des leistungsstärkeren Schülers die nötige Anleitung erhalten. Der stärkere Schüler kann seine Fähigkeiten steigern, indem er seinem Partner einen Sachverhalt erläutert oder vormacht.[14]

2.3.2 Mögliche Inhalte und Einsatzorte

Partnerarbeit kann in allen methodischen Großformen zum Einsatz kommen. Ihre Inhalte sind in der Regel weniger komplex als die der Gruppenarbeit.[15] Gut geeignet für Partnerarbeit sind:
- Übungen zur Vertiefung eines bereits erarbeiteten Themas, v.a. viele Lernspiele, z.b. sich mit Karteikarten gegenseitig abhören, Arbeit mit Tandembögen, Puzzlespiele usw.[16]
- Erarbeitung eines Teilaspektes des Unterrichtsthemas, z.b. durch gemeinsame Lektüre oder Übersetzung eines Textes, evtl. mit entsprechenden Arbeitsaufträgen. Dies kann in einer geschlossenen,»konventionellen« Unterrichtsstunde oder auch im Rahmen von materialgestützten offenen Unterrichtsformen geschehen.
- Spontaner Austausch über eine aktuelle (eher persönliche) Frage zum Einstieg in ein Thema[17] oder über die Inhalte eines gerade gelesenen Textes.[18] Dies kann auch zum Ausgangs-

---

14   Nuhn, 15. Problematisch ist der Helferdienst, wenn der leistungsschwächere Partner keinerlei Unterstützung erhält, sondern die Ergebnisse seines leistungsstärkeren Partners lediglich abschreibt. Schließlich sei darauf hingewiesen, dass die meisten Schüler sich einen gleich starken oder allenfalls leistungsstärkeren Partner wünschen; vgl. Nuhn, 58.

15   Natürlich kann eine Partnerarbeit auch in demselben Umfang geplant und durchgeführt werden wie eine Gruppenarbeit. In diesem Fall wird das Zweierpaar als Minigruppe betrachtet. Ein derartiger Ersatz der Gruppenarbeit durch Partnerarbeit kann z.B. in kleinen Oberstufenkursen sinnvoll sein (bis zu zehn Schüler), wenn man dennoch auf eine gewisse Anzahl an Gruppen kommen will. Die folgenden Ausführungen berücksichtigen aber eher die weniger komplexe Form der Zweier-Arbeit.

16   Kap. 4.8.

17   Z.B.»Wann ist deiner Meinung nach eine Frau schön« als Einstieg in Catulls Schönheitsgedichte.

18   Z.B. einen Abschnitt aus einem philosophischen Text, ein Gedicht oder andere Texte, die die Schüler zu einer persönlichen Bewertung herausfordern.

punkt für eine handlungs- und produktionsorientierte Umsetzung oder eine szenische Interpretation werden.
- Recherchen in Schulbibliothek und Internet, auch im Rahmen von projektartigen Unterrichtsformen, oder Erkundungsgänge bei Museumsbesuchen
- Mini-Vorträge vor dem Partner zur Wiederholung eines Themas oder zum Darstellen von Ergebnissen einer Hausaufgabe (Zusammenfassung, Exzerpt, Recherche). Schüler können so das freie Vortragen in geschütztem Rahmen üben.

2.3.3 Charakteristika

Zeitlicher Rahmen und Einbettung
Partnerarbeit dauert in der Regel zwischen fünf und 20 Minuten. Sie kann ohne großen organisatorischen Aufwand in eine einzelne Unterrichtsstunde eingebettet werden, aber auch Element offener oder projektartiger Großformen sein.

Formen
Ist die Partnerarbeit in den laufenden Klassenunterricht eingebettet, bekommen meist alle Paare den gleichen Arbeitsauftrag.[19] Für die Zuteilung der Paare und die entsprechende Sitzordnung sind verschiedene Formen denkbar:
- Jeder arbeitet mit seinem Tischnachbarn zusammen. Diese Form ist organisatorisch gesehen die unkomplizierteste, birgt aber die Gefahr von eingefahrenen Strukturen, wenn immer dieselben Partner ein Team bilden.[20] Sitzt ein Schüler allein, sollte man ihn, wenn möglich, einem anderen Paar zuordnen.

---

19 Zu den Begriffen »arbeitsgleich« und »arbeitsteilig« vgl. Kap. 2.4.3. Für ein arbeitsteiliges Arbeiten in Partnerarbeit gibt es selten genügend verschiedene Arbeitsaufträge. Außerdem würde die Präsentationsphase dann sehr viel Zeit in Anspruch nehmen. Eine gute Möglichkeit, zwei bis drei verschiedene Arbeitsaufträge unterzubringen und dennoch bei der Sozialform Partnerarbeit zu bleiben, ist, die Paare auf die verschiedenen Arbeitsaufträge aufzuteilen, z.B. alle Paare in der ersten Tischreihe bearbeiten Auftrag 1, alle Paare in der zweiten Reihe Auftrag 2 o.ä.

20 Wird die Sitzordnung des Klassenunterrichts gelegentlich geändert, entsteht dieses Problem nicht. Partnerarbeit mit dem Tischnachbarn kann dann sogar neue soziale Kontakte fördern und stärken. Sollten zwei Nebensitzer einmal nicht

– Jeder arbeitet mit seinem Vorder- bzw. Hintermann.
– Die Paare werden ausgelost, indem z.b. die einzelnen Tische durchnummeriert werden und die Schüler dann Zettel mit den entsprechenden Nummern ziehen.[21] Auch hier muss man keine Tische verschieben, nur die Schüler wechseln für die Zeit der Partnerarbeit die Plätze.[22]
– Die Schüler wählen ihre Partner selbst. Mit dieser Form fühlen die Schüler sich zunächst am wohlsten. Es kann aber leicht zu Diskussionen über die Partnerwahl kommen, die vom eigentlichen Unterrichtsgeschehen ablenken. Als Lehrer sollte man sich im Vorfeld überlegen, wie man ggf. mit Außenseitern umgeht.[23]
– Eine etwas aufwändigere Form, die aber die Vorzüge von Zufallspaaren noch dadurch erweitert, dass mehrere Partnerarbeits-Phasen in Folge stattfinden, ist das sog.»Kugellager« bzw.»Kreisgespräch«. Dazu muss die Sitzordnung so umgestellt werden,[24] dass alle Tische beiseite geräumt und zwei konzentrische Stuhlkreise gebildet werden, wobei der innere Kreis nach außen und der äußere nach innen blickt. Die einander gegenüber sitzenden Schüler bilden ein Paar. Durch Impulse des Lehrers (z.b.:»Die Schüler des Innenkreises rücken einen Platz nach links weiter«) werden die Schüler jeweils einem neuen Partner zugewiesen, mit dem sie ihre Lektüre-Eindrücke oder ihre Erwartungen zu einem neuen Thema usw. austauschen. Diesen Vorgang kann der Lehrer bei Bedarf wiederholen, um den Schülern durch den Partnerwechsel eine möglichst große Perspektivenvielfalt zu vermitteln.[25]
– Sollte das »Kugellager« aus Gründen der Raumkapazität oder der Zeitökonomie nicht möglich sein, kann man die Schüler auch bitten, im Mittelgang oder vor der Tafel zwei sich ge-

---

gut zusammenarbeiten wollen oder können, kann das »Problempaar« bei der
nächsten Änderung der Sitzordnung wieder getrennt werden.
21   Andere Ideen zum Auslosen mit Spielkarten, Puzzles usw.: Mattes, 31.
22   Vor- und Nachteile von Zufallsgruppen: Kap. 2.4.5.
23   Für das soziale Gefüge innerhalb der Lerngruppe ist es wenig förderlich, wenn
der Lehrer am Schluss unbeliebtere Schüler »zwangsweise« zuordnen muss,
weil sie keinen Partner gefunden haben. Dies verstärkt meist ihre Außenseiter-
rolle, v.a. wenn solche Situationen häufiger auftreten.
24   Zum Umstellen der Sitzordnung allgemein: Kap. 2.1.3; Kap. 3.4.4.
25   Bovet, 64; Klippert, 204.

genüberstehende Reihen zu bilden. Die Schüler tauschen sich jeweils mit ihrem Gegenüber aus, bis der Lehrer einen entsprechenden akustischen Impuls gibt oder die Schüler der einen Reihe bittet, um einen oder zwei Plätze weiterzugehen, um sich mit dem neuen Gesprächspartner auszutauschen.

Findet Partnerarbeit im Rahmen von Lernzirkel, Freiarbeit, Wochenplan oder von projektartigen Großformen statt, wird sie von den Schülern selbst initiiert. Die Paare finden sich zur Bearbeitung eines bestimmten Arbeitsauftrags eigenständig zusammen, kontrollieren sich gegenseitig oder mithilfe eines Lösungsordners und präsentieren – wenn überhaupt – ihre Ergebnisse erst beim Abschluss der Unterrichtseinheit vor der ganzen Gruppe.

2.3.4 Durchführung

Voraussetzungen und Vorbereitung
Für den Einsatz von Partnerarbeit sind keine methodischen Vorkenntnisse nötig. Partnerarbeit eignet sich im Gegenteil sehr gut, um selbstständiges und kommunikationsorientiertes Lernen mit Schülern einzuüben und komplexere Formen eigenverantwortlichen Arbeitens vorzubereiten.

In der Vorbereitung auf eine Partnerarbeit muss der Lehrer
– das Thema der Partnerarbeit und die Frage- bzw. Aufgabenstellung genau formulieren, am besten schriftlich;
– die Zeit, die für die Partnerarbeit zur Verfügung stehen soll, festlegen;
– sich die Methode der Paarbildung überlegen;
– evtl. benötigtes Material für die Schüler bereitstellen;
– planen, ob und wie Ergebnisse der Partnerarbeit korrigiert bzw. präsentiert und gesichert werden.

Zur Partnerarbeit gehören in der Regel drei Phasen:

(1) Einführungsphase
Das Thema der Partnerarbeit knüpft inhaltlich in der Regel direkt an das vorausgehende Unterrichtsgeschehen an. Wird die Part-

nerarbeit als Einstieg in ein neues Thema genutzt, sollten einige einführende, ggf. auch provokative Sätze des Lehrers den Schülern Lust auf den Austausch / die Arbeit mit dem Partner machen.

Der Lehrer muss den Arbeitsauftrag klar formulieren (evtl. schriftlich auf Arbeitsblatt oder Folie) und deutlich sagen, wie viel Zeit zur Verfügung steht und was am Ende von den Schülern erwartet wird.

Nach der Einteilung der Paare sollte man, insbesondere wenn die Sitzordnung geändert wurde, auf einen zügigen Beginn der Arbeit achten.

(2) Arbeitsphase

Damit Kommunikation entstehen kann, müssen die Partner einander zugewandt sitzen. Sonst kann es passieren, dass »unter dem Etikett Partnerarbeit zwei Einzelarbeiten erledigt werden.«[26] Ebenso ungünstig ist es, wenn ein Paar sich trennt und die beiden Schüler sich jeweils mit den Sitznachbarn auf der anderen Seite unterhalten.

Als Lehrer sollte man eingreifen, wenn ein Team nicht miteinander arbeitet. Ansonsten ist die Rolle des Lehrers von Zurückhaltung geprägt. Er kann von einem Punkt an der Seite des Saals aus die Schüler beobachten, evtl. auch einmal einen Rundgang machen. Wenn die Schüler das Gefühl haben, dass der Lehrer sie »still kontrolliert«, verhindert dies, dass Partnerarbeits-Phasen nicht ernst genommen werden und in »Plauderstündchen« ausarten. Andererseits kann die physische Nähe des Lehrers Diskussionen zum Erliegen bringen oder die Schüler dazu verleiten, gleich beim ersten Problem den Lehrer um Rat zu fragen statt selbst nachzudenken. Der Grad der Präsenz des Lehrers in Partnerarbeits-Phasen hängt also stark von Vorerfahrungen und Verhalten der Lerngruppe ab.[27]

(3) Auswertung

Je nach Arbeitsauftrag endet die Partnerarbeit damit, dass Übungsergebnisse besprochen und gesichert, Ideen zu einem

---

26 Mattes, 31.
27 Zur Lehrerrolle in Einzel- und in Gruppenarbeit vgl. Kap. 2.2.4, und Kap. 2.4.5.

bestimmten Thema zusammengetragen oder erarbeitete Produkte präsentiert werden.

- Wenn es nur darum geht, Ergebnisse von Übungen oder geschlossenen Arbeitsaufträgen zu kontrollieren, kann der Lehrer die Lösung auf Folie oder an der Tafel präsentieren oder auch während der Partnerarbeit zwei (schnellere) Schüler bitten, ihre Lösung auf Folie zu schreiben und später vor der Klasse vorzustellen.[28] Natürlich kann die Besprechung auch einfach im Unterrichtsgespräch erfolgen.

- Bei kreativeren Arbeitsaufträgen sollte möglichst viel aus der Fülle der Schülerideen im Klassenverband zum Zuge kommen. Haben die Schüler Gedanken und Stichworte zu einer aktuellen Frage oder zur Bewertung eines Textes gesammelt, kann man darum bitten, dass jedes Paar reihum einen oder zwei Gedanken sagt, auch auf die Gefahr hin, dass sich manches doppelt.[29] Während der Austauschrunde darf nicht kommentiert werden; im Anschluss kann man evtl. besonders interessante Gedanken noch einmal aufgreifen.

- Wenn die Schüler längere Texte verfasst oder komplexe Fragen bearbeitet haben, kann meist nur eine Auswahl an Ergebnissen präsentiert werden. Der Lehrer kann dazu einzelne Schüler aufrufen oder sich freiwillig melden lassen. Man kann aber auch durch Los entscheiden, welches Schülerpaar sein Ergebnis vorträgt. Dies hat den Vorteil, dass für die Schüler nicht kalkulierbar ist, ob sie beim Präsentieren drankommen.

Wenn in der Partnerarbeit ein Lernspiel oder eine Übung mit Selbstkontrolle gemacht wurde oder die Schüler sich in Mini-Vorträgen eigene Gedanken oder Exzerpte vorgetragen haben, ist eine ausführliche Auswertung im Klassenverband oft gar nicht nötig. Evtl. kann man die Möglichkeit zu fachlichen Rückfragen geben.

---

28 Ähnlich der Ergebniskontrolle bei Einzelarbeit, Kap. 2.2.4.
29 Doppelungen sind nicht schlimm, wenn man vorher anmerkt, dass eine Doppelung an sich eine Aussage ist, nämlich die, dass der Gedanke, den sehr viele Gruppen hatten, offensichtlich sehr zentral ist.

2.4 Gruppenarbeit

2.4.1 Definition und Ziele

Bei der Gruppenarbeit wird der Klassenverband für eine begrenzte Zeit in Kleingruppen aufgeteilt, die jeweils gemeinsam und selbstständig an einer Themenstellung arbeiten, ihre Arbeitsergebnisse in der Regel in späteren Unterrichtsphasen im Plenum präsentieren und sie nach Möglichkeit in ein Gesamtergebnis münden lassen.

Gruppenarbeit schult bei den Schülern wichtige Schlüsselqualifikationen wie
– selbstständige inhaltliche Auseinandersetzung mit einem Thema ohne direkte Hilfe des Lehrers;
– eigenverantwortliches Organisieren des Arbeitsprozesses: Planen von Zeiteinteilung und evtl. Arbeitsteilung, Erstellen von Arbeitsplänen[30] usw.;
– soziale und kommunikative Kompetenzen: einander zuhören, andere Standpunkte kennen lernen, Kompromisse schließen, Gruppengespräche moderieren und evtl. Ergebnisse präsentieren

Außerdem kann Gruppenarbeit eine größere »inhaltliche Dichte« im Unterricht ermöglichen, dadurch dass
– viele Schüler parallel üben bzw. arbeiten oder
– Themenbereiche auf verschiedene Gruppen aufgeteilt werden und so insgesamt mehr Stoff bewältigt wird.

2.4.2 Mögliche Inhalte und Einsatzorte

Gruppenarbeit ist ein zentraler Bestandteil vieler methodischer Großformen und kann an folgenden didaktischen Orten zum Einsatz kommen:
– Erarbeitung eines neuen Themenbereichs,
– Übung oder Vertiefung eines bereits erarbeiteten Themas,

---

30   Beispiele für Arbeitspläne: Drumm / Frölich, 169f, 172, 186ff.

- Vorträge oder Präsentationen in kleinem Rahmen,
- Erfahrungs- / Meinungsaustausch, in der Regel als Vorbereitung auf einen Austausch im Plenum.

2.4.3 Charakteristika

Zeitlicher Rahmen und Einbettung
Gruppenarbeit kann zwischen fünf Minuten und mehreren Unterrichtsstunden dauern. Der zeitliche Rahmen, für den eine Gruppenarbeit konzipiert wird, ist abhängig von
- der Komplexität des Themas,
- Alter und Vorerfahrung der Schüler (je jünger bzw. ungeübter, desto kürzer),
- organisatorischen Rahmenbedingungen (Einzelstunden, Doppelstunden, Projektwoche, Vorbereitungswochenende für eine Schulfahrt o.Ä.).

Eine Gruppenarbeits-Phase kann eingebettet sein in
- Klassenunterricht;
- projektartige Organisationsformen;
- materialgestützte offene Unterrichtsformen wie Lernzirkel, Freiarbeit oder Wochenplan.

Organisationsformen
Man unterscheidet im Wesentlichen zwei Organisationsformen:[31]
- Arbeitsgleiche Gruppenarbeit: Alle Kleingruppen bearbeiten dasselbe Thema. Diese Form ist zu empfehlen, wenn zuvor im Frontalunterricht erarbeitete Grundkenntnisse oder Kompetenzen an neuen Inhalten überprüft, erprobt oder gefestigt werden sollen.
- Arbeitsteilige Gruppenarbeit: Jede Kleingruppe erhält einen anderen Arbeitsauftrag. Diese Organisationsform eignet sich besonders, um verschiedene Aspekte, Ebenen oder Dimen-

---

31 Meyer, H., II, 254-255. Neueren Untersuchungen zufolge ist eine Mischung aus beiden Formen am günstigsten (Gudjons [1993], 46). Dies kann der Lehrer erreichen, indem er für alle Gruppen z.T. eine gemeinsame Aufgabenstellung und z.T. ein differenziertes Angebot vorsieht.

sionen ein- und desselben Themas in Kleingruppen erarbeiten zu lassen, die dann im Plenum gemeinsam ausgewertet werden können. Hierbei ist darauf zu achten, dass die Aufgaben für die verschiedenen Gruppen hinsichtlich Attraktivität und Schwierigkeit etwa gleichwertig sind.[32]

Gruppenarbeit im Rahmen von Lernzirkeln, Freiarbeit und Wochenplan nimmt insofern eine Sonderstellung ein, als sie nicht von der ganzen Lerngruppe gemeinsam begonnen, sondern von einzelnen Schülern individuell angewählt und durchgeführt wird. Einführung und Arbeitsaufträge werden schriftlich gegeben, das Zusammenfinden einer Gruppe geschieht ohne direkte Einwirkung des Lehrers, Kontrolle erfolgt mittels eines Lösungsordners oder im Rahmen einer späteren Präsentationsstunde. Dennoch gelten auch für diese Form der Gruppenarbeit die im Folgenden ausgeführten Voraussetzungen, Vorbereitungen und Überlegungen zu Arbeitsphase und Auswertung.

2.4.4 Voraussetzungen und Vorbereitung

Beim Lehrer sollte die Bereitschaft vorhanden sein,[33]
– seine traditionelle Rolle als Schaltstelle für das Unterrichtsgeschehen zurückzunehmen und teilweise an die Schüler abzugeben,
– neue Aufgaben zu übernehmen (Vorbereitung und Organisation der Gruppenarbeit, Bereitstellung, evtl. Herstellung geeigneter Medien und Materialien usw.),
– neben der Stoffvermittlung verstärkt sozialerzieherische Aspekte einfließen zu lassen,
– eigene Erfahrungen in der Gruppenarbeit zu machen.[34]

---

32   Gudjons (1993), 28.
33   Im Folgenden auch Gudjons (1993), 34-35.
34   Klafki, 68: »Lehrerinnen und Lehrer, die selbst nicht gelernt haben, ihre pädagogischen Aufgaben im Wechselspiel von individueller Verantwortlichkeit und Zusammenarbeit in einer Gruppe von Kolleginnen und Kollegen wahrzunehmen, werden kaum in der Lage sein, Schülerinnen und Schüler zu analogen Lernprozessen anzuleiten.«

Darüber hinaus ist es für den Erfolg der Gruppenarbeit förderlich, wenn der Lehrer sich im Vorfeld über grundlegende soziale und psychologische Erkenntnisse der Gruppendynamik informiert.[35]

Gruppenarbeit sollte behutsam und in kleinen Schritten eingeführt werden.[36] Bevor sie als tragendes Element einer innovativen methodischen Großform eingesetzt wird, muss sie immer wieder in kürzeren Phasen im Rahmen des herkömmlichen Unterrichts geübt werden, z.b. durch

- regelmäßige Phasen der Partnerarbeit, die als »Kleinst-Gruppenarbeit« eine wichtige Etappe zur Gruppenarbeit sein kann;
- kürzere Unterrichtsphasen in Gruppenarbeit (ca. zehn Minuten) der gesamten Klasse;
- später regelmäßige längere Gruppenarbeits-Phasen von ein bis zwei Schulstunden.

Im »Meisterstadium« sind Gruppenarbeits-Phasen über mehrere Unterrichtsstunden möglich.

Außerdem ist es sinnvoll, die Schüler durch ein regelmäßiges Methodentraining[37] im Klassenunterricht auf Gruppenarbeit vorzubereiten, damit sich bestimmte Arbeitsabläufe und Arbeitstechniken wie Exzerpieren, Sammeln und Strukturieren von Informationen, Gesprächsführung, Zeiteinteilung usw. einspielen können. Insbesondere sollten Schüler nach und nach geeignete Medien und Formen der Präsentation kennenlernen und einüben. Dies kann z.B. auch geschehen, indem

- der Lehrer im Verlauf seines Unterrichts verschiedene Medien (neben Tafel und Folie auch einmal Plakate, Modelle, Tonträger oder Computer) zur Visualisierung einsetzt und die Schüler so einen Ideenfundus bekommen;
- Hausaufgaben und Ergebnisse von kürzeren Einzelarbeits- bzw. Partnerarbeits-Phasen gelegentlich bewusst »präsentiert«

35 In der pädagogischen Literatur werden diverse Techniken und Methoden vorgestellt, um die verschiedenen Aspekte der Gruppendynamik zu thematisieren. Vgl. Antons; Cohn / Terfurth; Fatzer; Gudjons (2003); Weber / Röschmann; Gudjons (1993), 22-25.
36 Im Folgenden Gudjons (1993), 26.
37 Anregungen dazu in: Meyer, H., II, 256 und Klippert.

werden, d.h., der betreffende Schüler liest sein Ergebnis nicht
nur vor, sondern tritt vor die Klasse, trägt (möglichst frei) vor
und demonstriert evtl. sogar etwas auf einer Folie / an der Tafel o.Ä.

Vorbereitungen des Lehrers
Den Planungen im direkten Vorfeld einer Gruppenarbeit kommt
große Bedeutung zu, da der Lehrer später im Verlauf der Gruppenarbeit möglichst wenig eingreifen sollte. Folgende Vorbereitungen sind für einen reibungslosen Ablauf einer Gruppenarbeit
nötig:
– Genaue Eingrenzung des Themas und Entscheidung darüber,
  ob das Thema arbeitsteilig oder arbeitsgleich bearbeitet werden soll;
– Festlegen der Zeit, die für die Gruppenarbeit zur Verfügung
  stehen soll, und der Art, wie die Ergebnisse präsentiert werden sollen;[38]
– Bereitstellen von Material für die Gruppen. Geeignet sind v.a.
  Lernmaterialien, welche die Schüler zu eigentätigem Denken
  und Handeln ermuntern, verschiedene Lernwege ermöglichen
  und kontroverse Standpunkte zum Thema provozieren.[39] Neben verschiedenen Texten kommen auch Bilder, Lernspiele,
  Tonträger, Computerprogramme oder Requisiten für szenische und musikalische Umsetzungen infrage. Es ist auch möglich, den Schülern Literatur und Internetadressen für eigene
  Recherchen anzugeben. Für eine evtl. Präsentation sollten außerdem Materialien wie Stifte, Plakate, Folien, CD-Player o.a.
  zur Verfügung stehen;
– Planen der Durchführung, v.a. der inhaltlichen Einführung,
  der Einteilung der Gruppen und der räumlichen Verhältnisse;
– Formulieren eines präzisen Arbeitsauftrages.
In der Aufgabenstellung muss deutlich werden, was die Schüler
tun sollen und wie sie die Aufgaben bearbeiten sollen.[40] Eine

---

38   Eine Präsentation von Ergebnissen ist nicht zwingend. Falls die Gruppen z.B.
     ein Lernspiel spielen oder Übungsaufgaben mit Selbstkontrolle bearbeiten,
     muss nichts präsentiert werden.
39   Gudjons (1993), 28.
40   Grundsätzlich gilt: Je weniger Erfahrung eine Klasse mit Gruppenarbeit hat,
     desto geschlossener sollte der Arbeitsauftrag sein. Vgl. Meyer, H., II, 257.

gelungene Aufgabenformulierung zeichnet sich durch Folgendes aus:[41]

- Verständlichkeit und Überschaubarkeit;
- (überwiegender) Verzicht auf eindimensionale, reproduktive Denkleistungen, Eröffnung einer multiperspektivischen Sicht;
- Abkehr von einer streng durchgegliederten Abfolge;
- Förderung des forschend-entdeckenden Lernens sowie kreativer Lernprozesse;
- Initiierung eines Interaktionsprozesses unter den Schülern;
- Übertragung von möglichst viel Eigen- und Mitverantwortung an die Schüler;
- Angabe von Zeitaufwand und Ziel(en).

Falls eine Präsentation vor der ganzen Klasse vorgesehen ist, sollten die Schüler auch hierfür Anregungen erhalten.[42]

2.4.5 Durchführung in drei Phasen

(1) Einführungsphase
In der Einführungsphase müssen das Interesse der Schüler am Thema der Gruppenarbeit geweckt und alle organisatorischen Fragen geklärt werden.

Ein guter inhaltlicher Einstieg im Klassenunterricht soll den Schülern Lust machen, sich selbstständig weiter mit dem vorgestellten Thema zu beschäftigen.

Dann erläutert der Lehrer den Arbeitsauftrag für die Gruppenarbeit. Für die Schüler ist es hilfreich, wenn sie den Arbeitsauftrag in schriftlicher Form erhalten (z.B. auf einem Arbeitsblatt, an der Tafel oder auf einer Folie). Auch die Materialien, der zeitliche Rahmen und ggf. Vorgaben für eine Präsentation werden besprochen.

Für die Einteilung der Gruppen[43] gibt es grundsätzlich drei Möglichkeiten:

---

41 Im Folgenden Gudjons (1993), 29.
42 Gudjons (1993), 33. Weitere Anregungen in Meyer, H., II, 176-180, und in Kap. 3.1.3 und 3.1.4. Eine Ausnahme bildet u.U. der Projektunterricht: Hier kann es auch Teil des Arbeitsauftrags sein, dass die Schüler sich selbstständig Ideen für die Präsentation überlegen.

– Der Lehrer legt die Gruppen fest. Vorteile: Der Lehrer kann die Schüler ihren (fachlichen und sozialen) Begabungen gemäß einteilen. Feste Cliquen können gesprengt werden. – Nachteile: Die Schüler könnten sich gegängelt und bevormundet vorkommen.

– Die Schüler teilen sich nach thematischem Interesse und / oder sozialen Gesichtspunkten selbst in Gruppen ein. Vorteile: Die Schüler übernehmen selbst Verantwortung für die Gruppenzusammensetzung. Fachliche Interessen werden berücksichtigt. Evtl. Vereinfachung der Zusammenarbeit, wenn Schüler sich gut verstehen[44] und sich auch außerhalb der Unterrichtsstunden leicht treffen können (gemeinsame Freistunden, gleicher Wohnort). – Nachteile: Gefahr, dass sich immer dieselben Schüler zu einer Gruppe zusammenfinden. Die Zusammenarbeit mit den besten Freunden kann die Konzentration auf die Sache erschweren. Die Schüler bleiben in ihrer Rolle, die sie auch sonst in der Clique haben. Es kann ein gewisser Gruppenzwang entstehen, sodass sich manche Schüler schwertun, ihre eigenen Interessen zu vertreten. Gefahr, dass Außenseiter nicht integriert werden.[45]

43   Bei der Gruppenbildung stellt sich auch die Frage nach der Gruppengröße, die z.T. von äußeren Faktoren abhängt (im Folgenden Meyer, E., 64):
      – Alter der Schülerinnen und Schüler: Während jüngere Schüler gern in großen Gruppen arbeiten, bevorzugen ältere eine Gruppe mit drei bis vier Mitgliedern.
      – Fach, Aufgabe und Themengebiet: Bei Projekten oder Exkursionen werden häufiger größere Gruppen benötigt. Bei Formen des darstellenden Spiels und bei Rollenspielen ist hingegen die Kleingruppe als Forum oftmals geeigneter als die große »Bühne« der Klasse.
      – Räumliche Voraussetzungen: In manchen Klassenzimmern ist für die Bildung mehrerer Kleingruppen nicht genug Platz vorhanden. Unter pädagogischen Gesichtspunkten ist eine Gruppenstärke von 3-6 Schülern optimal (Meyer, E., 64-65; Bovet, 67). Für die Kleingruppenarbeit gilt die Zahl von fünf Schülern als optimal, da keine Pattsituation entstehen kann (Gudjons, 126). Bei allzu großen Teilnehmerzahlen können die Schüler das Kontaktnetz nicht mehr überschauen (Bovet, 67). Überdies wird die persönliche Initiative erstickt und die individuelle Aktivität nimmt merklich ab (Bovet, 67: »Je größer die Anzahl der Personen, desto geringer der Grad individueller Verantwortlichkeit«).

44   Um die soziale Struktur einer Klasse zu erfassen, kann auch ein Soziogramm erstellt werden, das eine gute Hilfe für eine gerechte und sinnvolle Gruppenbildung sein kann. Anregungen dazu Meyer, E., 59-64.

45   Im Einzelfall kann es freilich sinnvoll sein, Problemschüler zeitweise an Einzel- oder Partnertischen arbeiten zu lassen. Vgl. Nürnberger Projektgruppe, 25.

– Die Gruppen werden ausgelost. Dies kann geschehen durch Loskärtchen, Abzählen oder andere kreative Losverfahren.[46] Vorteile: Feste Cliquen und Strukturen werden gesprengt, ohne dass der Lehrer bestimmend eingreift. Die Schüler lernen, mit immer verschiedenen Partnern zu kooperieren, evtl. sogar Vorurteile gegenüber Mitschülern abzubauen (soziale Kompetenz!). Die Sache steht im Vordergrund. – Nachteile: Die Zusammensetzung der Gruppen ist nicht kalkulierbar.

Schließlich muss eine Sitzordnung hergestellt werden, in der die Gruppen möglichst ungestört und konzentriert miteinander arbeiten können. Für eine kurze Gruppenarbeits-Phase innerhalb einer einzelnen Unterrichtsstunde können sich einfach ca. vier Schüler um *einen* Tisch gruppieren, ohne dass der ganze Saal umgestellt wird. Wichtig ist nur, dass die einzelnen Tischgruppen trotzdem genügend Abstand voneinander haben (nur jeden zweiten Tisch besetzen, dafür von beiden Seiten) und dass die Mitglieder einer Gruppe einander zugewandt sitzen (also nicht alle nebeneinander, sondern auch gegenüber). Für längere Gruppenarbeits-Phasen empfiehlt es sich, den Klassenraum so umzustellen, dass aus je zwei bis drei Tischen Gruppentische entstehen.[47] Dabei ist es günstig, wenn jede Kleingruppe innerhalb des Klassenzimmers einen festen Platz für die Gruppenarbeit erhält, etwas separiert von den anderen Gruppen. Nur so kann gewährleistet werden, dass jede Gruppe ungestört arbeiten und eine eigene, auch räumliche Identität entwickeln kann. Dazu bieten sich z.B. die Ecken des Klassenzimmers an. Das zügige Umstellen der Tische und Stühle sollte man mit den Schülern üben.[48]

Hat eine Lerngruppe noch wenig Erfahrung mit Gruppenarbeit, sollte man in der Einführungsphase auch den Ablauf der Arbeit in der Gruppe und mögliche Probleme besprechen (s.u.).

---

46 Viele Ideen bei Mattes, 35.
47 Anregungen für die Raumgestaltung für Gruppenarbeit bei Meyer, E.: Gruppenunterricht. Grundlegung und Beispiel, 8. Aufl., Oberursel 1983, 40. Zitiert nach: Meyer, H., II; 260. Zu Sitzordnungen im Klassensaal. Vgl. Kap. 2.1.3.
48 Meyer, H., II, 261: »Gut eingespielte Klassen können die Sitzordnung in 45 Sekunden vom Frontal- auf den Gruppenunterricht umräumen (und haben sich dabei körperlich bewegt, was auch kein Fehler ist!) – schlecht eingespielte oder demotivierte Klassen missbrauchen das Umräumen zum Mistmachen.« Tipps zum Umstellen der Sitzordnung: Kap. 3.4.4.

(2) Arbeit in Gruppen
Für den Ablauf der Gruppenarbeit können folgende Rituale bzw.
Vorgehensweisen hilfreich sein:[49]

1. Vorbereitung
   - Sitzordnung rund um den Gruppentisch herstellen
   - Arbeitsmaterial bereitlegen

2. Planung der Arbeit
   - Lesen des Arbeitsauftrags, evtl. Rückfragen an den Lehrer
   - Besprechen der Vorgehensweise, evtl. Aufteilen der Aufgaben
   - evtl. Festlegen eines Gruppenleiters
   - Zeitplan erstellen (bei einer umfangreichen Gruppenarbeit: schriftliches Festhalten der Planungen)

3. Bearbeiten der Aufgaben
   - (Sammeln und) Auswerten des Materials bzw. eigener Ideen
   - bei Arbeitsteilung innerhalb der Gruppe: Zusammentragen von Teilergebnissen
     Wichtig: Jeder aus der Gruppe arbeitet mit und notiert sich Arbeitsergebnisse. Jeder hört den anderen zu und darf auch selbst ausreden.

4. Formulieren eines Gesamtergebnisses

5. Vorbereiten der Präsentation
   - Verteilen der Aufgaben (jeder sollte eine Teilaufgabe übernehmen)
   - evtl. Anfertigung von Visualisierungen (Folie, Tafelbild, Plakat, ...)
   - Festlegen des Ablaufs

Die Rolle des Lehrers beschränkt sich in der Gruppenarbeits-Phase auf die eines Beobachters. Er sollte sich weitgehend zurücknehmen und Hilfe, Beratung oder Intervention nur auf Anfrage oder bei erheblichen Schwierigkeiten und Konflikten in der Gruppe leisten.[50] Oft stört der Lehrer die Schüler zu Beginn der

---

49 Meyer, H., II, 261-270; 266f.; weitere Tipps in Gudjons (1993), 120-121;
    Mattes, 34.
50 Bovet, 68.

Gruppenarbeits-Phase, indem er gleich zu den Gruppen geht, statt zuzulassen, dass diese sich erst einmal selbstständig in das neue Thema einarbeiten. Die physische Nähe des Lehrers bringt Diskussionen oft zum Erliegen und verleitet die Schüler, Rückfragen zu stellen und damit die Verantwortung abzugeben. Deshalb sollte der Lehrer sich erst einmal auch räumlich zurücknehmen und nur auf Anfrage zu den Gruppen kommen. Nach der Hälfte der Zeit kann er nachschauen, ob es bei den Kleingruppen Schwierigkeiten gegeben hat und wie die Arbeit voranschreitet. Am Schluss sollte er auf jeden Fall einmal herumgehen und sich einen Eindruck von den Ergebnissen verschaffen, um die Auswertungsphase im Plenum besser planen zu können.[51]

Treten in einer Kleingruppe Probleme und Spannungen[52] auf, sollten diese in jedem Fall mit der betreffenden Gruppe besprochen und geklärt werden.[53] Dies kann (wenn die Gefahr besteht, dass die Gruppe ihr Ziel nicht erreicht) schon während der Gruppenarbeits-Phase geschehen, ansonsten im Anschluss an die Stunde / Unterrichtseinheit. Folgende Fragen können als Impulse für ein Gespräch dienen:[54]
– Wer hat den Hauptteil der Arbeit geleistet?
– Wurden einige Gruppenmitglieder an den Rand gedrängt?
– (Wo) gab es Unzufriedenheit, Enttäuschung usw.?
– Wo gab es Konflikte?
– Wie sind wir / bin ich damit umgegangen?

(3) Auswertung
Gruppenarbeit endet in der Regel damit, dass die Ergebnisse aller oder einzelner Gruppen im Klassenunterricht vorgestellt werden.[55] Bei einer arbeitsgleichen Gruppenarbeit müssen nicht

51   Meyer, H., II, 268f.
52   Beim gruppendynamischen Prozess treten auf der Inhalts- und Beziehungsebene in der Regel bestimmte Phasen auf, bei denen spezifische Phänomene und Probleme auftauchen können. Vgl. Gudjons (1993), 113-120 sowie Bovet, 67. Wichtige Anregungen bei Langmaack / Braune-Krickau.
53   Werden derartige Konflikte »unter den Teppich gekehrt«, schwelen sie weiter, schränken die emotionale Zufriedenheit ein und behindern den Arbeitsprozess. Werden sie hingegen als Lernfeld für »soziale Koedukation« (Gudjons, [1993], 32) begriffen, trägt dies zur Zufriedenheit aller und zur erfolgreichen Arbeit bei.
54   Gudjons (1993), 26; Anregungen auch bei Mattes, 101.
55   Ausnahmen: Fußnote 47. Zur Gestaltung von Präsentationen vgl. 3.1.3 und 3.1.4.

unbedingt die Ergebnisse aller Gruppen vollständig präsentiert
werden. Der Lehrer kann, nachdem er sich gegen Ende der Gruppenarbeits-Phase einen Eindruck über die Ergebnisse verschafft
hat, einzelne Gruppen zum Präsentieren auffordern oder sich
freiwillig melden lassen. Will man dabei evtl. entstehende Diskussionen oder Verweigerungen einzelner Gruppen umgehen,
kann man auch per Losverfahren ermitteln, welche Gruppe
(wann) präsentiert.

Wenn der Arbeitsauftrag so offen formuliert war, dass von
den einzelnen Gruppen viele unterschiedliche Ergebnisse erwartet werden, oder wenn in arbeitsteiliger Gruppenarbeit gearbeitet
wurde, sollen alle Gruppen ihre Ergebnisse präsentieren. Um die
Aufmerksamkeit der zuhörenden Schüler zu erhöhen, kann man
ihnen Beobachtungsaufträge[56] geben. In jedem Fall ist darauf zu
achten, dass die Teilergebnisse der einzelnen Kleingruppen zu
einem Gesamtergebnis zusammengeführt und für den weiteren
Unterricht fruchtbar gemacht werden.[57]

Findet die Gruppenarbeit im Rahmen eines Projektes statt, so
werden auch die Präsentation der Ergebnisse im Klassenverband
und ggf. eine externe Präsentation von den Schülern selbstständig geplant und durchgeführt.

Eine besondere Form der Präsentation liegt beim Gruppenpuzzle vor. Hier werden die Ergebnisse den Mitschülern nicht im
Klassenunterricht vorgestellt, sondern wiederum in Kleingruppen, den sog.»Unterrichtsgruppen«. In Ausnahmefällen kann es
im Anschluss noch eine Frage- und Vertiefungsrunde im Klassenverband geben.

Gelegentlich empfiehlt es sich auch, die Methode Gruppenarbeit
mit den Schülern auszuwerten, z.B. wenn die Schüler zum ersten
Mal über längere Zeit in Gruppen gearbeitet haben oder wenn
die Zusammenarbeit in einzelnen Gruppen problematisch war.
Die Auswertung kann z.B. als Rundgespräch, mittels Kärtchenabfrage[58] oder anhand eines Fragebogens[59] geschehen.

---

56   Kap. 3.5.4: Beobachtungsbogen bei Rollenspielen.
57   Meyer, H., II, 255.
58   Bei einer Kärtchenabfrage erhält z.B. jeder Schüler eine grüne und eine rote
     DIN A6-Karte. Auf der grünen Karte notiert er, was ihm bei der Gruppenarbeit
     gut gefallen hat, auf der roten das, was nicht gut gelaufen ist. Danach werden

Es ist grundsätzlich möglich, aber nicht zwingend, Gruppenarbeit zu benoten. Die Entscheidung über eine Benotung sollte möglichst gemeinsam mit den Schülern getroffen werden. In jedem Fall müssen die Bewertungskriterien *vor* Beginn der Gruppenarbeit transparent gemacht werden.[60]

die Karten entweder von den Schülern selbst vorgelesen oder eingesammelt und vom Lehrer anonym verlesen. Daran sollte sich ein Klassengespräch anschließen.

59 Mögliche Fragen für einen Fragebogen: Wie hast du die Atmosphäre während der Gruppenarbeits-Phase empfunden? Seid ihr in eurer Gruppe mit den Arbeitsaufträgen zurecht gekommen? Wie würdest du die Zusammenarbeit innerhalb deiner Gruppe beschreiben? Hast du das Gefühl, während der Gruppenarbeit etwas gelernt zu haben? Würdest du gerne öfters in Gruppen arbeiten?
Fragebögen können mit Namen oder anonym ausgefüllt werden. Der Lehrer sollte sie einsammeln, auswerten und das Ergebnis mit den Schülern besprechen.

60 Detaillierte Ausführungen und Ideen zur Benotung von Gruppenarbeit Mattes, 36.

3 Aktionsformen / Handlungsmuster

3.1 Schülervortrag, Referat und Präsentation

3.1.1 Definition und Ziele

Gemeinsames Merkmal von Schülervortrag, Referat und Präsentation ist die Vermittlung von Inhalten und Informationen durch Schüler. Alle Aktionsformen sind an spezielle Aspekte eines Themas und an ihre Zielgruppe gebunden. Sie können in Einzel-, Partner- oder Gruppen- bzw. Teamarbeit Anwendung finden.

Schülervorträge erfolgen meist im Rahmen des Unterrichts spontan und ausschließlich in mündlicher Form. Sie dienen der Zusammenfassung, dem Textvortrag oder der Kurzdarstellung eines eng begrenzten Themengebietes. Sie erfordern somit ein geringes Maß an Vorbereitung.

Referate unterscheiden sich davon in ihrem Umfang und ihrer thematischen Differenzierung. Sie setzen eine intensive Auseinandersetzung mit dem Thema, dessen inhaltliche Gliederung sowie eine konkrete Organisation des Ablaufs und des Einsatzes von Hilfsmitteln durch den Schüler voraus.[1] Die Vorbereitung erfolgt in der Regel außerhalb des Unterrichts. Der Schwerpunkt liegt auf der mündlichen Darlegung eines komplexen Themas oder Textes (zumeist verbunden mit einer schriftlichen Ausarbeitung). Üblich ist die Kombination mit einer schriftlichen, visuellen oder interaktiven Form der Präsentation, wobei die sprachliche Ausführung inhaltlicher Aspekte im Vordergrund bleibt.

In Folge einer Vielfalt projektartiger und offener Unterrichtsformen sowie eines verstärkten Einsatzes moderner Medien im Unterricht hat sich die Schüler-Präsentation als weitere eigen-

---

1 Im Unterschied zum Referat weist ein Schüler in einer Facharbeit ein höheres Maß selbstständigen, qualifizierten und wissenschaftlichen Arbeitens nach.

ständige Aktionsform etabliert und bei der Bewertung von Schülerbeiträgen an Gewicht gewonnen. Bei der Präsentation liegt das Schwergewicht auf der medienunterstützten Vorstellung von Arbeitsergebnissen, zumeist anhand eines während oder außerhalb des Unterrichts erstellten Produktes. Die Präsentation bildet häufig den Höhepunkt von Gruppenarbeits-Phasen in offenen Unterrichtsformen.

Referate und Präsentationen trainieren eigenverantwortliches Lernen und erhöhen neben der fachlichen auch die kommunikative, methodische und soziale Kompetenz des Schülers.

Ziel aller drei Aktionsformen ist, möglichst allen Mitschülern themen- bzw. textrelevante Informationen verständlich zu präsentieren, ihr Interesse zu wecken und zum tieferen Verständnis des Unterrichtsstoffes beizutragen. Besonders bei der Präsentation spielt die Anschaulichkeit eine bedeutende Rolle. Zur Förderung der Aufmerksamkeit, Motivation und Merkfähigkeit der Mitschüler sollten mündliche Präsentationen entsprechend der AIDA-Vortragsformel (**A**ttention − **I**nterest − **D**esire − **A**ction) neben einer rein berichtenden Form auch einen produktiven Teil enthalten. Dieser kann integraler Bestandteil oder ausschließlicher Inhalt der Präsentation sein.[2] Wissenschaftlichen Erkenntnissen[3] zufolge werden Informationen im Gedächtnis am besten verankert, wenn alle Sinne der Zuhörer aktiviert werden. Folglich ist eine Kombination von Vortrag (Hören), visueller Medienunterstützung (Sehen) und aktiver Beteiligung der Zuhörer (Handeln) Erfolg versprechend. Da das Ziel von Referaten bzw. Präsentationen eine nachhaltigen Wissensvermittlung sein muss, ist dieser Aspekt von den vortragenden Schülern notwendigerweise in ihren Vortrag mit einzubeziehen. Dieser Anspruch muss im Vorfeld allen Schülern bekannt sein und gilt als Beurteilungskriterium.

---

2   Mögliche Formen der »Produkte«: Dialogische Umformung und Vortrag eines Lehrbuchtextes, fiktives Interview mit einem Autor (statt darstellender Informationen zu Leben und Werk), Informationsgespräch mit einem Experten zu einem Sachthema, fiktive Gelehrtendiskussion, szenische Interpretation, Rollenspiel, Einsatz selbst angefertigter Medien, Varianten mit Einziehung der Gruppe (Lückentexte, Fragen, Quiz, Szenenrolle usw.).

3   Vester, 68.

3.1.2 Mögliche Inhalte und Einsatzorte

Schülervorträge, Referate und Präsentationen sind bei der Textarbeit oder bei text-, lehrbuch- oder projektbezogenen Sachthemen einsetzbar. Viele Themen bieten sich in diesem Zusammenhang auch für ein fachübergreifendes Arbeiten an.

Textgebundene Themen:
- Inhaltsangabe / Paraphrase,
- Vorlesen / Rezitieren / Deklamieren,
- Übersetzung (Lehrbuch / Lektüre),
- Übersetzungsvergleich (deutsch / mehrsprachig),
- Erläuterung der Textstruktur (syntaktisch schwieriger Text-
  passagen),
- sprachlich-stilistische Analyse,
- Textinterpretation,
- Quellenanalyse,
- Quellenvergleich (Positionswechsel; Primär- und Sekundär-
  quelle).

Sachgebundene Themen:
- Biografie und Werke eines Autors,
- Literaturgeschichte,
- historischer Hintergrund (zeitpolitischer Rahmen) einer Lektüre bzw. Quelle,
- kulturgeschichtlicher Hintergrund (Mythologie, Philosophie,
  Wissenschaft usw.) einer Lektüre bzw. Quelle,
- spezielle historische Aspekte eines Großthemas (Politik, Sozi-
  ales, Wirtschaft, Kultur, Alltag usw.),
- Rezeptionsgeschichte (Musik, Malerei, Poesie, Epik, Film
  usw.),
- Forschungsstand / Diskussion in der Wissenschaft.

Die drei Darstellungsformen sind auf ständiges, aktives Üben
angewiesen. Ein früher und konsequenter Einsatz ist daher sinnvoll. Schülervorträge, Referate und Präsentationen können an
verschiedenen didaktischen Orten eingesetzt werden.

Im Unterricht

Schülervorträge

- Vorlesen der Hausaufgabe zu Unterrichtsbeginn,
- Zusammenfassung der letzten Unterrichtsergebnisse zu Unterrichtsbeginn,
- Zusammenfassung der Ergebnisse am Unterrichtsende,
- Vorlesen eines Textes während des Unterrichts,
- Zusammenfassung eines Textes oder Tafelbildes während des Unterrichts,
- Beschreibung einer Folie bzw. eines Bildes während des Unterrichts,
- Wiedergabe von Arbeitsergebnissen am Ende einer kurzen Arbeitsphase (Einzel-, Partner- oder Gruppenarbeit).

Referate / Präsentationen

- Darlegung von Hintergrundinformationen zu Themen und Texten mit zeitlich flexiblem Unterrichtseinsatz (verpflichtend oder als freiwillige Zusatzleistung),[4]
- Vorstellung eines Lehrbuch- oder Lektüretextes in Vortragsform und / oder szenischer Darstellung zu Beginn oder am Ende eines Kapitels bzw. einer Lektüre,
- Darstellung von Teil- oder Endergebnissen aus Einzel-, Partner- oder Gruppenarbeit zeitlich umfangreicherer (offener) Arbeitsphasen oder projektartiger Unterrichtsformen.

Außerhalb des Unterrichts

Schülervorträge

- Spontanes Rezitieren, Deklamieren oder Vorlesen von Texten bei Schulfahrten und Museumsbesuchen.

Referate / Präsentationen

- Ausführungen zu Exponaten und (kultur)historischen Hintergründen im Museum (vorbereitet oder als Ergebnis eines Museumsprojektes),

---

4   Es empfiehlt sich, zu Beginn des Halbjahres bzw. der Unterrichtseinheit jedem Schüler eine schriftliche Themenübersicht auszuhändigen. Diese kann – orientiert am Interesse der Schüler – beliebig ergänzt oder erweitert werden. Sie dient im Weiteren dem Schüler als Deckblatt seiner Unterrichtsaufzeichnungen und als Organisations- und Orientierungshilfe für die eigene Vorbereitung. Vgl. Muster S. 55.

– Information zu historischen und modernen Stätten, Objekten, (Kultur)Geschichte usw. bei Schulfahrten,
– Aufführungen eines Theaterstückes bei Schulfahrten, Informationsveranstaltungen, Projekttagen,
– Dokumentation eines Museumsbesuches oder einer Schulfahrt,
– Vorstellung ausgewählter Bücher und Internetadressen (beim Erstellen eines Handapparates in der Bibliothek und bei der Internetrecherche).

3.1.3 Vorbereitung eines Referates / einer Präsentation

Ein Schülerreferat bzw. eine Präsentation[5] sollte insgesamt drei Arbeitsschritte umfassen: Vorbereitung, Durchführung und Nachbereitung.

Vor dem mündlichen Vortrag kommt der gründlichen und systematischen Vorbereitung großes Gewicht zu und trägt maßgeblich zum Gelingen bei.

Folgende Grundbedingungen sollten vom Schüler im Voraus abgeklärt werden. Sie können die Präsentationssituation maßgeblich beeinflussen:

Klären der Ausgangssituation eines Referates / einer Präsentation
– Ziel: Soll ein Text interpretiert, Sprache und Stil analysiert oder über personelle bzw. historisch-kulturelle Hintergründe informiert werden? Sollen die Mitschüler (und / oder andere Mithörer) belehrt, gewonnen, begeistert, überzeugt oder unterhalten werden?
– Zielgruppe: Wird zu Klassenkameraden (mit / ohne Lehrer), Eltern oder Fremden gesprochen? Wie ist die Schülergruppe zusammengesetzt (ein Jahrgang, verschiedene Jahrgänge, fachfremde Gruppe)? Wie sieht deren Erwartungshaltung und Kenntnisstand aus? Welche Interessen, Vorbehalte und Vorurteile könnten sie gegenüber dem Thema oder Referenten haben?

---

5   Die folgenden Ausführungen beziehen sich ausschließlich auf die Aktionsformen des Referates und der Präsentation.

– Präsentationsform: Soll eine mündliche, schriftliche, visuelle, interaktive oder eine Mischung mehrerer Formen gewählt werden?[6]
– Zeitliche und räumliche Bedingungen: Welcher Zeitpunkt (Vormittag / Nachmittag) und welcher Zeitraum sind für die Präsentation vorgesehen? Ist die Präsentationszeit begrenzt (Schulstunde) oder unbegrenzt? Sind Pausen nötig? Müssen zeitliche Absprachen mit weiteren Referenten bzw. innerhalb der Präsentationsgruppe stattfinden? Welcher Raum steht zur Verfügung (Klassenraum, Medienraum, unbekannter [Schul-] Raum)?

Inhaltliche Vorbereitung eines Referates / einer Präsentation
Die inhaltliche Vorbereitung erfolgt in vier Phasen. Sie soll dem Schüler helfen, eine Auswahl und Gewichtung des Inhaltes vorzunehmen und das Thema angemessen darzustellen.
– Thema klären und eingrenzen: Besprechung des Vortragsinhaltes mit dem Lehrer bzw. den Mitschülern (bei Partner- und Gruppenarbeit); Abgrenzen des Inhaltes (fachbezogen oder fachübergreifend, Überschneidung mit anderen Vortragsthemen); Entwickeln von Leitfragen.
– Informationen beschaffen: Sammeln erster Informationen und Literaturhinweise (Lexika, Handbücher); Auswahl geeigneter Quellen und Nachschlagewerke (öffentliche, Schul- und Fachbereichsbibliothek, Internet, CD-ROM, Archiv, Expertengespräch); Analysieren, Bewerten und Selektieren wichtiger Informationen (nicht zu viel kopieren!).
– Informationen strukturieren: Markieren der Texte; gedankliche Verarbeitung der Inhalte und visuelle Strukturierung: Kurven- oder Flussdiagramm, Mindmap, Schaubild.
– Informationen aufarbeiten: Reduktion des Stoffes auf das Wesentliche (Komprimieren); Notieren der Kernaussagen auf Karteikarten (Exzerpieren); wörtliches Zitieren oder Zusam-

---

6 Mündliche Form: Referat, Bericht, Lied, Talkshow, Tondokument usw.; schriftliche Form: Flugblatt, Handout, Thesenpapier, Mindmap, Bildergeschichte, Liste, Poster, Broschüre usw.; visuelle Form: Modell, Fotos, Illustration, Video, Folie, Comic, Dias, Karte, Theater usw.; interaktive Form: Website, Diskussion, Debatte, Podiumsgespräch, Streitgespräch, Interview, Rollenspiel, Unterrichtsstunde.

menfassen zentraler Aussagen; Sortieren der Karteikarten nach Themenbereichen; Gliederung des Stoffes nach Kapitelüberschriften und Teilüberschriften.

Planung und Organisation eines Referates / einer Präsentation
Die genaue Planung des Vortrags ermöglicht dem Schüler, Risiken zu kalkulieren und die nötige Sicherheit zu gewinnen. Die Organisation kann bei Schülerpräsentationen ein wichtiges Bewertungskriterium darstellen.

– Visualisierung und Auswahl der Medien: Visuelle Darstellungen der Inhalte[7] erleichtern den Zuhörern, Gedankengänge nachzuvollziehen und dem Vortrag aufmerksam zu folgen. Gliederungen, Stichworte, inhaltliche Zusammenhänge, gedankliche Verbindungen, Daten / Zeitleisten, fremdsprachliche Originaltexte bzw. Übersetzungen sollten mithilfe von Plakaten, PowerPoint-Präsentationen, Tafelbildern / Folien,[8] Arbeitsblättern und Moderationskarten an Pinnwänden, Plakatwänden oder Flipcharts visualisiert werden.

– Vorbereitung der Karteikarten für den Vortrag: Auf ausreichende Kartengröße achten; Stichworte und Zusammenhänge notieren und Karten nummerieren; ausformulierte Sätze vermeiden; Fremdwörter, Fachbegriffe, Zitate, Namen und Jahreszahlen deutlich kenntlich machen; Gedankenverbindungen durch Symbole und Zeichen kennzeichnen.

– Üben der Präsentation: Probevortrag vor dem Spiegel, der Kamera oder einer anderen Person; Vortragszeit ermitteln.

– Auf der Grundlage einer inhaltlichen Gliederung »Regieanweisungen« notieren: Zeiteinheiten, Pausen, Wiederholungen, Medieneinsätze und weitere präsentationstechnische Hinweise.

– Prüfung der örtlichen und technischen Rahmenbedingungen: Für die langfristige Organisation sollte eine Checkliste[9] zur

7   Sprach-, Stil- und Strukturanalysen, Übersetzungen und Übersetzungsvergleiche sind in hohem Maße auf Visualisierung angewiesen.

8   Auf übersichtliche und leserliche Gestaltung der Overhead-Folie achten: Dunkle Textfarben, rote / grüne Markierungsfarbe, höchstens 10-12 Zeilen. Kopien und Folien in geeigneter Schriftgröße und mit ausreichendem Zeilenabstand und Kontrast anfertigen!

9   Vgl. Muster S. 56.

Verfügung stehen. Sie sollte kurz vor dem Vortrag nochmals überprüft werden, um auf eine Änderung der Vortragssituation reagieren zu können.

3.1.4 Durchführung eines Referates / einer Präsentation

Für das Konzept eines Schülers eignet sich die klassische Dreiteilung in Einleitung, Hauptteil und Schluss.

(1) Einleitung
Zu Beginn sollte neben der Begrüßung, der Nennung des Anlasses, des Themas, des Ziels und der speziellen Fragestellung die Gliederung als »Fahrplan« des Referates bzw. der Präsentation vorgestellt werden.[10] Eine vorliegende Gliederung erleichtert den Zuhörern, dem Vortrag zu folgen. Der Einstieg sollte mittels eines »Ohröffners« motivierend und kurz gestaltet werden.[11]

(2) Hauptteil
Der Schwerpunkt liegt auf dem Hauptteil, der der systematischen Entwicklung des Themas dient. Er ist entsprechend umfangreich zu gestalten. Den Zuhörern sollen entscheidende Strukturen, Probleme und Fragen bewusst werden. Der Gang der Argumentation muss deutlich werden: Dafür akzentuiert und markiert der vortragende Schüler jeweils kurz neue inhaltliche Bereiche und geht danach in die Einzelheiten. Er stellt die Übergänge zwischen den einzelnen inhaltlichen Abschnitten deutlich heraus. Geballtes Fachwissen sollte vermieden werden.

---

10 »Der erste Eindruck ist entscheidend, der letzte bleibt.« Zu Vortragsbeginn ist die Aufmerksamkeit der Mitschüler am größten!
11 Einen geeigneten Einstieg bieten eine offene Frage (Antwort am Schluss!), ein aktueller Bezug, ein Zitat, eine provokante These, eine bewusste Falschmeldung (Überraschung), eine humorvolle Bemerkung, ein persönliches Erlebnis, ein anschauliches Beispiel, eine spontane Reaktion oder eine kurze visuelle bzw. auditive Demonstration.

(3) Schluss

Den Abschluss bildet die Zusammenfassung und Bewertung der Informationen und Thesen.[12] Er dient der Ergebnissicherung. Kurze und präzise Formulierungen bleiben am besten im Gedächtnis hängen.[13] Ideal ist ein Rückbezug auf Gedanken der Einleitung. Das Ende der Schülerausführungen kann ebenfalls dazu genutzt werden, noch offene Fragen zu formulieren (z.B. Übersetzungsprobleme, Interpretationsvarianten), um diese gemeinsam im Unterricht zu diskutieren und nach einer Lösung zu suchen (Abschlussdiskussion).

Grundregeln zur Vortragstechnik

Auch hier gilt: »Learning by doing!« Folgende Grundregeln sind zu beachten:

Nonverbale Kommunikation I (Auftreten / Verhalten)
- Auf den Stand achten: aufrecht, ausbalanciert und kontrolliert: Arme / Hände locker hängen lassen bzw. leicht anwinkeln.
  Vor Beginn des Vortrags mehrmals tief durchatmen; ebenfalls nach Beendigung eines Abschnittes.

Nonverbale Kommunikation II (Gestik / Mimik / Blick)
- An geeigneter Stelle Gestik und Mimik einsetzen; hektische Bewegungen und Übertreibungen vermeiden; authentisch bleiben.
- Blickkontakt mit Mitschülern bzw. Lehrer halten, um flexibel auf Unklarheiten oder Zustimmung reagieren zu können.

Verbale Kommunikation
- Eine deutliche und laute Aussprache erleichtert das Verständnis.

---

12 Auch hier wichtig: eine wirksame Unterstützung durch vorbereitete Visualisierung.
13 Die Mittel, die in Fußnote 80 für den Einstieg genannt wurden, können auch am Schluss eingesetzt werden.

- Auf Sprechdynamik achten (Vortragstempo, Tonlage / Stimmhöhe, Lautstärke, Akzentuierungen, Sprechpausen).
- Redezeit einhalten.
- Möglichst frei sprechen.
- »Kiss«: Keep it short and simple; Inhalte auf das Wesentliche reduzieren und prägnant formulieren (Parataxe statt Hypotaxe!).
- Sprachmittel und Sprachniveau (Stilmittel, einfache / gehobene Wortwahl, Satzbau, Fachtermini) der Zielgruppe und dem Vortragsinhalt anpassen; auf Fachsprache achten.
- Verbalstil (Aktivformen) statt Nominalstil erleichtert Zuhören und Verstehen.
- Sprechen in der ersten Person vermeiden, um höhere Objektivität zu erreichen; dagegen Ich-Formen verwenden, wenn Authentizität des Vortragenden betont werden soll.
- Persönliche Ansprache und Einbindung (Befragung) der Zuhörer in den Vortrag.

3.1.5 Nachbereitung eines Referates / einer Präsentation

Ein nachbereitendes Gruppengespräch im Unterricht ist sinnvoll. Dabei dienen Besprechungen der inhaltlichen Aspekte der Fehlerkorrektur und Ergebnissicherung durch den Lehrer.[14]

Zu weiteren Aspekten der Präsentation erhalten alle Schüler vorher einen Beobachtungsbogen, der wesentliche Beobachtungskriterien enthält.[15] Jeder Mitschüler bewertet das Referat nach einem differenzierten Punktesystem. In einem abschließenden Gespräch einigen sich die Schüler auf eine gemeinsame Einschätzung der Leistung.

Mithilfe einer individuellen Checkliste[16] kann jeder Vortragende sein Referat bzw. seine Präsentation auch zu Hause nachbereiten und für sich eine differenzierte Auswertung vornehmen.

---

14 Bis zu diesem Zeitpunkt sollte der Lehrer die Präsentation nicht unterbrechen, den Präsentierenden und seine Zuhörer beobachten und sich Notizen für die Nachbesprechung machen.

15 Vgl. Muster S. 58. Voraussetzung ist, dass die Bewertungskriterien zuvor gemeinsam vereinbart und allen Schülern erläutert worden sind.

16 Vgl. Muster S. 57.

Anhand des Unterrichtsgesprächs und seiner individuellen Checkliste kann der Schüler seine Einschätzung mit der seiner Zuhörer kritisch vergleichen. Beide Formen erhöhen die Transparenz der Beurteilung und setzen für alle Schüler einen Maßstab für den Leistungsanspruch.

Alle Arbeitsformen, die zur Leistungsfeststellung herangezogen werden, müssen geübt[17] und ihre Kriterien für die Schüler transparent gemacht werden. Bei Schülervorträgen und Referaten werden vermehrt inhaltlich-sprachliche Aspekte bei der Bewertung berücksichtigt, bei Präsentationen werden auch organisatorische, methodische, kommunikative und soziale Fähigkeiten in die Leistungsmessung mit einbezogen. Deren Gewichtung ist letztlich jedem Kollegen selbst überlassen, da die Lehrpläne keine verbindlichen und einheitlichen Regelungen vorgeben.

---

17   Schulordnung für die öffentlichen Hauptschulen, Regionalen Schulen, Dualen
     Oberschulen, Realschulen, Integrierten Gesamtschulen, Gymnasien, Kollegs
     und Abendgymnasien, Übergreifende Schulordnung vom 14. Mai 1989, § 45
     (Leistungsmessung), Absatz 2, GVBl 1989, 129.

MUSTER

Übersicht der Themen Grund- / Leistungskurs
Jahrgang .... Halbjahr ....

Thema: ....

Folgende Referats- bzw. Präsentationsthemen sollen von Ihnen in diesem Halbjahr anschaulich gestaltet und produktiv präsentiert werden.
  Sie entscheiden bitte selbst, ob Sie die Themen lieber allein, mit einem Partner oder in einer Kleingruppe behandeln möchten.

Achtung: Handout (zum Kopieren für die Gruppe) eine Woche vorher abgeben!

Name: ....

Name	Thema	Produktiver Teil	Sozialform	Termin

Checkliste zur Organisation eines Referates / einer Präsentation

– Raumgröße und -lage

– Zahl der Zuhörer

– Sitzordnung / Sitzgelegenheiten (Ausrichtung zum Vortragenden und den Medien)

– Standort des Vortragenden (Tisch, Pult, Stuhl; Sichtbarkeit)

– Akustische Verhältnisse

– Mögliche Störungen (Pausen, Veranstaltungen; benachbarte Räume prüfen)

– Lichtverhältnisse (Helligkeit; Verdunkelungsmöglichkeiten / Dimmer)

– Audiovisuelle Medien (Art der benötigten Geräte; technischer Zustand; geeigneter Standort)

– Hilfsmittel zur Visualisierung (Karte, Tafel, Flipchart, Moderationswände, Overhead-Projektor, Dia-Projektor, Laptop, Beamer, Pinnwand mit Zubehör vorhanden?)

– Geeignete Schriftgröße bzw. Zeilenabstände in präsentierten Texten (Folie, Kopie)

– Größe, Schärfe, Kontrast von Abbildungen (Kopie, Folie, Dia)

– Ordnung der Unterlagen bzw. Materialien (nummerieren und verbinden!)

– Unterlagen für Zuhörer kopieren und sortieren

Checkliste[18] zur individuellen Nachbereitung
eines Referates / einer Präsentation

- Konnte ich die Zielsetzung meiner Ausführungen verdeutlichen?

- Ist eine Gliederung gelungen?

- Haben der Einstieg und die Einleitung die Aufmerksamkeit der Zuhörer erregt?

- Wurde die Struktur meines Referates / meiner Präsentation deutlich?

- Habe ich mein Ziel erreicht?

- Ist der Schluss gelungen?

- War die Zeitplanung in Ordnung?

- Entsprach mein Referat / meine Präsentation den Voraussetzungen (Alter, Vorkenntnisse) der Zuhörer?

- Waren die Zuhörer interessiert und konnten sie den Ausführungen folgen?

- Habe ich frei gesprochen?

- Konnte ich Kontakt zum Publikum aufnehmen?

- War mein Sprachniveau angemessen?

- Waren alle Formulierungen klar und verständlich?

- Habe ich Körpersprache, Mimik und Gestik (angemessen) eingesetzt?

- Konnte ich die Medien sinnvoll einsetzen?

- Hat das Referat / die Präsentation mir / den Zuhörern Spaß gemacht?

- Wie war die Zusammenarbeit in der Gruppe (bei Partner- bzw. Gruppenreferaten bzw. -präsentationen)?

- Weitere Beobachtungen: ....

18 Die Antworten sollten entweder stichwortartig festgehalten (konkrete Fehler, »kritische Situationen«, Verbesserungsvorschläge usw.) oder mit gewichtenden Beurteilungshinweisen (– –; –; 0; +; ++) versehen werden.

Beobachtungsbogen für Referate / Präsentationen

Für jedes Kriterium können 0 Punkte (schwach) bis 10 Punkte
(hervorragend) vergeben werden:

Thema Name	Informati- onsgehalt	Verständ- lichkeit	Anschau- lichkeit	Vortrags- stil	Team- arbeit

3.2 Lehrervortrag

3.2.1 Definition und Ziele[19]

Die Aktionsform Lehrervortrag ist eine Methode der Informationsvermittlung, in der der Lehrer einer Lerngruppe einen fachlichen oder methodischen Zusammenhang in einem Vortrag mündlich darlegt. Der Vortrag ist präzise geplant, gut strukturiert und evtl. durch Visualisierungen unterstützt. Die Schüler hören aufmerksam zu, machen sich u. U. Notizen oder bearbeiten einen gestellten Arbeitsauftrag und haben, sofern dies im Vorfeld vereinbart worden ist, die Möglichkeit, Rückfragen zu stellen.

Ziel dieser Aktionsform ist es, einer Lerngruppe auf altersgemäße Art und Weise Informationen gebündelt und zusammenhängend weiterzugeben, die sie von sich aus nicht wissen kann. Obwohl der Lehrervortrag eher den Ruf einer Methode aus vergangenen Zeiten genießt, ist er – gezielt und wohl vorbereitet eingesetzt – ein wichtiger Bestandteil des Unterrichts, der zum Erfolg gerade auch der »offenen« Unterrichtsformen wesentlich beiträgt.

3.2.2 Mögliche Einsatzorte und Inhalte

In folgenden Situationen kann ein Lehrervortrag angebracht sein:
- Inhaltliche Einführung in einen Text, ein Thema, einen Film, eine Lektion oder eine Unterrichtsreihe,
- Exemplarische Vorführung der Aktionsformen Schülerreferat bzw. Präsentation, z.B. zu Beginn einer Reihe von Schülerreferaten,
- Erklärung einer methodischen Großform, z.B. Lernzirkel, Freiarbeit, Wochenplan oder Gruppenpuzzle,
- Zusammenfassung von Arbeitsergebnissen aus einer früheren Unterrichtsphase, z.B. im Verlauf eines Projektes,
- Weitergabe organisatorischer Informationen für eine Exkursion, einen Museumsbesuch oder eine Schulfahrt.

---

19 Vgl. Mattes, 24.

3.2.3 Charakteristika und Durchführung[20]

Ein Lehrervortrag muss
- möglichst einfach sein,
- übersichtlich gegliedert und geordnet sein,
- zusammenhängend sein,
- auf das Alter der Schüler abgestimmt sein,
- so kurz wie möglich und so ausführlich wie nötig sein, d.h., er darf nicht zu knapp, aber auch nicht zu weitschweifig sein,
- anregend, lebendig, spannend, motivierend und auch humorvoll sein.

Im Vorfeld[21] hat der Lehrer
- das Thema seines Vortrags zu formulieren (z.B. »Einführung in die methodische Großform Lernzirkel«),
- die Inhalte des Vortrags zu klären und zu strukturieren,
- die zeitliche Ausdehnung des Vortrags zu bedenken (s.u.),
- Anknüpfungspunkte an den vorangegangenen bzw. nachfolgenden Unterrichtsstoff zu suchen,
- unterstützende Visualisierungen zu planen (vgl. z.B. Plakate bei der Einführung des Lernzirkels zu Hygin[22])
- u.U. begleitende Arbeitsaufträge für die Schüler zu formulieren,
- u.U. Ergebnissicherungen zu konzipieren und
- für sich selbst einen »Spickzettel« mit den wichtigsten Stichworten, Gliederungspunkten usw. anzufertigen.

Beim Vortrag selbst sind folgende Aspekte für den Erfolg wesentlich:[23]
- In manchen Fällen das Einstimmen der Lerngruppe auf den Lehrervortrag vor Beginn des eigentlichen Vortrags (z.B. Information über die Dauer des Vortrags, Klären der Erwartungen an die Schüler [intensives Zuhören, Mitschreiben ...],

---

20 Mattes, 24-25; Meyer, H., II, 297-298.
21 Vgl. auch die Ausführungen zur Vorbereitung eines Referats / einer Präsentation, Kap. 3.1.
22 Vgl. 4.3.
23 Vgl. auch die Ausführungen zur Durchführung eines Referats / einer Präsentation, Kap. 3.1.

inhaltliches Anknüpfen an zuvor behandelten Stoff, Nennen der Intention / Ziele des Vortrags),
- Visualisierung der Gliederung und der besonders wichtigen Aussagen auf Plakaten, Folien oder an der Tafel,
- altersgemäße Sprache,
- »einfache« Sätze (möglichst wenige Hypotaxen),
- Variation der Lautstärke und Sprechgeschwindigkeit,
- gezielter Einsatz von Mimik und Gestik,
- Blickkontakt mit den Schülern,
- knappe mündliche Zusammenfassung am Schluss des Vortrags,
- Verknüpfung des Vortragsinhalts mit dem nachfolgenden Unterrichtsschritt.

In jedem Fall sollte ein ausuferndes oder auch schlecht vorbereitetes Monologisieren vor der Lerngruppe vermieden werden.

Die Schüler verhalten sich während des Vortrags ruhig, folgen konzentriert den Ausführungen des Lehrers und führen evtl. parallel gegebene Arbeitsaufträge aus. Problematisierende Zwischenfragen sind evtl. auf eine Frage- oder auch Diskussionsrunde zurückzustellen. Entsprechende Vereinbarungen sind mit den Schülern im Vorfeld zu treffen.

Prinzipiell sollte ein Lehrervortrag nur wenige Minuten umfassen. Mattes gibt hierzu die »Faustregel: im fünften Schuljahr fünf bis sieben Minuten, im sechsten Schuljahr sechs bis acht, im zehnten Schuljahr zehn bis zwölf usw.«[24]

Es ist zu bedenken, dass trotz bester Vorbereitung und vorzüglicher Vortragstechnik des Lehrers und größter Aufmerksamkeit der Schüler diese niemals nach erstmaligem Anhören alle Informationen verinnerlicht haben. So muss nach Meyer[25] ein durchschnittlich intelligenter Mensch 21 Mal einen Text gehört haben, bevor er die in ihm enthaltenen Informationen vollständig gespeichert hat. Visualisierungen und eine geschickte Ergebnissicherung können sicherlich den Lernerfolg eines Lehrervortrags wesentlich steigern. Dennoch kann die Aktionsform Lehrervortrag niemals die den Unterricht regelmäßig dominie-

---

24   Mattes, 25.
25   Meyer, H., II, 297-298.

rende Aktionsform, sondern eher eine seltene und wohl dosierte
Abwechslung im Unterrichtsalltag sein.

3.2.4 Beispiele

Im Folgenden werden exemplarisch zwei Anlässe für den Einsatz eines Lehrervortrags charakterisiert. Bzgl. der Schüler- und
Lehrerrollen werden nur solche Aufgaben der Schüler bzw. der
Lehrer angeführt, die nicht bereits oben beschrieben sind. Die
Angaben zur Dauer der Lehrervorträge sind lediglich Anhaltspunkte und selbstverständlich stets von der jeweiligen Unterrichtssituation abhängig.

Beispiel 1:	**Einstieg in eine Unterrichtsreihe zu Vergils Äneis**
Fach:	Latein
Dauer:	ca. 3-4 Min.
Zeitpunkt:	zu Beginn der Unterrichtsreihe, hier in Klasse 12
Inhalt und Struktur des Lehrervortrags:	– Kurzer Abriss zur Vita und schrift-stellerischen Karriere Vergils bis in das Jahr 29 v. Chr.[26], – Verhältnis Vergil – Octavian, – fiktiver Auftrag Octavians an Vergil: »Verfasse ein Nationalepos, das die Ursprünge Roms und dessen Geschichte bis zu meiner Zeit beschreibt, den Welt-herrschaftsanspruch Roms legitimiert, meine Friedenspolitik vermittelt, die von mir betriebene innere Erneuerung transportiert und mich verherrlicht«, – Arbeitsauftrag an die Schüler: »Wie würden Sie den Auftrag Octavians erledigen?«

---

26 Zu einem späteren Zeitpunkt können dann z.B. durch einen Schülervortrag
    sowohl die Vita wie auch das schriftstellerische Wirken Vergils vertiefend vor-
    gestellt werden.

Verknüpfung mit dem nächsten Unterrichts- schritt bzw. der Unterrichts- reihe:	– Bearbeitung / Besprechung der Schüler- ideen mit anschließender Erarbeitung des Proömiums Verg. Aen. 1,1-7. – Darüber hinaus können die Aspekte die- ses Arbeitsauftrages als roter Faden für die gesamte Unterrichtsreihe dienen, in- dem immer wieder darauf rekurriert wird.
Medien / Visualisierung:	– Tafel, – Folie (fiktiver Arbeitsauftrag, Sammlung der Schülerideen), – Folienbilder (Vergil / Octavian).
Ergebnis- sicherung:	– Intention Vergils (Arbeitsauftrag), – Stichwortliste mit den Schülerideen an der Tafel oder auf einer Folie.

Beispiel 2:	**Einführung Gruppenpuzzle**[27]
Fach:	beliebig
Dauer:	ca. 5-7 Min.
Zeitpunkt:	– in allen Klassenstufen möglich, – vor dem ersten Einsatz der methodischen Großform.
Inhalt und Struktur des Lehrervortrags:	– Grundstruktur eines Gruppenpuzzles, – organisatorische Rahmenbedingungen (Ablauf, Zeitansätze, Termine), – Arbeitsmaterialien, – Absprachen bzgl. Art / Umfang von Überprüfung und evtl. Benotung, – Art und Umfang einer Benotung.
Verknüpfung:	Einstieg in das vorgestellte Gruppenpuzzle
Medien / Visualisierung:	– Bunte Plakate zur Visualisierung der Struktur des Gruppenpuzzles, – Arbeitsblätter mit Arbeitsaufträgen und Terminen und Regeln.
Ergebnis- sicherung:	– Arbeitsblätter, – Durchführen des Gruppenpuzzles.

27 Zu dieser methodischen Großform vgl. Drumm / Frölich (Hg.), 131-164.

3.3 Unterrichtsgespräch

3.3.1 Definition

Nach Meyer ist ein Unterrichtsgespräch »ein Gespräch, das zum Zwecke des Lehrens und Lernens veranstaltet wird und das deshalb einer Reihe von Einschränkungen unterliegt«[28].

3.3.2 Mögliche Einsatzorte und Inhalte

Ein Unterrichtsgespräch eignet sich immer dann, wenn ein Thema gemeinsam erarbeitet oder besprochen werden soll, wobei eine Person – in der Regel der Lehrer[29] – das Gespräch inhaltlich (mehr oder weniger stark) leitet und die übrigen Teilnehmer gemäß ihrem Vorwissen Gesprächsbeiträge leisten. Ein Unterrichtsgespräch eignet sich z.b. in folgenden Situationen:
- Feststellung der Erwartungen an ein Unterrichtsthema,
- Inhaltlicher Einstieg in ein Unterrichtsthema,
- Erarbeitungsphasen: Erarbeitung eines Themas (Grammatik, Sachkunde, historische Hintergründe, philosophische Fragen u.v.m.), Vorerschließung, Übersetzung und / oder Interpretation eines Textes,
- Planungen im Rahmen von projektartigen Unterrichtsformen,[30]
- Auswertung, Ergebnissicherung und Wiederholung: Nachbesprechung von Hausaufgaben oder Übungen, Zusammentragen von Ergebnissen aus Einzel-, Partner- oder Gruppenarbeit, Frage- und Vertiefungsrunde nach offenen Unterrichtsformen, Nachbereitung einer Exkursion.

---

28 Meyer, H., II, 280.
29 Selten auch Schüler; z.B. können im Rahmen eines Gruppenpuzzles in den sog. Unterrichtsrunden, in denen Schüler Schüler »unterrichten«, durchaus auch Unterrichtsgespräche von Schülern geplant und geleitet werden.
30 Unterrichtsgespräche werden hier zwar häufig mit Erfolg eingesetzt; noch besser geeignet scheint jedoch die Aktionsform »Rundgespräch«, weil dabei die Interaktion unter den Schülern leichter gelingt.

3.3.3 Charakteristika

Unterrichtsgespräche werden je nach ihrer Funktion im Unterrichtsprozess und je nach Rolle des Lehrers und seiner Einbindung in das Unterrichtsgeschehen in »offene« bzw. »freie« und »gebundene« Formen eingeteilt, wobei die nachstehenden Begriffe und einzelnen Ausprägungen nicht immer klar voneinander abzugrenzen sind (nähere Beschreibungen s. u.).[31]

Offene bzw. freie Unterrichtsgespräche	Gebundene Unterrichtsgespräche
– Unterhaltung – Schülergespräch – Diskussion, Streitgespräch, Pro und Contra-Gespräch, Debatte	– Lehrgespräch – gelenktes Unterrichtsgespräch – fragend-entwickelndes Unterrichtsgespräch[32]

Unterrichtsgespräche können prinzipiell von wenigen Minuten bis zu einer halben Stunde oder (in Ausnahmefällen) noch länger dauern und in jedem Unterrichtsschritt je nach Situation, Anlass und Großmethode Anwendung finden. Ein Unterrichtsgespräch kann Element einer »geschlossenen« wie auch einer »offenen« methodischen Großform sein.

3.3.4 Gebundene Unterrichtsgespräche

Die Gesprächsformen Lehrgespräch, gelenktes Unterrichtsgespräch und fragend-entwickelndes Unterrichtsgespräch lassen sich, was Ziele, Schüler- und Lehrerrolle angeht, nur schwer voneinander abgrenzen; die Begriffe werden oft synonym gebraucht. All diesen Gesprächsformen weitgehend gemeinsam sind die grundsätzliche Lehrer- und Schülerrolle und die Themenvorgabe durch den Lehrer.

---

31 Zu diesen und weiteren Beispielen vgl. Meyer, H., II, 280-295.
32 In der Literatur wird zuweilen auch der Begriff »Neosokratischer Dialog« verwendet (z.B. Peterßen, 211).

Prinzipiell legt in gebundenen Formen der Lehrer die Inhalte und Ziele des Gesprächs fest. Er ist seines größeren Überblicks wegen der Erklärer und Vermittler, dominiert und lenkt das Unterrichtsgeschehen, im Falle des Lehrgesprächs jedoch in einem noch stärkeren Maße als in einem fragend-entwickelnden oder gelenkten Unterrichtsgespräch. Die Schüler müssen in diesen Gesprächsformen die Gedankengänge der am Geschehen Beteiligten aufmerksam nachvollziehen. Das zu erlernen, ist ohne Abstriche wertvoll, fördert aber naturgemäß nur in begrenztem Maße selbstständiges und entdeckendes Lernen.

Für das Gelingen gebundener Unterrichtsgespräche ist deshalb eine besonders gute Fragetechnik des Lehrers notwendig. Fragen dürfen nicht zu eng, aber auch nicht zu weit formuliert sein, und die Formulierungen müssen möglichst auf Anhieb sitzen. Im Verlauf eines gebundenen Unterrichtsgesprächs kann es notwendig sein, dass der Lehrer zu einem Lehrervortrag überwechselt (um fachliche Aspekte zu klären). Folgende Aspekte wollen bedacht sein:

– Wohldosierter Einsatz gebundener Unterrichtsgespräche,
– Planung und Einhaltung der Dauer einer solchen Phase,
– altersgerechte Wortwahl bei der Formulierung von Fragen in einem Lehrervortrag,
– Motivierung zum Mitdenken, Mitreden und Fragen,
– Verknüpfung von Schüleräußerungen (Gedächtnisleistung des Lehrers!),
– Kanalisierung der Beiträge im Hinblick auf das Unterrichtsziel,
– Flexibilität im Umgang mit (unerwarteten) Äußerungen,
– Vermittlung der Fähigkeit, im Gespräch aufeinander einzugehen,
– Einbindung möglichst vieler Schüler in das Gespräch.

Vor der Planung und Durchführung gebundener Gesprächsformen sollte man ihre Eignung für das Thema und die verfolgten Ziele kritisch prüfen. Diese Gesprächsformen eignen sich z.B. nicht zur Besprechung solcher Fragen, die auf eine persönliche (aber durchaus intellektuelle) Betroffenheit der Schüler abzielen; da sie zu stark vom Lehrer dirigiert sind, bleiben sie in großer akademischer Entfernung vom einzelnen Schüler. Hier sollten daher unbedingt freie Gesprächsformen oder auch andere Aktionsformen Anwendung finden.

Auch für die Präsentation und Besprechung von Hausaufgaben oder Übungen eignet sich u.U. besser ein Schülervortrag oder ein Rundgespräch.

Haben die Schüler keine Vorkenntnisse (z.b. zu einer methodischen Großform oder zu einem Thema), die sie einbringen können, sollte besser die Aktionsform Lehrervortrag gewählt werden.

Zuweilen kann auch die besonders offene Gesprächsform »Unterhaltung« (nicht zu verwechseln mit »Labern«) zum Austausch von Schülermeinungen und -ansichten angeraten sein, um das soziale Klima in der Lerngruppe zu pflegen.

Lehrgespräch

Das Lehrgespräch – die nach Meyer »mit Abstand schwierigste und anspruchsvollste Unterrichtsmethode überhaupt«[33] – verläuft in der Regel in drei Schritten:

1. Bestimmen des Gesprächsgegenstandes durch den Lehrer,
2. Gespräch unter starker Lenkung des Lehrers, in dessen Verlauf die Schüler ihre Vorkenntnisse einbringen, Probleme formulieren und lösen sowie Alternativen diskutieren und der Lehrer häufig für den Fortgang notwendige Sachinformationen gibt,
3. Zusammenfassen, Sichern und Vertiefen der Gesprächsergebnisse.

Mögliche Anlässe, die Aktionsform Lehrgespräch zu wählen, sind z.B.:

– Einführung in ein komplexes Grammatikthema,
– Erklärung inhaltlich komplizierter Strukturen,
– Erarbeitung eines sprachlich anspruchsvollen Lehrbuch- oder Lektüretextes,
– mehrsprachige oder über Wortbildung stattfindende Einführung neuer Vokabeln.

33   Meyer, H., II, 290.

Gelenktes Unterrichtsgespräch
Das gelenkte Unterrichtsgespräch unterscheidet sich vor allem in seinen erweiterten Funktionen und Zielen von einem Lehrgespräch. So treten als weitere mögliche Funktionen hinzu:[34]
- Motivation der Schüler,
- Rückmeldungen der Schüler (z.b. bzgl. der Vorkenntnisse zu einem Thema oder einer Methode),
- Festigung und Wiederholung kognitiven Wissens.

Auch diese Gesprächsform ist geprägt durch an die Schüler gerichtete Zwischen- und Rückfragen (z.b. zum Verständnis oder zur Wiederholung), die zum aufmerksamen Nachvollziehen des geplanten Gedankengangs zwingen.
Diese Gesprächsform bietet sich v.a. in Einstiegs-,[35] Wiederholungs- und Festigungsphasen an.

Fragend-entwickelndes Unterrichtsgespräch
In einem fragend-entwickelnden Unterrichtsgespräch steht stärker als beim Lehrgespräch das *Entwickeln* eines Sach-, Sinn- oder Problemzusammenhangs aus der Sicht der Schüler im Vordergrund; dazu nutzt der Lehrer geschickt ihre Vorkenntnisse sowie ihr logisches oder psychologisches Argumentationsvermögen. Er folgt hierbei im besonderen Maße den Denkbewegungen der Schüler, lässt Irrwege und Missverständnisse zu, nutzt diese und macht so den Denkprozess transparent. Die Schüler sind in dieser Gesprächsform also besonders gefordert, einen Denkweg zu entwickeln, und müssen dabei bereit sein, ihre Gedanken in einer verständlichen Art und Weise mitzuteilen, aktiv zuzuhören und so ihre Kombinationsfähigkeit mit Unterstützung des Lehrers zu schulen.

Mögliche Anlässe für ein fragend-entwickelndes Unterrichtsgespräch sind z.B.:
- induktive Erarbeitung eines Grammatikthemas,
- Erarbeitung von Faktenwissen, z.B. anhand von Schaubildern oder Quellen,

---

34 Meyer, H., II, 286-287.
35 Für Gespräche zum Unterrichtseinstieg s. Mattes, 16-17.

- Erschließung und / oder Interpretation eines Lehrbuch-, Lektüre- oder Sachtextes,
- Nachbesprechung von Hausaufgaben oder Übungen,
- Frage- und Vertiefungsrunde nach einer offenen Unterrichtsform.

3.3.5 Freie Unterrichtsgespräche

Schülergespräch
Das Schülergespräch unterscheidet sich grundsätzlich von den bisher beschriebenen Gesprächsformen in Zielen, Funktionen und besonders in Lehrer- und Schülerrolle. So wird mit einem Schülergespräch eine Gesprächsform bezeichnet, »in der die Schüler ihre eigenen Erfahrungen und Phantasien zu einem Sach-, Sinn- oder Problemzusammenhang veröffentlichen, verarbeiten und bewerten.«[36]

Aus dieser Definition ergeben sich eine Vielzahl von Anlässen, bei denen ein Schülergespräch angezeigt ist. Beispiele:
- Einstieg in eine Unterrichtsreihe, um Fragen, Befürchtungen, Anregungen, Wünsche usw. zu thematisieren,
- Bewertung eines zuvor erarbeiteten Textinhalts, einer Karikatur, eines Films etc.,
- Besprechung produktorientierter Hausaufgaben,
- Planung und Nachbereitung einer Exkursion oder Schulfahrt.

Damit ein Schülergespräch gelingt, müssen folgende Voraussetzungen gegeben sein:[37]
- Eignung von Thema und Anlass (s.o.),
- Kenntnis der Grundregeln einer Gesprächssituation und u.U. besonderer Regeln und Abläufe (z.B. eines Rundgesprächs, einer besonderen Ausprägung eines Schülergesprächs),
- von Vertrauen geprägtes Unterrichtsklima, damit Schüler bereit sind, sich persönlich zu äußern,
- angemessenes Lehrerverhalten.

36 Meyer, H., II, 291.
37 Meyer, H., II, 292-293.

Der Lehrer sollte sich darauf beschränken,
- den äußeren Rahmen (z.B. die Sitzordnung) zu organisieren,
- auf die Einhaltung vorher vereinbarter Regeln zu achten,
- das Gespräch zu moderieren, nur wenige verbale und nonverbale Impulse zu geben,
- nur im Notfall die Schüleraussagen zu bewerten oder zu korrigieren,
- einer Zerfaserung des Gesprächs entgegenzuwirken,
- eine geeignete Ergebnissicherung zu gewährleisten, ohne jedoch den Gesprächsverlauf zu stören.

3.4 Rundgespräch[38]

3.4.1 Definition und Ziele

Die Aktionsform Rundgespräch ist eine Variante des Klassenunterrichts, in der alle Schüler (und Lehrer) für eine bestimmte Zeitspanne (in der Regel) im Kreis sitzen und die anstehenden Unterrichtsinhalte als gleichberechtigte Gesprächspartner erarbeiten, präsentieren oder diskutieren.

Hierzu kann ein Gesprächsleiter bestimmt werden, der auf die Einhaltung der Regeln und Vereinbarungen achtet und die Gespräche oder Diskussionen moderiert.

Ziel dieser besonderen Ausprägung der Aktionsform Schülergespräch[39] ist es, dass die Schüler möglichst selbstgesteuert den Unterrichtsprozess in Gang halten und zu einem positiven Ergebnis führen. Hierbei üben sie,
- Gesprächsregeln einzuhalten,
- sich gegenseitig genau zuzuhören,
- Fehler zu bemerken, diese zu verbalisieren und Verbesserungen / Alternativen zu formulieren,
- Argumente auszutauschen, diese gegeneinander abzuwägen und Urteile zu fällen,

---

38 Zuweilen findet man in der Literatur statt Rundgespräch auch den Begriff Kreisgespräch (z.B. Meyer, H., II, 292).
39 Kap. 3.3.5.

– Arbeitsergebnisse, Hausaufgaben oder Ähnliches zu präsentieren,
– andere in angemessener Form zu kritisieren und selbst Kritik anzunehmen,
– Verantwortung für den Fortgang des Unterrichts zu übernehmen,
– Gespräche und Diskussionen zu moderieren.

3.4.2 Mögliche Einsatzorte und Inhalte

Ein Rundgespräch eignet sich immer dann, wenn über ein Thema gesprochen werden soll, zu dem *jeder* Schüler aufgrund seiner Erfahrung, seines Wissens oder seiner Vorbereitung etwas beitragen kann. Beispiele:
– Besprechung von Hausaufgaben oder von Übungen, die vorher in Einzel- oder Partnerarbeit erledigt wurden,
– Training von Grammatikformen, Vokabeln, Kopfrechnen o.Ä.
– Übersetzung eines vorbereiteten Textes,
– Austausch persönlicher Meinungen zu einem Thema,
– Informations- und Organisationsrunden im Rahmen eines Projektes oder bei der gemeinsamen Planung einer Schulfahrt,
– Evaluationsgespräche nach einem Referat / einer Präsentation oder am Ende einer Unterrichtsreihe.

3.4.3 Charakteristika

Die Schüler steuern in einem Rundgespräch ihren Unterricht weitgehend selbst. Sie rufen sich z.B. gegenseitig auf, formulieren selbst Übungsaufgaben, korrigieren sich gegenseitig, diskutieren Alternativen oder kritisieren Präsentationen möglicher Unterrichtsergebnisse. Hierfür kann ein Gesprächsleiter von den Schülern aus ihren Reihen bestimmt werden. Die offene Sitzordnung im Kreis und die zurückgezogene Rolle des Lehrers (s.u.) schaffen dabei eine offenere Gesprächssituation, die von Schülern aller Altersstufen meist als wohltuend empfunden wird und die die Bereitschaft der Schüler steigert, sich aktiv in das Unterrichtsgeschehen einzubringen. Insbesondere werden in dieser

Aktionsform Urteilskraft, Argumentations- und Kommunikationstechniken und nicht zuletzt die Fachsprache geschult.

Der angestrebte von den Schülern selbstgesteuerte Unterrichtsprozess bedingt das Lehrerverhalten. Ist die Aktionsform »Rundgespräch« eingeführt und im Unterricht initiiert, hat der Lehrer möglichst selten Einfluss auf das Unterrichtsgeschehen zu nehmen und nur dann einzuschreiten, wenn Fehlerhaftes als richtig oder Richtiges als falsch benannt wird, manche Schüler gar nicht, einzelne ständig aufgerufen werden oder das Unterrichtsgeschehen aus den Fugen zu geraten droht. Selbstverständlich kann der Lehrer als »gleichberechtigter« Gesprächs- / Diskussionspartner[40] auch an Diskussionen teilnehmen oder als Zuhörer Präsentationen beiwohnen.

Bei Lerngruppen, die in dieser Aktionsform noch unerfahren sind, sind die Verlaufsformen und Rituale intensiv einzuüben. Nach und nach sollte sich der Lehrer immer mehr zurückziehen, bis er sich mit den genannten Einschränkungen ganz ausklinkt. Bei unerfahrenen Lerngruppen sollte er zunächst die Gesprächsführung selbst übernehmen, um die Schüler nicht zu überfordern.

Die veränderte Schüler- und Lehrerrolle während eines Rundgesprächs können in vielen Standardsituationen des Unterrichts (z.B. Hausaufgaben-Besprechungen, Übungsphasen, …) die Lehrerzentriertheit zugunsten einer größeren Schülerzentriertheit reduzieren. Der Lehrer wird durch diese Aktionsform deutlich entlastet.

3.4.4 Durchführung

Prinzipiell kann ein Rundgespräch von wenigen Minuten bis zu einer ganzen Unterrichtsstunde dauern.

Da die Schüler in möglichst großer Eigenregie und Verantwortung handeln, sollten Gesprächsregeln, bei noch unerfahrenen Lerngruppen auch bestimmte Gesprächsfloskeln (z.B. »Da muss ich dir widersprechen« oder »Ich denke, dass man an dieser Stelle anders übersetzen muss«[41]) vereinbart werden. Darüber

---

40   Vgl. Meyer, H., II, 292.
41   Meurer / Riebeling / Selbert, 47.

hinaus erweist sich das Einüben bestimmter Rituale / Unter-
richtsabläufe für verschiedene Anlässe als sehr hilfreich.

Um ein organisatorisches Chaos zu vermeiden, das die Umstellung der Möbel mit sich bringen kann, sind hierüber ebenfalls
Vereinbarungen zu treffen:[42]

Wie man einen Stuhlkreis schnell und rücksichtsvoll bildet ...
- Die Anordnung der Tische und Stühle ist in allen Rundge-
  sprächen stets die gleiche. Jeder Schüler weiß, wohin er seinen Tisch bzw. seinen Stuhl zu räumen hat.
- Die Zeitdauer, in der alle angehalten sind, die Tische und
  Stühle umzuräumen, wird vereinbart (Ansporn für alle Beteiligten, möglichst schnell den Stuhlkreis zu bilden).
- Jeder verhält sich möglichst ruhig, während der Umstellung
  wird nicht gesprochen, die Tische werden angehoben, nicht
  geschoben.

Wenn das Mobiliar oder zu enge Räumlichkeiten ein Umstellen
der Tische nicht zulassen oder die kurze Dauer eines Rundgesprächs (z.B. zur Besprechung einer kurzen Nachübersetzung)
ein Umräumen zu aufwändig erscheinen lässt, kann die übliche
Anordnung der Tische und Stühle beibehalten werden. Die im
Folgenden beschriebenen Verlaufsformen mit den daraus resul-
tierenden Schüler- bzw. Lehrerrollen bleiben davon unberührt.
Die Vorteile der geänderten, offenen Sitzordnung gehen in diesem Falle verloren.

3.4.5 Beispiele

Im Folgenden werden einige besonders geeignete Anlässe für
Rundgespräche charakterisiert. Dabei werden nur solche Aufgaben der Schüler bzw. der Lehrer angeführt, die nicht bereits oben
unter 3.4.3 beschrieben sind. Die Angaben zur Dauer eines
Rundgesprächs sind lediglich Anhaltspunkte und selbstverständlich von der jeweiligen Unterrichtssituation abhängig.

---

42 Mattes, 23.

Beispiel 1:	Besprechung der Hausaufgabe (Nachübersetzung eines lateinischen Textes)
Fach:	Latein; leicht auf andere Fächer übertragbar
Dauer:	verschieden, (in der Regel) nicht länger als 15 Minuten
Initiierung:	– Der Lehrer formuliert noch einmal die Hausaufgabe, – liest den ersten zu übersetzenden Satz vor, – ruft einen der Schüler auf.[43]
Schülerrolle:	– Der Schüler bietet seine Lösung an. – Die Mitschüler diskutieren ggf. die Fehler, formulieren Verbesserungsvorschläge, bieten Alternativen an, stellen und beantworten Fragen und einigen sich schließlich auf eine, richtige Lösung. – Der Schüler, der zuerst seine Lösung angeboten hat, bringt noch einmal zur Ergebnissicherung seine evtl. korrigierte Lösung zu Gehör, – liest schließlich den nächsten Satz vor, – ruft einen anderen Schüler auf. – Dieser Mitschüler bietet nun wiederum seine Lösung an. – Der Vorgang wiederholt sich so lange, bis die gesamte Hausaufgabe besprochen und verbessert ist.[44]
Lehrerrolle:	– Er initiiert das Rundgespräch, – weist auf nicht bemerkte Fehler hin.
Anmerkungen:	Den Schülern ist bei dieser Methode, die Hausaufgabe zu besprechen, stets deutlich, zu welchem Zeitpunkt Alternativen, Fragen usw. zu einem Satz anzubringen sind und wann die Besprechung eines neuen Satzes beginnt.

---

43 Ein Gesprächsleiter ist bei dieser Ausformung eines Rundgesprächs in der Regel nicht notwendig.

44 Meurer / Riebeling / Selbert, 47, entwickeln eine Variante des Rundgesprächs, indem sie einem oder auch mehreren Schülern spezielle Aufgaben übertragen (z.B. Fehler in der Aussprache zu monieren oder mithilfe eines mitgebrachten Lexikons, einer Grammatik auf Vokabel- oder Grammatikverstöße hinzuweisen).

Beispiel 2:	Abschlussübungen zu einem Kapitel im Mathematikbuch (hier: Logarithmus)[45]
Fach:	Mathematik
Dauer:	Ca. 45 Minuten

Initiierung:	– Lehrer gibt Aufgabenpool aus dem Buch vor und lässt 10 Minuten zur Vorbereitung.
	– Stuhlkreis.
	– Material vorher absprechen (Stift und Block, Taschenrechner, ... sollen benutzt werden).
	– Festlegen einer Moderatorin (Schülerin), die folgende Aufgaben hat:
	  o Nachfragen, ob alle mit einer angebotenen Lösung einverstanden sind,
	  o klären, ob alle sie verstanden haben,
	  o Unstimmigkeiten ansprechen,
	  o Mitverantwortung für Disziplin tragen,
	  o auf gleichmäßige Beteiligung achten.

Schülerrolle:	– Moderatorin ruft eine Schülerin auf, die eine vorbereitete Aufgabe stellen soll.
	– Diese stellt die Aufgabe und ruft eine andere Schülerin zur Beantwortung auf.
	– Schülerin, die die Aufgabe gelöst hat, stellt die nächste Aufgabe.
	– Es gibt folgende Antwortmöglichkeiten:
	  o Lösung mit Begründung angeben,
	  o Lösungsweg angeben,
	  o eigene Unsicherheit nennen,
	  o Bitte um Hilfe äußern,
	  o teilweise gelöste Aufgabe weitergeben,
	  o Diskussion, wenn verschiedene Lösungsansätze vorhanden sind,
	  o Frage direkt an die Lehrkraft stellen.

Lehrerrolle:	– Achtet auf fachliche Korrektheit, – gibt notfalls inhaltliche Hilfen – antwortet auf direkte Fragen.

45 Gedankt sei Sr. Wiltrud Frisch und ihrer 10. Klasse, St. Franziskus-Gymnasium und Realschule Kaiserslautern, für die beiden Beispiele (2) und (3) eines Rundgesprächs aus dem Mathematikunterricht.

Beispiel 3:	Grundwissen
Fach:	Mathematik; auf andere Fächer übertragbar
Dauer:	Ca. 45 Minuten
Initiierung:	– Als Hausaufgabe sollen Grundwissen- aufgaben erfunden werden. – Jede/r bereitet mindestens drei Aufgaben vor.
Schüllerrolle:	– Aufgabe stellen, – Rest wie oben in Beispiel 2.
Lehrerrolle:	– Achtet auf fachliche Korrektheit. – beteiligt sich gleichberechtigt in der Runde.

Beispiel 4:	Informations- und Organisationsrunde im Rahmen eines Projektes[46]
Fach:	beliebig
Dauer:	In der Regel 30-45 Minuten (projektabhängig)
Initiierung:	Der Projektleiter ruft gemäß dem von Schülern geplanten Projektablauf nach einer ersten Phase der Arbeit in Gruppen alle Schüler im Plenum zusammen. Er fordert die Schüler auf, über ihre Planungen und über die Inhalte, die in den Gruppen bearbeitet werden sollen, zu berichten.
Schülerrolle:	– Die Schüler stellen reihum die (Zwischen-)Ergebnisse ihrer Gruppenarbeit vor. – Dann können Rückfragen an einzelne Gruppen gestellt werden (z.B., welche inhaltlichen Schwerpunkte gewählt wurden, mit welchen Materialien sie arbeiten möchte), um die Arbeit aller Gruppen aufeinander abzustimmen. – Abschließend nennen und diskutieren die Schüler Vorschläge zur Gestaltung der Präsentationen am Ende des Projektes.
Lehrerrolle:	– Er initiiert das Rundgespräch, – achtet darauf, dass alle aufkommenden Fragen geklärt werden, – gibt (im Bedarfsfall) nötige fachliche oder organisatorische Informationen.

46 Zur Planung und Durchführung von Projekten vgl. Drumm / Frölich, 165-196.

Beispiel 5:	**Evaluationsgespräch nach einem Museumsbesuch**
Fach:	beliebig
Dauer:	ca. 15 Minuten
Initiierung:	– Der Lehrer führt zunächst eine Kärtchenabfrage unter den Schülern durch: Jeder Schüler notiert auf grünen Karten positive, auf roten Karten negative Eindrücke / Erfahrungen während des Museumsbesuches. – Anschließend beruft der Lehrer ein Rundgespräch ein. – Er bittet einen Schüler, *einen* Eindruck (= eine Karte) aus dem Museumsbesuch zu nennen.
Schülerrolle:	– Der aufgerufene Schüler schildert einen seiner Eindrücke, die er sich notiert hat. – Hat er fertig gesprochen, ruft er einen seiner Mitschüler auf, der sich gemeldet hat, um etwas zu ergänzen oder um einen neuen Eindruck zu formulieren. – ...
Lehrerrolle:	– Der Lehrer initiiert das Rundgespräch in der beschriebenen Form, – achtet darauf, dass möglichst viele Schüler zu Wort kommen, – gibt (im Bedarfsfall) ergänzende fachliche oder organisatorische Informationen, – notiert sich wesentliche Aussagen der Schüler, – beendet das Rundgespräch (evtl. mit einer kurzen Zusammenfassung des Gesagten).

3.5 Rollenspiel

3.5.1 Definition und Ziele

In der Aktionsform Rollenspiel schlüpfen Schüler in die Haut einer anderen Person, einer Gottheit, eines Tieres oder eines sonstigen Akteurs eines Textes. Sie bereiten – meist in Kleingruppen – ihre Rollen vor und führen schließlich das Rollenspiel vor ihren Mitschülern auf. Die Zuschauer erhalten in der Regel Beobachtungsaufträge. Im Anschluss werten Agierende wie Beobachtende gemeinsam das Rollenspiel aus.

Das Rollenspiel bietet neben den allgemeinen dieser Aktionsform zugesprochenen Chancen und Zielen (wie der Steigerung sozialer Kompetenzen z.B. zur friedlichen Streitlösung oder Gewaltprävention)[47] die Möglichkeit,

– die Schüler für ein Thema zu öffnen und für seine Vielschichtigkeit zu sensibilisieren;
– den Inhalt eines Textes zu erarbeiten, zu vertiefen, zu variieren, zu aktualisieren oder zu verfremden;
– mehrere Facetten einer Situation zu erkennen und zum Ausdruck zu bringen, indem ein Perspektivenwechsel vollzogen wird;
– die Interpretationsergebnisse samt der Fantasien und Assoziationen, die Schüler zu einem Text empfinden, spielerisch umzusetzen und den Mitschülern mitzuteilen.

Zudem trägt »das Rollenspiel in besonderer Weise der Experimentierfreudigkeit, Kreativität und Lust am Sprechen«[48] gerade jüngerer Schüler Rechnung und lockert den Unterricht erheblich auf.

3.5.2 Mögliche Einsatzorte und Inhalte

Ein Rollenspiel kann in verschiedenen Phasen des Unterrichts zum Einsatz kommen:

---

47   Vgl. Mattes, 46; Meyer, H., II, 362.
48   Mattes, 46.

- als Einstieg in ein neues Thema,
- während der Erarbeitung und Interpretation eines Textes, wenn z.b. ein fremdsprachlicher Lektionstext nachgespielt wird,
- in Problematisierungs- und Aktualisierungsphasen, um z.b. verschiedene Standpunkte darzustellen oder Aussagen (eines Textes) kritisch zu hinterfragen,
- als spielerischer, nachdenklicher oder heiterer Abschluss einer Unterrichtsstunde oder -reihe.

Gerade zur Interpretation und Problematisierung eines Textes / Themas lässt sich das Rollenspiel gut auch im Rahmen offener methodischer Großformen einsetzen, z.b. als Aufgabe zu einem Text innerhalb eines Lernzirkels, einer Freiarbeit oder eines Wochenplans, als mögliches Produkt eines Projektes oder als Aufgabe zu einem Ausstellungsgegenstand in einem Museum.

3.5.3 Charakteristika[49]

Gelenktes Rollenspiel
Die Schüler übernehmen eine Rolle mit präzisen und weitgehend festgelegten Vorgaben. Sie bekommen z.b. eine »Rollenkarte« an die Hand, auf der ihre Rolle kurz beschrieben ist, oder sie spielen einen besprochenen Text einfach nach – evtl. mit Requisiten oder Verkleidung.

Freies / offenes Rollenspiel
Die Schüler gestalten ohne genaue Festlegungen der Handlungsalternativen ein Rollenspiel kreativ und konstruktiv nach eigenen Vorstellungen aus. Sie erfinden zum vorgegebenen Thema u.U. selbst die beteiligten Personen, schreiben deren Texte und überlegen sich die Inszenierung (Gestik, Mimik, Requisiten, Verkleidung o.Ä.).

---

49 Vgl. Meyer, H., II, 357-358.

Voraussetzungen, dass ein Rollenspiel gelingt, sind
- eine gewisse Offenheit der Schüler (und des Lehrers) gegen-über der Aktionsform;
- das Bewusstsein, dass ein Rollenspiel nicht mit Klamauk gleichzusetzen ist, sondern eine enorme Bereicherung des Unterrichts sein kann, »wenn im spielerischen Kontext Kräfte und Lernpotenziale freigesetzt werden, die sonst kaum zum Tragen kommen«;[50]
- das Miteinbeziehen aller Schüler in das Rollenspiel – sei es als Agierende oder als Beobachter;
- eine gewissenhafte Vorbereitung des Rollenspiels;
- genügend Zeit.

Rollenspiele können nur fünf Minuten des Unterrichts bis hin zu einer ganzen Unterrichtsstunde, u.U. sogar eine Doppelstunde in Anspruch nehmen. Abhängig ist der zeitliche Umfang davon,
- wie komplex der Inhalt des Rollenspiels ist;
- welche Ziele man mit dem Rollenspiel verfolgt (Einstieg, Interpretation / inhaltliche Auswertung eines Textes, Ergebnissicherung, Perspektivenwechsel, soziale Anliegen);
- welche Vorerfahrungen Schüler mit der Aktionsform haben;
- ob ein gelenktes oder freies Rollenspiel durchgeführt wird;
- ob das Rollenspiel innerhalb oder außerhalb des Unterrichts vorbereitet wird;
- ob ggf. das Rollenspiel mehrmals durchgespielt wird;
- ob und in welcher Intensität das Rollenspiel nachbesprochen wird.

3.5.4 Durchführung in drei Phasen

Ein Rollenspiel besteht in der Regel aus drei Phasen:[51]

Phase 1:   Vorbereitung
Phase 2:   Durchführung
Phase 3:   Besprechung

---

50   Vgl. Mattes, 47.
51   Zur Dreiphasigkeit und den entsprechenden Elementen, Schüler- und Lehrer-rollen vgl. Meyer, H., II, 360-361.

(1) Vorbereitung
Die Vorbereitung eines Rollenspiels kann im Rahmen des Unterrichts, als Hausaufgabe oder im Rahmen einer offenen bzw. projektartigen Unterrichtsform stattfinden. Folgende Aufgaben sind in dieser Vorbereitungsphase zu leisten:

Inhaltliche und methodische Einführung
Der Lehrer[52] nennt das Thema, die angenommene Handlungssituation (z.b. Person x trifft Person y), die Form (gelenkt oder frei) und die Zielsetzung des Rollenspiels (z.b. einfache Darstellung oder kritische Bewertung).

Mögliche Beteiligungsängste (v.a. bei älteren Schülern ohne Rollenspielerfahrung) werden im Unterrichtsgespräch abgebaut.

Der Lehrer erläutert / erinnert an die Spielregeln (z.b. Zeitansatz, aber auch Aufforderungen wie »Nicht übertreiben!«, »Nicht auslachen!«, »Sich konzentrieren!«, ...)

Klärung der Rolle der Beobachter
Beobachter sind keine bloßen Zuschauer, sondern haben eine Mitdenker- bzw. Kritiker-Rolle zu erfüllen und meist bestimmte Arbeitsaufträge auszuführen.

Als sehr nützlich erweisen sich hierbei Beobachtungsbogen mit präzisen, auf die Ziele abgestimmten Fragen. Diese werden entweder vom Lehrer oder von den Schülern je nach Ziel und Einbettung in das Unterrichtsgeschehen formuliert. Außerdem können weitere Arbeitsaufträge gestellt werden.

Bildung verschiedener Arbeitsgruppen zur Erarbeitung der Rollen[53]
Findet die Erarbeitung der Rollen im Rahmen des Unterrichts statt, sind alle Schüler der Lerngruppe einer der Arbeitsgruppen zugeteilt, d.h., alle Schüler bereiten das Rollenspiel vor. Hierbei kann jede Arbeitsgruppe alle Rollen vorbereiten (Anzahl der Rollen = Gruppengröße) oder je eine Arbeitsgruppe übernimmt

---

52 In offenen Unterrichtsformen werden diese Informationen schriftlich gegeben (Lernzirkel, Freiarbeit, Wochenplan) oder von den Schülern selbst festgesetzt (Projekt, Vorhaben, ...).

53 Zur Arbeit in Gruppen: Kap. 2.4. Nur selten wird im Klassengespräch (Kap. 2.1) diese Einarbeitung geleistet.

eine Rolle (Anzahl der Rollen = Anzahl der Arbeitsgruppen). Ist die Erarbeitungsphase Hausaufgabe, Teil eines Projektes o.Ä., kann auch nur ein Teil der Schüler ein Rollenspiel vorbereiten.

Die Erarbeitung der Rollen geschieht in folgenden Schritten:
- Klärung der fachlichen Grundlagen, indem z.b. der dem Rollenspiel zugrunde liegende Text sprachlich und inhaltlich erarbeitet wird, oder indem zum Thema des Rollenspiels Informationen und Meinungen zusammengetragen werden,
- Ausgestaltung der Rolle(n) der einzelnen Spieler: beim gelenkten Rollenspiel entsprechend der Textvorlage oder der Rollenkarte, beim freien Rollenspiel gemäß den Ideen der Gruppenteilnehmer und unter Beachtung der Zielsetzung des Rollenspiels,
- Planung und Beschaffung evtl. benötigter Requisiten. Eine Absprache unter den Gruppen – evtl. sogar im Plenum – ist hierbei meist notwendig.

Organisatorische Vorbereitung
- Freiräumen der Spielfläche,
- ggf. Aufbau des »Bühnenbildes« und Bereitstellen der Requisiten.
- Bei aufwändigen Rollenspielen ggf. Anbringen von Rollenbezeichnungen / Namen z.B. mit Tesakrepp auf den Pullovern / Hemden / …, um den Spielern und Beobachtern die einzelnen Rollen über längere Spielphasen hin im Gedächtnis zu halten.

(2) Durchführung
Zu Beginn der Durchführungsphase erinnert der Lehrer noch einmal an die Spielidee, die Ziele sowie das Thema und erläutert die Arbeitsaufträge für die Beobachter.

Das Rollenspiel wird den Mitschülern vorgespielt.[54] Haben mehrere Gruppen jeweils ein Rollenspiel zu demselben Text / demselben Inhalt vorbereitet, ist diese Präsentation mehrmals durchzuführen, wobei nach jedem Durchlauf eine (wenn auch kurze) Auswertung stattfinden sollte.

---

54 Zuweilen nehmen Schüler auch ihr Rollenspiel auf Video auf und spielen dieses Video vor.

Die Beobachter machen sich entsprechend dem gestellten Arbeitsauftrag bzw. auf ihrem Beobachtungsbogen Notizen.

(3) Besprechung

In der dritten Phase eines Rollenspiels werden Beobachtungs- und Arbeitsaufträge, die bereits in der Vorbereitungsphase den Schülern an die Hand gegeben wurden, unter der Moderation des Lehrers (oder selten eines Schülers) besprochen.

Folgende Fragen können Teil eines Beobachtungsbogens und somit Grundlage eines Gesprächs über das Spielgeschehen sein:

– Wurden die angestrebten Ziele erreicht (z.b. Verfremdung, Aktualisierung, ...)?
– Wurden die Aussagen des Textes fachlich richtig in Szene gesetzt?
– Wurden angemessene, sinnvolle Schwerpunkte bei der szenischen Umsetzung gesetzt?
– Wurde der Inhalt / die Intention des Textes deutlich?
– Gab es Lücken?
– Konnte man den Ausführungen folgen? Waren diese verständlich?
– Wurden richtige / angemessene Spieltechniken angewandt (wie z.b. Beiseitereden, Selbstgespräch, Doppelrolle)?[55]
– Haben die Personen ihre Rollen angemessen vorgestellt?
– Was war gut, was könnte man noch verbessern?

Unter Umständen beschließen Agierende und Beobachtende, das Rollenspiel noch einmal zu wiederholen, um es erneut auszuwerten. Zur Ergebnissicherung kann ein Tafel- oder Folienbild angelegt werden. Eine Kritik der schauspielerischen Leistungen ist problematisch und sollte v.a. bei jüngeren Schülern unbedingt vermieden werden.[56]

55 Meyer, H., II, 363.
56 Ebd., 365.

3.5.5 Schwierigkeiten und Tipps[57]

Nicht jeder Schüler kann und will sich vor anderen produzieren. Hinzu treten pubertätsbedingte Hemmungen. Andere Schüler wiederum stellen überzogen ihre Rolle dar, parodieren und karikieren. Beiden Schwierigkeiten können häufiges Spielen und klare, sachbezogene Vorgaben und Kriterien sowohl für die Durchführungs- wie für die Auswertungsphase entgegenwirken. Dennoch sollte niemand gezwungen werden, eine Rolle in einem Rollenspiel zu übernehmen. In allen Phasen eines Rollenspiels ist von allen Beteiligten ein Höchstmaß an Feingefühl einzufordern.

Rollenspiele können zu lang geraten (z.b. durch eine falsche Planung des Lehrers, eine zu lange Vorbereitungs- oder Durchführungsphase) und die Spieler können sich »verspielen«. In solchen Fällen sollten die Gründe für das Scheitern erarbeitet werden. Im Vorfeld weiterer Rollenspiele können dann zeitliche Planungen (meist durch den Lehrer) verbessert und spielerische Fehler vermieden werden.

---

57   Vgl. auch Meyer, H., II, 365.

3.5.6 Beispiele

Beispiel 1:	Rollenspiel zu Lumina 12, Text 1 **Die Hochzeit von Peleus und Thetis**
Fach:	Latein; leicht auf Lektionstexte anderer Sprachen übertragbar
Beschreibung des Rollenspiels:	– gelenktes Rollenspiel, d.h. die Schüler spielen den Lektionstext einfach nach; – Rollen: Erzähler, Peleus, Thetis, diverse Götter (u.a. Iuno, Minerva, Venus, Iuppiter), Discordia, Paris; – Rollenspielsprache: Deutsch (evtl. auch Latein);[58] – Requisiten: Essen, Wein, goldener Apfel (mit Inschrift).
Zeitpunkt / Einbettung:	Abschluss einer Lektion
Zeitansatz:	Eine Unterrichtsstunde
Vorbereitung:	Während des Unterrichts; es werden Gruppen zu je acht Schülern gebildet (jede Gruppe erarbeitet die ganze Szene, jeder Gruppenteilnehmer übernimmt eine Rolle).
Durchführung:	Jede Gruppe spielt ihr Rollenspiel vor.
Beobachterauftrag:	Ist der Inhalt / die Problematik des Textes richtig wiedergegeben / interpretiert?
Auswertung / Nachbereitung:	Nach jeder Präsentation einer Gruppe.

---

58 Rollenspiele in lebenden Fremdsprachen werden in jedem Fall in der Fremdsprache gespielt.

Beispiel 2:[59]	Rollenspiel zum Gleichnis *Die Arbeiter im Weinberg* (Mt 20, 1-15)
Fach:	Religion
Beschreibung des Rollenspiels:	– Mischform gelenktes / freies Rollenspiel; – Rollen: (Erzähler fakultativ), Weinbergbesitzer, Arbeiter der 1.,3. und 11. Stunde (fakultativ: Arbeiter der 6. und 9. Stunde), Verwalter; – Rollenspielsprache: Deutsch (auch Dialektfassung möglich); – Requisiten: frei wählbar (z.b. gebastelte Uhr; Werkzeug der Arbeiter; Geldstücke; Auszahlungstisch …).
Ziel:	Selbstständige Textinterpretation eines nicht besprochenen Gleichnisses.
Zeitpunkt / Einbettung:	Abschluss der Unterrichtseinheit *Jesus redet in Gleichnissen* in der 6. Klasse.
Zeitansatz:	Eine Stunde Vorbereitung, eine Stunde Durchführung und Auswertung.
Vorbereitung:	Während des Unterrichts in Gruppen (Gruppengröße flexibel, mindestens fünf Schülerinnen; nicht mehr als vier Gruppen) Aufgaben und Hilfen für die Gruppen: – Lest gemeinsam den Bibeltext. – Informiert euch anhand der ausgeteilten Sachinformationen über Situation und Lohn der Tagelöhner zur Zeit Jesu. – Überlegt, welche Rollen unbedingt nötig und welche fakultativ sind. – Verteilt die Rollen. Fühlt euch in die Situation eurer Figur ein und überlegt, wie ihr deren Gedanken und Gefühle verbal und nonverbal zum Ausdruck bringen wollt.
Durchführung:	Jede Gruppe spielt ihr Rollenspiel vor.

59 Gedankt sei Sr. Martina Schmitt, Frau Susanna Ziegler und der Klasse 6de (kath. Religion) des St. Franziskus-Gymnasium und Realschule Kaiserslautern für dieses Beispiel eines Rollenspiels.

Beobachter-auftrag:	– Verdeutlicht das Spiel den Sinn des Gleichnisses? – Wie wurden die Gedanken und Gefühle des Weinbergbesitzers und der Arbeitergruppen deutlich (z.B. Erwartung der ersten Arbeiter, mehr zu bekommen als die anderen; Zorn über die scheinbare Ungerechtigkeit; andere Denkweise des Besitzers)? – Welche besonderen Einfälle hatte die Gruppe?
Auswertung / Nachbereitung:	Nach jeder Gruppenpräsentation; nach dem letzten Gruppenspiel: gemeinsames Formulieren einer zusammenfassenden Auslegung des Textes (Sachhälfte des Gleichnisses).

Beispiel 3:[60]	**Rollenspiel zu Friedrich Schiller** *Wilhelm Tell*
Fach:	Deutsch
Beschreibung des Rollenspiels:	– freies Rollenspiel, d. h. die Schüler verfassen eigene Texte; – Rollen: Schauspielerinnen der Figuren Gertrud, Berta und Hedwig, (Regisseur); – Vorgabe: Aus Kostengründen muss bei der (fiktiven) Aufführung des *Tell* eine der Frauenrollen gestrichen werden; – Auftrag: Überzeuge den Regisseur, dass deine Rolle unverzichtbar ist.
Ziel:	Sicherung der Bedeutung der Frauenrollen.
Zeitpunkt / Einbettung:	Gegen Ende einer Unterrichtsreihe *Wilhelm Tell* (8. oder 9. Klasse).
Zeitansatz:	Eine Doppelstunde bzw. Unterrichtsstunde (bei Vorbereitung in der Hausaufgabe).
Vorbereitung:	Im Unterricht (bei einer Doppelstunde) oder als Hausaufgabe; arbeitsteilige Vorbereitung der Rollen (die Rolle des Regisseurs wird sinnvoller Weise vom Plenum übernommen); jeder Schüler bzw. jede Schülerin schreibt ein Plädoyer.
Durchführung:	Die Schauspielerin der »Gertrud« hält ihr Plädoyer, danach kann das Plenum in der Rolle des »Regisseurs« Zusatzfragen stellen, auf die die Schauspielerin spontan antwortet; das Vorgehen wird mit »Berta« und »Hedwig« wiederholt; danach werden zwei bis drei weitere Runden durchgeführt.
Beobachter- aufträge:	– Welche Gründe werden für die Beibehaltung der Rolle angeführt? – Überprüft, ob die Gründe auf der Grundlage des Textes haltbar sind! – Welche Gründe sind besonders überzeugend und warum?
Auswertung / Nachbereitung:	Die Auswertung findet auf zwei Ebenen statt: – Anlage eines Tafelbildes über die jeweilige Bedeutung der Frauenfiguren, – Analyse und Bewertung der Argumentation / Strategien der »Schauspielerinnen«.

60   Gedankt sei Dorothea Winteroll, Fachleiterin Deutsch am Staatlichen Studienseminar für das Lehramt an Gymnasien in Kaiserslautern, für die Beispiele (3) und (4) eines Rollenspiels.

Beispiel 4:	Rollenspiel zur Einführung ins Argumentieren: *Familienurlaub*
Fach	Deutsch
Beschreibung des Rollenspiels	– freies Rollenspiel, d.h. die Schüler verfassen bzw. improvisieren eigene Texte; – Rollen: Familienmitglieder, Freunde; – Vorgabe: Diskussion im (erweiterten) Familienkreis; – Auftrag: Verdeutliche den Teilnehmern der Diskussion deine Vorstellungen von Familienurlaub und versuche deine Interessen durchzusetzen!
Ziel:	Bewusstmachen von unterschiedlichen Überredungs- und Überzeugungstechniken in Alltagsdiskussionen.
Zeitpunkt / Einbettung:	Zu Beginn einer Unterrichtsreihe »Argumentieren« (7. Klasse).
Zeitansatz:	Eine Unterrichtsstunde (bei exemplarischer Durchführung) bzw. eine Doppelstunde (bei vollständiger Durchführung).
Vorbereitung:	Während des Unterrichts; es werden Gruppen zu je vier bis sechs Schülern gebildet; jeder Schüler erhält eine vorbereitete Rollenkarte mit eindeutigem Rollenprofil, sodass in jeder Gruppe unterschiedliche Interessen aufeinanderstoßen; die Schüler skizzieren ihre Rolle (eigene Vorstellungen vom Familienurlaub, Überzeugungstechniken)
Durchführung:	Anzahl der Präsentationen je nach Zeitvorgabe.
Beobachter- aufträge:	– Wie versuchen die Diskussionsteilnehmer ihre Interessen durchzusetzen? – Welches Ergebnis wird erzielt und wie kommt es zustande?
Auswertung / Nachbereitung:	Auswertung von Form und Wirksamkeit der beobachteten Überzeugungstechniken im Unterrichtsgespräch.

Beispiel 5:	Rollenspiel zum Thema *Sklaverei in der Antike*
Fach:	Latein, Geschichte
Beschreibung des Rollenspiels	– freies Rollenspiel, d.h. die Schüler spielen einen selbst verfassten Text; – Rollen: z.b. ein Herr, mehrere Sklaven.
Ziele:	Informationen zur Sklaverei (Arten von Sklaven und deren Aufgaben / Schicksal, Versklavung, Freikauf, Zahl der Sklaven usw.); Problematisierung des Sklaventums; Präsentation der Arbeitsergebnisse.
Zeitpunkt / Einbettung:	Z.B. – Im Rahmen des Unterrichtsthemas »Antike« in Geschichte, 7. oder 11. Klasse, – während der Lektüre von Seneca, ep. 47 in Oberstufenkursen Latein, – im Rahmen eines Vorhabens, durchaus ohne Anbindung an einen Text möglich.[61]
Zeitansatz:	20 bis 30 Minuten
Vorbereitung:	Außerhalb des Unterrichts
Durchführung:	Einmal
Beobachterauftrag:	Welche Informationen erhalten Sie zum Thema Sklaverei?
Auswertung / Nachbereitung:	Diskussion zur Thematik im Anschluss an das Rollenspiel in einem Rundgespräch; u.U. Besprechung der Ausführung des Rollenspiels im Rundgespräch oder nur agierende Schüler und Lehrer.

---

61   Zur methodischen Großform »Vorhaben« vgl. Drumm / Frölich, 207-217.

3.6 Szenische Elemente

3.6.1 Definition und Ziele

Als »szenische Elemente« kann man all diejenigen einzelnen Tätigkeiten bezeichnen, die verwendet werden, um einen Text schauspielerisch oder mittels Requisiten in Szene zu setzen. Für den Schulgebrauch wird an dieser Stelle eine Auswahl vorgestellt, die nicht zu hohe Anforderungen an die schauspielernden Schüler und die in der Schule vorhandenen technischen Hilfsmittel stellt. Die aufgeführten szenischen Elemente entstammen den Herkunftsbereichen[62] gesprochene Sprache, Körpersprache, bildnerische Mittel und Requisiten.

Das Hauptziel beim Einsatz szenischer Elemente ist es, das Verständnis von Texten zu fördern. Daneben sollen aber auch Spielfreude, Spontaneität, Fantasie und ein Gefühl für das gemeinsame Spiel in der Gruppe geweckt werden.

3.6.2 Mögliche Einsatzorte und Inhalte

Szenische Elemente werden dort bewusst eingesetzt, wo mit ihrer Hilfe der Gehalt bzw. die Handlung eines Textes veranschaulicht und gedeutet werden soll. Wenn die Interpretationsarbeit im Spiel auf der Bühne (gr. *skené*) stattfindet, ist sie »szenisch«, d.h. sie dient dazu, die ermittelte Textaussage an ein Publikum zu kommunizieren.

Im Unterricht kommen szenische Elemente v. a. bei der Vertiefung und Interpretation von Lehrbuch- und Lektüretexten vor. Viele szenische Elemente eignen sich auch für das selbstständige Arbeiten der Schüler in kleinen Gruppen, u.a. als Aufgabe in Lernzirkeln, Freiarbeit, Wochenplan oder als mögliches Produkt einer projektartigen Unterrichtsform.

---

62 Schau (2000), 22 spricht von »Szenischen Tätigkeiten«. Da eine umfassende Systematik bis jetzt noch aussteht, beziehe ich mich bei dieser Gliederung schwerpunktmäßig auf seinen »Versuch einer Systematik«, die hier von mir für die Zwecke des Lateinunterrichts ziemlich stark modifiziert wurde.

3.6.3 Übersicht »szenische Elemente«

Die folgende Liste ist nicht nur gedacht als Fundgrube für diejenigen, die in die szenische Interpretation einführen wollen,[63] sondern auch als ergänzende Anregung zu einer eher herkömmlichen Interpretationsarbeit. Dementsprechend kann man aus dieser Übersicht entweder nur einzelne Elemente verwenden oder mehrere kombinieren. Das eine oder andere Element sollte man vor dem Einsatz üben.

Ein großer Teil der aufgeführten Elemente stützt sich – neben dem Text – auf Mittel der gesprochenen Sprache (Vortragen eines Textes und sprachliche Ausgestaltung eines Textes); ein kleinerer Teil umfasst die körpersprachlichen Mittel, der letzte handelt von den Hilfsmitteln. Innerhalb der Gruppen wird mit den eher gängigen oder vielseitigeren Elementen begonnen.

(1) Vortragen eines Textes
Das Textoriginal bleibt unverändert, der Vortrag wird aber mit stimmlichen Mitteln besonders gestaltet.

Prosodik[64]
Die Mittel der Prosodik sind auf das Lesen aller Textsorten anwendbar. Ihre Vermittlung kann einiges zur (fachübergreifenden) Leseförderung beitragen. Vorgehensweise: Verschiedene Gruppen arbeiten für verschiedene (oder dieselben) Figuren in unterschiedlichen (oder in denselben) Textzusammenhängen die passende Sprechweise heraus.[65] Anschließend wird das Erarbei-

---

63   Anregungen für den Deutschunterricht bei Schau (2000), 154-178: Anhand von neun Texten werden unterschiedliche Möglichkeiten der gezielten Auswahl und Kombination verschiedener szenischer Elemente vorgestellt. – Ein gutes Praxisbeispiel für den Lateinunterricht findet sich bei Laser: Hier werden Reden aus der Livius-Lektüre mit die Textinterpretation unterstützender Gestik und Artikulation so vorgetragen, wie sie römische Rhetoren vorschreiben.

64   Die Kinesik (Körperhaltung, Gestik, Mimik, Blickkontakt) und Proxemik (Raumverhalten beim Sprechen) sind hier mit zu bedenken; Schau (2000), 108-109.

65   Prosodische Zeichensetzung für die Markierung von Lesetexten nach Schau (2000), 110: / = kleine Pause, // = große Pause, < = laut, > = leise, ↗ = Stimme rauf, ↘ = Stimme runter (Satzmelodie), ´ = Hebung, ` = Senkung (einzelnes Wort).

tete dem Plenum vorgestellt, in Bezug auf den Originaltext dis-
kutiert und ggf. gemeinsam verbessert. Anregungen:[66]
- Färbung: fröhlich, traurig, interessiert, gelangweilt, aufge-
  bracht, aggressiv, erregt, besorgt, mitfühlend, beleidigt, ängst-
  lich, weinerlich, trotzig, ironisch, ...
- Lautstärke: sehr leise, flüsternd, dumpf, zischend laut, schrei-
  end, gellend, polternd, tobend, ...
- Tempo: betont langsam, gedehnt, jede Silbe betonend, schlep-
  pend, sehr schnell, überhastet, sprudelnd, in Fahrt kommend,
  mit Pausen, stockend, ...
- Dynamik: Wechsel von laut / leise, schnell / langsam, kraft-
  voll / schwach, betont / unbetont, ...

Monolog
Abgesehen vom erst in höheren Klassen lesbaren Drama mit
originalen Monologen gibt es auch die quasi monologischen
Textsorten, in denen kein Sprecherwechsel stattfindet. Diese
Texte nach ihrer sprachlichen und inhaltlichen Erarbeitung noch
einmal von Schülern nacheinander sinnerschließend lesen zu
lassen, kann eine gute Form sein, das Textverständnis zu überprüfen und zu vertiefen.

Lesen mit verteilten Rollen
Dazu eignen sich in erster Linie szenische Texte aus Lehrbuch
bzw. Lektüre und Ausschnitte aus Theaterstücken; es kommen
aber auch Episches, Lyrisches oder sonstige Textsorten mit dialogischen Elementen in Betracht.
   Bei Dialogen agieren normalerweise verschiedene Schüler; es
gibt aber auch den dialogischen Rollenwechsel *eines* Schülers
(schauspielerisch anspruchsvoll).

Chorisches Lesen
Es gibt nur wenige schultaugliche Texte mit chorischen Partien;
umso eindrucksvoller ist es, die in Frage kommenden Textstellen
dann auch chorisch lesen zu lassen.

---

66   Leicht modifiziert entnommen aus Ewald-Spiller, 41.

Rezitation
Ein wesentlicher Bestandteil einer szenischen Interpretation[67] ist meist der Vortrag des Textoriginals. Sprachlich lässt sich dieser unterschiedlich gestalten:
- in der Originalsprache,
- auf Deutsch (originale oder in modernes Deutsch umgeschriebene Übersetzung),
- gemischtsprachig.

Echo
Textpassagen, die von zentraler Bedeutung sind, können von einem Sprecher aus dem Off wiederholt werden.

Stille
Eine szenische Interpretation geht zwar aus vom geschriebenen Wort und kehrt zum Text zurück, sie muss aber nicht unbedingt das gesprochene Wort beinhalten. Der bewusste Verzicht darauf und die ausschließliche Verwendung von körpersprachlichen und sonstigen künstlerischen Mitteln sowie Mitteln der Requisite und des Bühnenbildes können sehr eindrucksvoll sein.

(2) Sprachliche Ausgestaltung eines Textes
Ein Text wird umgeschrieben, erweitert oder ergänzt und somit sprachlich weiter ausgestaltet.

Dialog / Monolog
Um einen Konflikt dialogisch vorzuführen, der sich im Originaltext nur verschlüsselt darstellt, kann man die Schüler entweder schriftlich eine solche Leerstelle des Textes ausfüllen lassen oder sie dazu animieren, diese Leerstelle spontan »auszuspielen«.

Bei der Leerstelle kann es sich um einen Konflikt mehrerer Personen handeln oder um den inneren Konflikt *einer* Person. Der Konflikt kann dabei als innerer Monolog oder als Dialog dargestellt werden – durch die zusätzliche Einführung eines Ansprechpartners aus dem Figurenbestand des Textes oder in Form einer erfundenen Figur.

---

67   Zur methodischen Großform »Szenische Interpretation« vgl. Drumm / Frölich, 32-62.

Situative Einbettung des Textes
Eine Rezitation des Originaltextes auf der Bühne kann unterschiedlich gestaltet werden. Man inszeniert z.b.
- eine passende Vor- oder Nachgeschichte (z.b. eines Liebesgedichts),
- den Schreibanlass des Textes (z.b. einer Fabel),
- die Schreibsituation des Textes (z.b. eines Briefes / eines Gedichts),
- eine Situation, in der jemand den Text liest oder hört.

Antiker Chor
Im Stile eines antiken Chors können kommentierende Textpassagen von mehreren Schülern gesprochen werden (z.b. die Moral einer Fabel).

Kassettenaufnahmen
Sie lassen sich mit relativ wenig Aufwand herstellen, wenn man einen modernen Verfremdungseffekt in die szenische Interpretation einbringen will oder aus anderen Gründen fremde oder anders nicht verfügbare Stimmen oder Laute im Raum braucht (z.b. die passende Geräuschkulisse zu einer Marktszene, einer Großstadtszene, einer Schifffahrt, ...).

Mikrofon
Dort, wo es interpretatorisch sinnvoll erscheint, kann man mithilfe der Technik die natürlichen Möglichkeiten der Lautstärkeskala erweitern.

(3) Darstellen eines Textes (auch) mit Körpersprache
Körpersprachliches Handeln ist komplex. Der bewusste Einsatz einzelner Mittel erfordert eine künstliche Analyse des Gesamtkomplexes und spätere gezielte Synthese von ausgewählten körpersprachlichen Aktionen, die die Textaussage erhellen. Die hier gebotene Aufstellung trägt dem Rechnung, indem sie erst einzelne Dimensionen der Körpersprache auflistet (Gestik, Mimik, Raumchoreografien) und dann die komplexeren Darstellungsformen (Standbilder, Statuen, Pantomime).

Gestik[68] *(Gebärdenspiel)*
Die Verwendung von Gebärden ist so selbstverständlich, dass es
für die Interpretation via Körpersprache eher darauf ankommt,
körpersprachliches Wissen bewusst zu machen, indem beispielsweise die bei einer szenischen Darstellung spontan ver-
wendeten Gebärden im Anschluss isoliert wiederholt, benannt
und gedeutet werden. Unter Umständen ist es lohnend, Schüler
aus anderen Kulturkreisen ihre kulturspezifischen Gesten bestimmter Kommunikationssituationen vorstellen zu lassen.[69]

Mimik[70] *(Mienenspiel)*
Ähnlich wie bei der Gestik muss der unwillkürliche Einsatz von
Mimik während der szenischen Handlung erst einmal bewusst
gemacht werden, damit sich ein szenisches Mittel daraus gewin-
nen lässt. Dabei kann es hilfreich sein, den Kopf und die ver-
schiedenen Gesichtspartien zu beobachten:
– Kopf insgesamt,
– Stirn,
– Augenbrauen,
– Augen,
– Nase,
– Wangen,
– Mund.

Raumchoreografien[71]
Zur Einbeziehung des Raumes in die Interpretation kann man
eine Auswahl von symbolischen Grundmustern der Choreografie
sowie verschiedene Arten, den Raum zu ermessen, vorstellen:
    Choreografische Grundmuster sind Kreise (enger oder weiter
werdender Personenkreis; mehrere Kreise im Raum verteilt;
Innen- und Außenkreis, drehen sich in entgegengesetzter Rich-
tung) und Reihen (zwei Personenreihen, die sich allmählich
aufeinander zu bewegen; Gassen, durch die Personen hindurch-

---

68   Ausführliche Übungsvorschläge und Beschreibungen in Schau (2000), 113-139.
69   Für den Lateinunterricht in diesem Zusammenhang interessant ist der Beitrag
     von Wülfing.
70   Ausführliche Übungsvorschläge und Beschreibungen in Schau (2000), 113-139.
71   Ewald-Spiller, 44.

gehen; Zweierpaar Rücken an Rücken, das langsam auseinandergeht).

Gehen / Laufen kann man: in unterschiedlichem Tempo; mit unterschiedlich vielen Personen; in verschiedene Richtungen;[72] in tänzerischen Schrittfolgen; mit improvisierten Bewegungen.

Standbild

Ein Standbild soll die inneren Bilder sichtbar machen, die literarische Texte in einem bestimmten Leser entstehen lassen.

– Grundmodell: Ein bis drei Schüler sind »Baumeister«. Sie formen aus beliebig vielen Personen (»Marionetten«) ein stehendes Bild, das bei einer Textlektüre in ihren Köpfen entstanden ist. Die Baumeister achten zuerst auf die gröberen Körperhaltungen wie Stehen, Sitzen, Knien, Liegen, ..., dann auf die feineren wie Kopfhaltung, Hand- und Fingerhaltung, Fußstellung, Mimik. Beim Bauen können sich mehrere Baumeister miteinander unterhalten. *Alternative:* Alle Gruppenmitglieder sind Marionetten und Baumeister zugleich. Das entstehende Standbild verfügt dann über mehr Figuren. Ist das Standbild fertig, betrachten es die Zuschauer mindestens eine Minute lang schweigend, danach erläutern die Baumeister / erläutert die Gruppe es im Zusammenhang mit dem Text. Anschließend kann eine »praktische Diskussion« stattfinden, in der die Zuschauer das, was ihnen fraglich erscheint, umbauen oder ganz neu bauen, was sie immer am Text begründen müssen.

– Standbilder im Vergleich: In Gruppen von vier bis fünf Schülern werden zu derselben Textstelle Standbilder entworfen und gebaut. Wenn alle Standbilder fertig sind, betrachten die Baumeister die Werke: Wie im Museum gehen sie von einem Objekt zum nächsten und schauen alles aus verschiedenen Perspektiven an. Am Schluss erläutert entweder jede Gruppe ihr eigenes Standbild oder die Baumeister beschreiben ihre Beobachtungen an den Standbildern der anderen und versuchen Deutungen, die sich aus dem Vergleich ergeben.

---

72 Ausführliche Hinweise zu den einfachen geometrischen Mustern gibt Schau (2000), 58-59: »Kleines ABC des Gehens«.

– Standbilder arbeitsteilig: In Gruppen von vier bis fünf Schülern werden zu verschiedenen Textteilen (Zuweisung durch vorbereitete Kärtchen) Standbilder überlegt. Dann werden sie – nacheinander – kommentarlos gebaut, wobei die Gruppen, die gerade nicht bauen, die Augen geschlossen halten oder sich umdrehen. Wenn das Standbild fertig ist, folgt auf ein akustisches Zeichen hin die Betrachtung. Dann beschreiben die Zuschauer das Gesehene und stellen es in einen begründeten Bezug zur Textstelle.

– Tableau: Um ein Rollenspiel wirkungsvoll zu eröffnen, können die Spieler ihre Bühnenhandlung »eingefroren« beginnen. Während der wortlosen Aufstellung der Spieler schließen die Zuschauer die Augen und öffnen sie auf ein akustisches Signal hin. Nun geht gleichsam der (in den meisten Klassenräumen nicht vorhandene) Vorhang auf: Die Figuren des »Stücks« stehen schon auf der »Bühne«. Nach einigen Sekunden löst sich das Bild und das eigentliche Spiel beginnt. Mit einem solchen Tableau kann ein Rollenspiel auch wirkungsvoll enden.

– Freeze: Statt ein von Anfang an unbewegliches Standbild zu bauen, kann man auch aus einer Bewegung heraus eines einfrieren (sog. »freezing«).

– Standbildfolge: Ein Beziehungskonflikt zwischen verschiedenen Figuren eines Textes kann gut in einer Abfolge von zwei oder mehr Standbildern dargestellt werden: Die Spieler bewegen sich in äußerster Zeitlupe von der ersten Position in die zweite. Dabei müssen sie so gut aufeinander achten, dass ihre Bewegungen ohne Zeichen von außen aufeinander abgestimmt sind.

– Einflüsterer: Einer, der im Standbild nicht mitwirkt, spricht zu dem Standbild aus dem Off kommentierend ein passendes Textzitat.

Statuen[73]

Wie ein Standbild ist auch eine Statue unbeweglich. Im Unterschied zu ihm stellt sie jedoch im Stile einer Allegorie etwas Abstraktes dar, beispielsweise die Lebensfreude, die Angst, die

---

73   Begriff und Definition in Anlehnung an Scheller (1999), 68.

Dummheit, die Arroganz, den Hass, die Liebe (anwendbar z.B. zur Veranschaulichung der Moral einer Fabel).

Pantomime
Die Verbindung von Gestik, Mimik und Motorik ohne sprachlich-stimmliche Äußerung kann da angebracht sein, wo sich inneres und äußeres Geschehen stark verdichten (dramatische Wende-punkte). Allerdings sind gute Pantomimen sehr anspruchsvoll. Man sollte daher nicht unbedingt mit ihnen einsteigen.[74]

(4) Hilfsmittel der szenischen Textarbeit
Außer den in Kap. 3.7 erwähnten musikalischen Mitteln eignen sich für die Textarbeit einfache bildnerische Mittel und Requisi-ten zur Kommentierung, als Kulisse oder als eigenes Medium der Aussage.

An bildnerischen Mitteln wären zu nennen: Lichteffekte (Be-leuchtung, Verdunkelungsvorrichtungen); Medien (Tafel, Plakate / Magneten, Overheadprojektor, Beamer, Diaprojektor, ...).

An Requisiten kommen solche Dinge in Frage, die schnell greifbar oder gut zu transportieren sind: Bühnenbautaugliches (Tische, Stühle, Kartenständer); symbolische Gegenstände (Blu-me, Herz); Kostümierungsersatz (Kleidungsstücke); Maskenähn-liches (Papier, Schminke).

3.6.4 Methodische Einbettung in den Unterricht

Die vorgestellten szenischen Elemente werden im Rahmen der Textinterpretation eingesetzt. Zusätzlich können auch die Phasen *vor* und *nach* der Textinterpretation mit kreativen Verfahren bestritten werden, so dass sich folgender Ablauf einer Textinter-pretation mit szenischen Mitteln ergeben kann:
(1) Einfühlung in die Textthematik *(fakultativ)*
    – integriert ins Warm-up
    – in Form produktiver (Schreib-)Aufgaben

---

74 Ausführliche Übungsvorschläge und Beschreibungen bei Schau (2000), 132-
    139; praktische Einführung anhand dreier Stücke für den Deutschunterricht bei
    Lehmann.

(2) Interpretation des Textes
  – mittels einzelner szenischer Elemente
  – mittels kombinierter szenischer Elemente
(3) Überprüfung der Interpretation: Reflexion der Vorführung
  – im Unterrichts- oder Rundgespräch
  – unter Verwendung szenischer Techniken

(1) Einfühlung in die Textthematik
Produktive Schreib- und Zeichenaufgaben dienen dazu, »individuelle und vorläufige Verstehensprozesse in Gang zu setzen. Sie können der Annäherung an das Werk dienen, dem individuellen Verhaken in den Stoff, die Handlung und die Protagonisten.«[75] Organisatorisch eignen sie sich besonders zur vorbereitenden Textarbeit in Form von Hausaufgaben; die im Folgenden beschriebenen mündlichen Aufgabenstellungen wie auch die Übungen zum Warm-up können hingegen sinnvoll im Allgemeinen nur im Unterricht eingesetzt werden. Einige Vorschläge:[76]
– Ein »Bühnenbild« schriftlich oder zeichnerisch entwerfen (Bühnenaufteilung: Vordergrund, Hintergrund, Bühnenbauten, Requisiten, Regieanweisungen, Bühnenbeleuchtung)
– Ein »Rolleninterview« führen oder eine »Rollenbiografie« schreiben.[77] Dazu kann man Rollenkarten herstellen: Je fünf bis acht für eine Figur wichtige Sätze aus dem Text werden auf ein Kärtchen geschrieben (mehrfache Ausfertigung pro Rolle sinnvoll). Mithilfe dieser Karte kann sich ein Schüler in eine Rolle einfühlen, indem er die Sätze zwei bis drei Minuten lang – u.U. mit Musik – auf sich wirken lässt und sich dann einem Rolleninterview stellt: Wo wohnst du? Wie siehst du aus? Wie alt bist du? Was tust du am liebsten? Wie fühlst du dich, wenn ...? Die Antworten kann er dann auch als »Biografie« niederschreiben.
– Schriftliche »Umgestaltung des Originaltextes«: durch Perspektivenwechsel (der Textinhalt wird aus der Perspektive einer anderen als der vom Autor gewählten Figur dargestellt,

75 Ewald-Spiller, 53.
76 Weitere Ideen zu produktiven Schreibaufgaben bei Haas, 84; zahlreiche Beispiele für den kreativen Umgang mit lateinischer Literatur liefert Maier.
77 Zur Rolleneinfühlung allgemein sehr ausführlich Scheller (1999), 117-129 (mit vielen Übungen).

z.B. in Briefform oder als Tagebucheintrag) oder durch Rol-
lenschreiben (Umschreiben eines Prosatextes in eine Dialogfassung) oder durch Umformen einer Dialogfassung in einen
Prosatext.

– Eine »Figurengasse«[78] bilden: Zwei bis drei Schüler gehen mit
geschlossenen Augen sehr langsam durch eine Gasse, die aus
zwei einander gegenüberstehenden Reihen von Schülern
gebildet wird. Die Stehenden sprechen geeignete Sätze des
Textes je auf verschiedene Weise, z.B. leise flüsternd, dro-
hend tuschelnd, laut und aggressiv oder auch im Chor mit ge-
steigertem Tempo und zunehmender Lautstärke. Nach ihrem
Gassengang beschreiben die betreffenden Schüler ihr Erleben.
Variante: Die Schüler, die den Gang passieren, verkörpern
bestimmte Figuren des Textes und müssen sich – schweigend
– Bemerkungen und Fragen anhören, die sich die stehenden
Schüler in einer kurzen Vorbereitungszeit notiert haben. Über
mögliche Antworten wird im Anschluss gemeinsam gesprochen.

(3) Überprüfung der Interpretation: Reflexion der Vorführung
Jede der genannten szenischen Techniken zur Textinterpretation
wird als Aufhänger für ein vertiefendes Gespräch eingesetzt:

– »Gesprächsimpulse« nach einem Standbild:
Welche Beziehung haben die Figuren zueinander?
Womit sind sie gerade beschäftigt?
Was könnten sie als nächstes vorhaben?
Wie könnte die dargestellte Szene weitergehen?

– »Hilfs-Ich«:[79] Ein Zuschauer wird gebeten, am Ende einer
Standbildaufstellung hinter einen vorher genannten Spieler zu
treten, ihm die Hand auf die Schulter zu legen und zu versuchen, dessen mögliche Rollengefühle und -gedanken in einigen Stichworten oder Sätzen zu formulieren.

– »Szenenspiegelung«:[80] Die Beobachter einer szenischen Vorführung spielen das Gesehene aus der Erinnerung nach, so gut
sie es vermögen, und bringen dabei bewusst oder unbewusst

---

78 Ewald-Spiller, 44.
79 Scheller, 54-55.
80 Ewald-Spiller, 45.

ihre eigene Wahrnehmung mit ein (eignet sich nur bei über-
sichtlichem Umfang der szenischen Handlung).

– »Szenencollage«:[81] Wenn die Gruppen ein Textganzes szenisch bearbeitet haben, kann man sie ihre Gruppenergebnisse
nacheinander vorführen lassen und das Gesamtwerk mit Vi-
deokamera aufzeichnen.

---

81   Ewald-Spiller, 45.

3.6.5 Beispiele

Beispiel 1:	**Szenische Darstellung von** **Horaz, carmen I 11**
Fach:	Latein
Ziel:	Durchdringen der metaphorischen Sprache mittels verschiedener szenischer Elemente.
Zeitpunkt / Einbettung:	Nach der Übersetzung und inhaltlichen Klärung des Gedichtes.
Zeitansatz:	Eine Unterrichtsstunde
Voraussetzungen:	Den Schülern sollten einige szenische Elemente bekannt sein / vorgestellt werden (Kurzliste auf Folie), aus denen sie später auswählen können.
Vorbereitung:	Der Text wird in zwei Teile aufgeteilt, die jeweils in Gruppen bearbeitet werden: »Tu ne quaesieris, scire nefas, quem mihi, quem tibi / finem di dederint, Leuconoe, nec Babylonios / temptaris numeros« (Gruppe 1) »carpe diem quam minimum credula postero« (Gruppe 2). Die Schüler nehmen in den Gruppen ihre Textstelle vor und versuchen, die Metaphern aufzulösen und ihr gewonnenes Verständnis in eine Form szenischer Verdolmetschung zu bringen. Mögliche Anregungen für den Austausch in der Gruppe: – Benennt möglichst exakt die sprachlich schwierigen Stellen. – Welche eigenen Assoziationen kommen euch? Könnt ihr eure Assoziationen vom Text her erklären? – Wie könnte man die Textstelle anders, verständlicher formulieren? – Sucht nach einer Möglichkeit, den Originaltext szenisch so zu präsentieren, dass euer Verständnis der Textstelle deutlich wird.

Durchführung und Reflexion:	Die Schüler stellen einander ihre Lösungen vor, die ggf. miteinander verglichen werden, bevor die ganze Lerngruppe sie zum Ursprungstext kritisch in Beziehung setzt. Etwas besonders Gelungenes kann im Anschluss noch einmal wiederholt werden.
Schülerbeispiel:	Gemeinschaftsproduktion von zwei Vierergruppen (1. und 2. Teil des Gedichts): — Im Hintergrund: ein Standbildpaar (Handleserin mit einem Kunden) sitzt vor einer Tierkreiszeichenfolie, die mit Overhead an die Wand geworfen wird, während die Parzen als Besetzung der »di« ihren Faden um sie herumspinnen. — Im Vordergrund: Ein Schüler hat sich mit rotem Lippenstift das Wort »hodie« auf die Stirn schreiben lassen; er ist die Allegorie des Jetzt; ein anderer hält ihn von hinten fest umschlungen und heftet seinen Blick nur auf ihn. — Die Gedichtrezitation: Eine Stimme aus dem Off rezitiert. Dabei werden die betreffenden Worte durch eine besondere Intonation unterstrichen und rhythmisch durch zwölf Gongschläge, die gegen das Metrum geschlagen werden, herausgehoben.
Weitere Anregungen:	Sophokles, Ödipus, Parodos, vss 151-215; Sophokles, Antigone, Parodos, vss 100-161: Aufteilung der Texte auf die Gruppen nach Strophen und Gegenstrophen zum chorischen Lesen. Jeweils ein zentrales Bild pro Strophe nach der Strophenrezitation als »freezing« darstellen lassen.

Beispiel 2:	Standbilder zu Fontane, *Effi Briest*
Fach:	Deutsch
Ziel:	Veranschaulichung der Beziehungen von Effi zu anderen Personen des Romans
Zeitpunkt / Einbettung:	Nach der Lektüre des Romans
Zeitansatz:	Eine Doppelstunde
Voraus-setzungen:	Gute Textkenntnis. Wenn die Lerngruppe noch nicht mit Standbildern gearbeitet hat, fügt man dem Arbeitsauftrag eine kurze Erklärung bei.
Vorbereitung:	Einteilen der Lerngruppe in fünf Gruppen. Die Gruppengröße richtet sich (möglichst) nach der Anzahl der im Standbild darzustellenden Figuren: 1. Effi mit Herrn v. Briest, Frau v. Briest; 2. Effi mit Annie, Roswitha, Johanna, Innstetten; 3. Effi mit Annie, Innstetten, Wüllersdorf; 4. Effi mit Crampas, Gieshübler, Innstetten; 5. Effi mit Rummschüttel, Niemeyer, Innstetten. Arbeitsauftrag für die Gruppen: Überlegt euch, in welchem Verhältnis eure Figuren zueinander stehen, und bringt dies in einem Standbild zum Ausdruck. *Fakultativ:* Sucht zu jeder Figur eures Standbildes ein charakteristisches Zitat, das die betreffende Figur bei der Vorstellung laut sagt.
Durchführung und Reflexion:	Die Gruppen stellen ihre Ergebnisse vor. Ablauf jeweils: Stellen des Standbildes und Zeit zur Betrachtung (ca. 60 Sekunden). Die Zuschauer können erklären, was sie verstanden zu haben glauben. Die Standbildgruppe kommentiert dies und erläutert aus ihrer Sicht. Dabei hat der Textbezug oberste Priorität.

Schülerbeispiel:	Gruppe 1: Effi in der Mitte, näher an ihrem Vater. Gruppe 2: Links Effi, Anni mit Roswitha, alle drei in einem Halbkreis aufeinander bezogen; in der Mitte eine Lücke; rechts Johanna mit Rücken zu Roswitha (wie auch umgekehrt), mit Blick und anhimmelnder Geste Richtung Innstetten, der zu Effi blickt. Gruppe 3: Von links nach rechts Effi in tänzelnder Vorwärtsbewegung, Annie an der Hand, die von Innstetten am anderen Arm festgehalten wird und deshalb steht; Wüllersdorf hat seine Hand auf Innstettens Schulter und eine nachdenkliche Miene. Gruppe 4: Rücken an Rücken Effi (links) und Crampas (rechts). Links von Effi Gieshübler, Effi zugewandt; hinter und mit Blick auf das Paar Innstetten. Gruppe 5: Rummschüttel beugt sich von links über sitzende Effi, Niemeyer hält von rechts seine Hand schützend über ihren Kopf, rechts von der Dreiergruppe mit Abstand Innstetten am Schreibtisch.
Möglichkeiten der Auswertung:	— Welche Standbilder bilden nur einen bestimmten Zeitpunkt im Roman ab? (Wie würde dieselbe Figurenkonstellation zu einem anderen Zeitpunkt aussehen?) — Welche Facetten der Charaktere, besonders aber von Effis Wesen, kommen zum Ausdruck? — Welche Beziehungen bleiben unberücksichtigt?

Beispiel 3:	Standbilder zu Schiller, *Kabale und Liebe.* *Ein bürgerliches Trauerspiel*
Fach:	Deutsch
Ziel:	Vermutungen zu den Beziehungen der Personen untereinander als Hinführung zum Problemgehalt, wie er im Titel (*Kabale ... Liebe ... bürgerlich ... Trauerspiel*) anklingt
Zeitpunkt / Einbettung:	Vor der Lektüre des Stücks
Zeitansatz:	Eine Doppelstunde
Vorbereitung:	Das Personenverzeichnis wird auf sieben Personen reduziert: Walter, Lady, Ferdinand, Wurm, Miller, Millerin, Luise. Die Schüler bearbeiten in Gruppen zu je sieben Personen folgende Aufträge: – Lest die Angaben zu den einzelnen Personen im Personenverzeichnis. – Fertigt (zunächst jeder für sich) eine Skizze an, in der die Figuren in eine vermutete Beziehung zueinander treten. – Stellt euch die Skizzen gegenseitig vor und einigt euch auf eine gemeinsame Standbildvariante.
Schülerideen:	Gruppe 1: Walter und Wurm mit Lady auf der einen Seite, auf der anderen die Millers mit Luise, Ferdinand zwischen den Frauen. Gruppe 2: Walter links auf einem Tisch, die Lady liebkosend zu seinen Füßen; rechts auf dem Boden stehend Millers, eingehakt, mit freien Händen auf Luises Schultern, die Ferdinand die Hand entgegenstreckt, die dieser, an die rechte Tischkante gelehnt, ergreift. Hinter diesen Händen mittig Wurm auf einem Tisch, mit Drohgebärden gegen Ferdinand und Luise.

	Gruppe 3: Drei Liebespaare (Walter und Lady, Ferdinand und Luise, Miller und Millerin), in deren Mitte Wurm, mit Drohgebärden gegen alle.
Möglichkeiten der Auswertung:	Ausgehend vom Hinweis (des Lehrers), dass es sich um ein »Trauerspiel« handle, werden die Gruppenergebnisse kritisch auf dargestelltes Konfliktpotenzial überprüft. Stichwörter »bürgerlich«, »Kabale«: Wo sind diese Aspekte berücksichtigt? Die Schüler halten die vorgetragenen Standbilder als Skizze fest, um sie nach der Lektüre auf bedeutsame Parallelen und Unterschiede zu untersuchen.

Beispiel 4:	**Standbilder zu Boileau-Narcejac, *Signal d'alarme*[82]**
Fach:	Französisch (Übergangslektüre 10. Klasse)
Ziel:	Veranschaulichung der Beziehung des Ehepaars Josiane und Michel Herbin
Zeitpunkt / Einbettung:	Nach der Lektüre des dritten Kapitels
Zeitansatz:	Eine Unterrichtsstunde
Vorbereitung:	Einteilen der Lerngruppe in Dreiergruppen (per Losverfahren). Arbeitsauftrag für die Gruppen (auf Folie): »Faisons des statues de Josiane et Herbin: – Relisez le chapitre 3. – Choisissez une scène qui caractérise bien la relation entre Josiane et Herbin. – Prenez des rôles: Josiane, Herbin, le metteur en scène. – Le metteur en scène va créer «un monument» avec les personnes de Josiane et

---

82 Boileau-Narcejac, Signal d'alarme. Contes policiers, publiés par Heribert Rück, Ernst Klett Schulbuchverlag GmbH, Stuttgart 1978.

	– Herbin. Le monument doit représenter la scène que vous avez choisie. Quand le monument est «construit», Josiane et / ou Herbin peuvent dire une phrase caractéristique de la scène. On va présenter les monuments devant la classe.«
Durchführung und Reflexion:	Die Gruppen stellen ihre Ergebnisse vor. Ablauf jeweils: Stellen des Standbildes und Zeit zur Betrachtung. Nach ca. 30 Sekunden sagen Josiane und / oder Herbin ihren Satz. Die Standbilder werden nicht kommentiert. Hat eine Gruppe ihr Standbild abgebaut, setzt sie sich still in die Zuschauerreihen, und die nächste Gruppe geht auf die »Bühne«. (Dadurch soll die Gefühlskälte zwischen den Eheleuten unterstrichen werden.)
Schüler-beispiele:	Gruppe 1: Herbin an einem Schreibtisch mit vielen Papieren, gut gelaunt. Josiane mit verschränkten Armen in der Tür, abweisend: »Je ne dis rien.« Gruppe 2: Herbin und Josiane stehen mit dem Rücken zueinander. Herbin hält eine Aktentasche unterm Arm und sagt bittend »Soyez gentille, Josiane.« Auf dem Tisch vor Josiane steht eine Thermoskanne.
Auswertung:	Unterrichtsgespräch und Tafelbild zu »La relation entre Josiane et Herbin«

3.7 Musikalische Elemente

3.7.1 Definition und Ziele

Der Einsatz von Musik im Unterricht meint zum einen den kreativen Umgang mit Musik, d.h., Schüler erfinden selbst Melodien oder Rhythmen zu Merkversen oder Texten. Zum anderen kann Musik rezeptiv eingesetzt werden, d.h., Schüler hören Musikstücke und bringen diese in Bezug zu gelesenen Texten.

Die Aufnahme der musikalischen Dimension in den Unterricht ermöglicht
- ein tieferes Verständnis von Texten, da der Zugang auf einer weiteren Ebene erfolgt,
- eine Steigerung der Motivation durch Freude am gemeinsamen Musizieren oder Anhören von Musik,
- fachübergreifendes Arbeiten.

Der kreative Umgang mit Musik hilft zudem, Fantasie, Aktivität und Selbstständigkeit der Schüler zu fördern, sich (Grammatik-) Regeln und Inhalte von Texten besser einzuprägen.

Der rezeptive Umgang mit Musik bewirkt, dass sich Schüler in besonders direkter Weise mit der Rezeptionsgeschichte eines Werkes beschäftigen, und dass durch den Vergleich der musikalischen Fassung mit dem Originaltext Interpretationsansätze erweitert werden.

3.7.2 Mögliche Einsatzorte

Musikalische Elemente können an folgenden Stellen des Unterrichts vorkommen:
- im Grammatikunterricht (Vertonung von Merkversen u.Ä.),
- zur Vertiefung eines Lektions- oder Lektüretextes,
- als Vorübung oder als Element einer szenischen Interpretation,
- als mögliches Produkt eines Projektes.

3.7.3 Kreativer Umgang mit Musik

Der Einsatz von Musik ist vom Anfangsunterricht bis zur Lektürephase möglich. Er kann von wenigen Minuten bis hin zu einer ganzen Unterrichtseinheit dauern. Sinnvoll ist er immer dann, wenn ein (Grammatik-)Stoff abschließend systematisiert oder ein Text gelesen wurde und zur Vertiefung »vertont« wird.

Musik sollte man im Unterricht aber dann sparsam einsetzen, wenn Lerngruppen weniger an Musik interessiert sind.

Folgende musikalische Elemente bieten sich für den kreativen Gebrauch an:
- die menschliche Stimme, z.b. rhythmisches Sprechen, Rap, Singen, Sprechgesang;
- Rhythmus, z.b. Klatschen, alle Arten (auch selbst gebastelte) Schlaginstrumente, Einzeltöne;
- Melodie-Instrumente, z.b. Klavier, Flöte, Geige, Gitarre;
- bereits vorhandene Melodien, über die ein neuer Text gelegt wird;
- von Schülern selbst komponierte Melodien oder Stücke;
- bereits vorhandene Musikstücke als Hintergrundmusik, z.b. Popsongs, klassische Werke.

Vertonung von Merkversen
Bei der Vertonung von Merkversen ist zu beachten: Ideal sind Merkverse,[83] die einen Rhythmus haben. Als passende Melodien eignen sich solche, die allen Schülern bekannt sind; das können entweder Kinder- oder Weihnachtslieder sein oder auch aktuelle Hits, die den Schülern im Ohr sind. Die Ergebnisse können in einem Notenheft festgehalten werden.

Musikalische Umsetzung von Texten
Zu der musikalischen Gestaltung von Szenen mit eigenen Instrumenten ist zu sagen: Nicht alle Texte eignen sich; ideal sind Erzählungen, in denen auf die Gefühlswelt der Handelnden eingegangen wird, oder aber Texte, in denen das Vokabular v.a. aus dem akustischen und / oder optischen Bereich stammt.

---

83 Viele Merkverse zur lateinischen Grammatik bei Meyer, Th.

Als Vorarbeit und Hilfestellung für die Vertonung wird der Text nach der Übersetzung oder Texterschließung gegliedert. Die Schüler suchen Schlüsselwörter aus dem Text, die durch Musik ausgedrückt werden können. Dabei überlegen sie, wie Stimmungen und Empfindungen nonverbal zum Ausdruck gebracht werden können (z.b. schnelle, hektische Notenfolge als Ausdruck für Aufregung oder tiefe, schwerfällige Musik als Ausdruck für Schwerstarbeit).

Führt man ein solches Projekt erstmals durch, kann es hilfreich sein, die Schüler auf Filmmusik oder Musik in der Werbung hinzuweisen. Ein konkreter Arbeitsauftrag könnte lauten: »Versucht die vorliegende Szene für einen Film oder ein Hörspiel zu vertonen. Überlegt, welche Instrumente ihr dafür braucht und wie ihr sie einsetzen wollt.«

Je nach Länge und Vielschichtigkeit des Textes können entweder unterschiedliche Gruppen bestimmte Abschnitte musikalisch gestalten oder jede Gruppe vertont den gesamten Text oder die Klasse als Ganzes sammelt Ideen und vertont gemeinsam den Text. Die Ergebnisse kann man auf unterschiedliche Weise notieren: entweder in der herkömmlichen Notation in einem Notenheft oder mit einer eigenen Verbal- oder Zeichennotation.

Musikalisch interessierte und begabte Schüler können durch Kreativarbeit ihre speziellen Fähigkeiten einbringen; bei ihnen wird somit die Bereitschaft gesteigert, sich aktiv am Unterricht zu beteiligen. Insgesamt können die Schüler den Unterricht stärker selbst steuern. Sie korrigieren sich z.B. selbst, setzen sich kritisch mit den Ergebnissen anderer auseinander, präsentieren und erklären ihre eigenen Arbeiten. Dadurch wird eine offenere Gesprächssituation möglich, in der Argumentationstechniken und Urteilskraft geschult werden.

Bei musikalisch eher unerfahrenen Lerngruppen gibt der Lehrer mehr Hilfestellungen und führt die Lerngruppe stärker; er zeigt ihr, wie man sich einem musikgestützten Projekt nähert. Nach und nach nimmt er sich zurück.

Da die Schüler bei der kreativen Umsetzung in großer Eigenverantwortung arbeiten, werden in der Lerngruppe von Anfang an Gesprächsregeln eingeführt; wichtig ist ein behutsamer Umgang bei der Bewertung von Ergebnissen. Sinnvoll ist dabei die

Einführung bestimmter Gesprächsfloskeln (z.B.:»Mir gefällt diese Lösung nicht ganz so gut, weil ...«), mit denen zwar konstruktive Kritik geäußert werden kann, aber niemand verletzt wird. Jedem muss von Anfang an klar sein, dass bei einer musikalischen Umsetzung nichts falsch sein kann.

Vor der kreativen Umsetzung sollte den Schülern bewusst sein, dass nicht immer alle Ergebnisse präsentiert werden können, weil der zeitliche Rahmen nicht gesprengt werden darf; der Lehrer sollte aber auf eine ausgeglichene Streuung achten, sodass im Verlauf eines längeren Zeitraums (z.B. eines Schuljahrs) jeder Schüler mindestens einmal sein Ergebnis vorstellt.

Beim gemeinsamen Musizieren wird ein bestimmtes Zeichen für »Aufhören« festgelegt; das ist notwendig, um Chaos zu vermeiden.

3.7.4 Beispiele für den kreativen Umgang mit Musik

Beispiel 1:	Vertonung von Merkversen
Fach:	Latein; leicht auf andere Fächer übertragbar
Dauer:	unterschiedlich; evtl. mit Gruppen- bzw. Partnerarbeit oder Hausaufgaben
Initiierung durch den Lehrer:	– Der Lehrer formuliert noch einmal die (neue) Grammatikregel, evtl. schon als Merkvers; (dann entfällt das »Dichten« eines Verses durch die Schüler; – fordert die Schüler auf, die Regel als gereimten Merkvers zu formulieren); – fordert die Schüler auf, den Merkvers mit der Melodie eines geeigneten, bekannten (Kinder-, Weihnachts-)Liedes zu verbinden (evtl. als Hausaufgabe, Partner- oder Gruppenarbeit); – ruft nach der Arbeitsphase einen Schüler oder eine Schülergruppe auf.
Schülerrolle:	– Der aufgerufene Schüler / die aufgerufene Schülergruppe bietet seine / ihre Lösung an. – Die Mitschüler diskutieren den Lösungsansatz, bieten Verbesserungsvorschläge und Alternativen an.

	– Die ganze Lerngruppe erarbeitet so gemeinsam die beste sprachliche und musikalische Lösung. – Im Idealfall singt die ganze Lerngruppe gemeinsam den Merkvers (Achtung: Niemand darf zum Singen gezwungen werden!).
Anmerkung:	Die Ergebnisse können in einem Notenheft gesammelt werden.
Beispiele:	Auf die Melodie »Üb immer Treu' und Redlichkeit« kann man den Merkvers »Genitiv bei Adjektiven« singen: **Üb immer Treu und Redlichkeit /** **Begierig, kundig, eingedenk** Auf die Melodie »Summ, summ, summ, Bienchen summ herum« kann man die Indikativ-Präsens-Formen von lat. esse vertonen. **Sum, es, est**
Weitere Anregungen:	– Vertonung der Feminina der u-Deklination auf die Melodie: »Morgen, Kinder, wird's was geben«,[84] – Vertonungen »aci – o dich vergess ich nie!«, »Die Verben mit Akkusativ«, »A und ab, e, ex und de« jeweils auf bekannte Volkslieder,[85] – Begrüßungslied für die ersten Stunden.[86]

---

84   Draheim / Siewert, 95.
85   Hofmann / Mayer / Schirok, 119-120.
86   Behrens, 4.

Beispiel 2:	Musikalische Gestaltung eines Textes mit eigenen Instrumenten
Fach:	Latein; leicht auf Texte in anderen Sprachen übertragbar (s.u.)
Text:	Cursus Continuus, Ausgabe A, Lekt. 36: *Das Spukhaus* (Z. 7-19)
Instrumente:	Schlaginstrumente: Trommeln, Klangstäbe, Xylophon, Triangel, ...
Einbettung:	Nach der sprachlichen Erarbeitung und Übersetzung des Lektionstextes
Zeitansatz:	Unterschiedlich, 45 Minuten bis mehrere Unterrichtsstunden
Vorarbeiten:	– Gliederung des Textes in einzelne Szenen, – Markieren von Schlüsselbegriffen für die musikalische Umsetzung, z.B. *noctu* (Z. 8), *manet scribens et legens* (Z. 9), *silentium* (Z. 10), *crepare ferrum* (Z. 11), *ferri sonus crescere* (Z. 11) *catenis sonat* (Z. 16), *videt* (Z. 17), *deserit* (Z. 18), *evanuit* (Z. 19).
Umsetzung:	– In Kleingruppen finden sich die Schüler mit verschiedenen Schlaginstrumenten zusammen. – Die Schüler überlegen, wie sie die einzelnen Phasen der Geschichte »musikalisch nacherzählen« können (Wie und mit welchen Instrumenten wollen wir die einzelnen Szenen, Geräusche, Stimmungen umsetzen?), z.B.: *noctu:* Schüler ahmt ein Käuzchen nach; *manet scribens et legens:* Kratzen / Rascheln; *silentium:* Generalpause; *crepare ferrum:* einzelne leise Schläge auf der Trommel, tiefe Töne mit den Klangstäben und dem Xylophon; *ferri sonus crescere:* die Tonfrequenz steigt, die Töne werden höher, die Lautstärke schwillt an; *catenis sonat:* auf dem Höhepunkt der Geschichte springt die Triangel mit schnellen, hektischen Klängen ein; *videt:* die Triangel hört abrupt auf;

deserit: die Töne werden wieder tiefer, seltener und leiser;

evanuit: Generalpause.

- Die Gruppe überlegt, wie die Vorschläge notiert werden können; dabei bieten sich entweder die herkömmlichen Notationen in einem Notenheft oder eigene Verbal- oder Zeichennotationen an.
- Die Rollen der Schüler (Instrumente, Erzähler) werden festgelegt.
- Eine Gruppe bietet ihren Lösungsvorschlag an.
- Die Mitschüler diskutieren den Vorschlag, bieten Verbesserungen, Alternativen, Weiterführendes an.
- Abschließend wird die gelungenste Vertonung gemeinsam musiziert.

Anmerkung:	– Die Ergebnisse können auf Kassette festgehalten werden. – Die Vertonung einer Geschichte kann auch Gegenstand eines (fachübergreifenden oder Fächer verbindenden) Projektes sein.
Weitere Beispiele für Texte, die sich zur Vertonung eignen:	– Für den Deutschunterricht: Johann Wolfgang von Goethe, Erlkönig (evtl. mit einem Vergleich der Vertonungen von Franz Schubert, Johann Friedrich Reichardt und Carl Loewe) – Für den Französischunterricht: Antoine de Saint-Exupéry, Le petit prince, Kapitel 21: Der kleine Prinz und der Fuchs – Für den Religionsunterricht: Gleichnis vom verlorenen Sohn (Lk 15, 11–32)

Beispiel 3:[87]	Zusammenstellen von Hintergrundmusik (Soundtrack) zu einem lateinischen Text
Fach:	Latein
Text:	Ovid, Metamorphosen, 4,55-166 (Pyramus und Thisbe)
Einbettung:	Im Rahmen einer projektorientierten Gruppen-arbeit[88] zu fünf Metamorphosen von Ovid mit den Arbeitsaufträgen: – Zusammenfassung / Nacherzählung des gesamten Mythos – sprachliche Erarbeitung und Übersetzung einer Kernstelle, – Interpretation des Mythos
Umsetzung:	Für die Präsentation stellt die Gruppe eine Kassette mit Ausschnitten aus Pop-Songs zusammen, die die Stimmung der einzelnen Szenen spiegeln. Zu jeder Szene wird ein Bild auf Folie gezeigt, anhand dessen die Handlung deutlich wird. Dazu laufen Ausschnitte aus folgenden Musikstücken: v. 55-64 (Die beiden Hauptgestalten und ihre Liebe zueinander): Orange Blue: »She's got that night« / v. 65-80 (Gespräch durch die Mauerritze): Sting feat. Mary J. Blidge: »Whenever I say your name« / v. 81-92 (Verabredung der Liebenden): Elton John: »Can you feel the love tonight« / v. 93-104 (Thisbe und die Löwin): Classic Rock Symphony (The Symphonic Sound Orchestra): P. I. Tschaikowsky: Schwanensee (Auszug) / v. 105-127 (Irrtum und Pyramus' Selbstmord): Elton John: »Don't let the sun go down on me« / v. 128-166 (Rückkehr und Selbstmord Thisbes): Elton John: »Circle of life«
Anmerkung:	Ein Soundtrack kann auch als Hintergrundmusik einer szenischen Interpretation dienen.

87 Das Beispiel stammt von Diana Nikolaus, Gymnasium Ramstein-Miesenbach, LK Latein, Abitur 2007.
88 Zur methodischen Großform »projektorientierte Gruppenarbeit« vgl. Drumm / Frölich, 197-206.

3.7.5 Rezeptiver Umgang mit Musik

Prinzipiell kann der rezeptive Einsatz von Musik von einer Unterrichtsstunde bis hin zu einer ganzen Unterrichtseinheit dauern. Er bietet sich am Ende einer Lektüre an.

Bei der Beschäftigung mit musikalischen Werken sollte ein passendes Fachvokabular entweder durch einen Musikexperten aus der Lerngruppe oder durch den Lehrer eingeführt werden. Wichtig: Die Musik wird bis zum Schluss gehört, bevor man beginnt zu urteilen. Am besten wird das Abspielgerät immer von demselben Schüler bedient, der als »Technischer Assistent« mit dem Gerät vertraut ist.

Die Konfrontation eines Textes mit musikalischen Gestaltungen der Neuzeit[89] kann in folgenden Schritten ablaufen:

– In den seltensten Fällen kann ein Werk als Ganzes gehört werden; im Vorfeld wird ein sinnvoller Auszug entweder vom Lehrer, einem musikerfahrenen Schüler oder der Lerngruppe festgelegt.

– Beim ersten Hören macht sich jeder Notizen, die er in der anschließenden Sammelrunde einbringen kann. Dabei sollte jeder das eingeübte Fachvokabular verwenden. Sinnvoll ist es, wenn zu Beginn dieser Phase der Lehrer oder ein Schüler je nach gewähltem Musikbeispiel eine kurze Einführung zu folgenden Bereichen gibt: Instrumentenkunde, musikalische Gattungen und Formen, Taktarten, Rhythmen, Intervalle, Tonalität, Tonarten, Vortragsbezeichnungen (Tempi, Dynamik).

– Vor dem zweiten Hören werden vom Lehrer oder der Lerngruppe klare Arbeitsaufträge formuliert, zu denen beim Hören Notizen gemacht werden. Beispiele für Arbeitsaufträge: Wie erreicht der Komponist die zum Text passende Stimmung? Welche Instrumente unterstützen die Textaussage? Wie wird der Stimmungswechsel in der Musik herbeigeführt? Achten Sie auf die Tonarten und Tempi.

– In einem anschließenden Unterrichtsgespräch oder Rundgespräch werden die Ergebnisse der Arbeitsaufträge ausgewertet und die Interpretation des Textes wird durch sie ergänzt.

---

89   Unentbehrlich bei der Arbeit mit antiken Texten ist Moormann / Uitterhoeve.

Bei der Beschäftigung mit Werken der Rezeptionsgeschichte soll der Schüler das starre Nebeneinander der Schulfächer durchbrechen und erfahren, was übergreifendes, vernetztes Denken heißt. Einzelnen, die als besonders Interessierte Wissen aus dem Bereich der Musik einbringen und ihren Mitschülern und ihren Lehrern vermitteln, kann dabei die Rolle eines Experten zukommen. Dabei besteht auch die Möglichkeit, dass Schüler selbst nach Musikbeispielen suchen und sie in das Unterrichtsgeschehen einbringen. Dadurch entsteht eine offenere Gesprächs- und Unterrichtssituation.

Allen Schülern fällt die Aufgabe zu, der Musik aufmerksam zuzuhören, Bezüge zu dem gelesenen Text herzustellen, sich Notizen zu machen und ihre Beobachtungen im anschließenden Unterrichtsgespräch einzubringen und zu formulieren.

Insbesondere wird den Schülern ermöglicht – manchmal auch zugemutet –, sich auf für sie fremde Musikstile einzulassen, denn nicht jeder Schüler hört in seiner Freizeit z.b. klassische Musik, aber auch nicht jeder Rockmusik. Die Schüler sollen lernen, trotzdem zuzuhören und inhaltliche Anregungen auch aus einem Musikstück zu gewinnen, das nicht ihrem Musikgeschmack entspricht.

Der Lehrer muss v.a. die nötigen Tonträger und Musikbeispiele (evtl. in Zusammenarbeit mit einem Musikkollegen) zur Verfügung stellen. Bei noch unerfahrenen Lerngruppen muss er Hilfestellungen hinsichtlich Gesprächsführung, Impulssetzung und Beschreibung musikalischer Phänomene geben. Dabei muss er v.a. gute Arbeitsaufträge und Fragen zu den Musikbeispielen formulieren und ein für die Besprechung nötiges Fachvokabular einführen.

Ist die Lerngruppe bereits vertraut mit dieser Aktionsform oder findet sich unter den Schülern ein »Musikexperte«, kann sich der Lehrer stärker zurücknehmen.

3.7.6 Beispiele für den rezeptiven Umgang mit Musik

Beispiel 4:	**Didos Tod bei Vergil und Purcell**
Fach:	Latein
Text:	Verg. Aen. 4,651-661
Musikstück:	Henry Purcell, Dido and Aeneas, 3. Akt, 2. Szene (Schlussrezitativ und -arie der Dido vor ihrem Tod): *Thy hand, Belinda; darkness shades me.* *On thy bosom let me rest.* *More I would, But Death invades me;* *Death is now a welcome guest.* *When I am laid in earth,* *May my wrongs create* *No trouble in thy breast;* *Remember me, but ah! forget my fate.*
Einbettung:	Nach der Übersetzung und Interpretation des lateinischen Textabschnitts
Zeitansatz:	Eine Unterrichtsstunde
Arbeitsaufträge im Vorfeld:	– Alle Schüler informieren sich über den Komponisten Henry Purcell. – Ein Schüler informiert sich über die Zeit von Henry Purcell. – Ein Schüler informiert sich über die Handlung der Oper.
Umsetzung:	– Erstes Hören: Die Schüler notieren ihre spontanen Eindrücke. – Gesprächsrunde: Sammeln ihrer Eindrücke. – Zweites Hören: Die Schüler machen sich Notizen, z.B. zu folgenden Arbeitsaufträgen: Inwiefern unterstützt die Wahl der Instrumente die Textaussage? Beschreiben Sie die Melodieführung beim Gesang und den begleitenden Instrumenten. Welche Wirkung hat sie auf den Zuhörer? – Besprechung der Arbeitsaufträge, – Kritische Überprüfung, ggf. Ergänzung der Interpretation des antiken Textes.

Weitere Beispiele für lateinische Texte und Vertonungen:	– Odi et amo, Catull, c. 85 – Carl Orff, Catulli Carmina[90]
	– Orpheus in der Unterwelt: Ov. met. 10,11-39 – Claudio Monteverdi, Orfeo, 3. Akt; Christoph Willibald Gluck, Orfeo ed Euridice, 2. Akt.
	Mögliche Leitfragen:
	Welche musikalischen Mittel verwenden die Komponisten, damit Orpheus Erfolg hat?
	Wie drücken die Komponisten Stimmungen aus und welche Mittel gebrauchen sie, um Stimmungswechsel zu verdeutlichen?
	– Orpheus verliert Eurydice zum zweiten Mal: Ov. met. 10,53-63 – Claudio Monteverdi, Orfeo, 4. Akt; Christoph Willibald Gluck, Orfeo ed Euridice, 3. Akt.
	Mögliche Leitfragen:
	Welche musikalischen Mittel setzen die Komponisten ein, um den Verlust der Eurydice auszudrücken?
	Wie drücken sie den Stimmungswechsel aus?
	– Der Auftrag der Römer: Verg. Aen. 6,847-853 – lateinischer Rap »Tu, Romane!« der Gruppe ISTA[91].
	Mögliche Leitfragen:
	Beschreiben Sie die Stimmung, die der Rap erzeugt. Vergleichen Sie sie mit der Aussage des Textes.
	Untersuchen Sie anhand der schriftlich vorliegenden Textfassung, welche Passagen des Raps auf den Text von Vergil zurückgehen.
	Untersuchen Sie anhand der schriftlich vorliegenden Textfassung und z.B. mithilfe des Internets, welche Passagen des Raps auf Tacitus und Caesar zurückgehen. Finden Sie heraus, aus welchen Werken dieser Autoren sie stammen. Inwiefern passen sie zu Vergils Aussage über den Auftrag der Römer?

90   Kap. 4.4, Beispiel 1.

Weitere Beispiele für die Fächer Religion, Englisch, Deutsch, Französisch:	– Die Prinzessin Salome: Oscar Wilde, Salome – Richard Strauss, Salome – Mt 11, 2-15; 14, 3-12 – Macbeth: William Shaekespeare – Giuseppe Verdi; z.b. Vergleich der Hexenszene (Shakespeare, 1. Akt; Verdi, 1. Akt, Eröffnungschor »Che faceste?«) – Faust: Johann Wolfgang von Goethe – Charles François Gounod, Margarethe; z.b. Vergleich der Studierzimmerszene (Goethe, 1. Akt, 354ff.; Gounod, 1. Akt) – Carmen: Prosper Mérimée – Georges Bizet; z.b. Vergleich des Schlusses
Anmerkung:	Die Auswahl und der Vergleich verschiedener musikalischer (und literarischer) Gestaltungen kann auch Gegenstand eines (fachübergreifenden oder Fächer verbindenden) Projektes sein.

Beispiel 5:	**Die Passion Jesu: Stoff für ein Libretto**
Fach:	Religion
Text:	Die Passionsgeschichte Mt 26-27 (par) Exemplarisch z.B. die Verleugnung des Petrus Mt 26, 69-75; Mk 14, 66-72; Lk 22, 54-62; Joh 18, 12-27
Musikstück:	Heinrich Schütz, Die Matthäuspassion (Nr. 3) Joh. Seb. Bach, Die Matthäuspassion (Nr. 45-48) Joh. Seb. Bach, Die Johannespassion (Nr. 14-20) G. F. Händel, Der Messias (Nr. 20-26) Andrew Lloyd Webber, Jesus Christ Superstar (Peter's Denial)
Einbettung:	Z.B. im Rahmen folgender Unterrichtsreihen: – Was ist der Mensch? (Jahrgangsstufe 11) – Christologie (Jahrgangsstufe 12) – Der Mensch und seine Zukunft (Jahrgangsstufe 13)
Zeitansatz:	Acht bis zehn Unterrichtsstunden

91   http://www.ista-latina.de/texte/turomane_lat.php.

Mögliche Arbeitsaufträge:	– Vergleichen Sie die vier Evangelientexte miteinander. Nennen Sie Gemeinsamkeiten und Unterschiede. – Informieren Sie sich über die Komponisten (Leben und Werk) und ihre jeweilige Zeit. – Vergleichen Sie die Evangelientexte mit ihren jeweiligen Vertonungen. Welche Parallelen gibt es, welche Unterschiede? Welche musikalischen Akzente versuchen die beschriebene Stimmung zu unterstützen? Wie deuten oder meditieren die Arientexte das Geschehen? Welche Wirkung hat das beim Zuhörer? – Wie gestaltet Händel in seinem Messias die Verleugnungsszene? Wie deutet er das Geschehen? – Vergleichen Sie die Passage in Jesus Christ Superstar mit den Evangelientexten. Wie stellt Andrew Lloyd Webber die Dramatik des Geschehens musikalisch dar? – Bereiten Sie ein Kurzreferat vor, in dem Sie den Mitschülern Ihre Ergebnisse vorstellen. Wenn Sie ein musikalisches Werk betrachtet haben, dann achten Sie darauf, auch einen kurzen Höreindruck zu vermitteln.
Anmerkung:	Es ist sinnvoll, CD-Einspielungen oder eine Videoaufzeichnung einer Aufführung zur Verfügung zu haben. Denkbar ist auch eine Exkursion zu einer Aufführung, z.B. als Abschluss einer Unterrichtsreihe.
Weitere Texte:	Aus der Passion bieten sich noch folgende Szenen an: – Jesus vor dem Hohen Rat (Mt 26, 57-68 par) – Jesus vor Pilatus (Mt 27, 1-2. 11-26 par) – Tod des Judas (Mt 27, 3-10 par) – Tod Jesu (Mt 27, 45-56 par)

4 Medien

4.1 Arbeitsblätter

4.1.1 Definition und Ziele

Ein Arbeitsblatt ist ein beschriftetes oder bebildertes Blatt – meist in Form einer Kopie im DIN-A4-Format –, das den Schülern zur Bearbeitung verteilt wird. Dabei ist die Kopie entweder die 1:1-Übernahme einer fertigen Vorlage oder vom Lehrer (ggf. auch vom Schüler) individuell maßgeschneidert.

Ziel eines Arbeitsblattes ist es, dass schriftliches Material zu einem Lerngegenstand jedem einzelnen Schüler (oder einer kleinen Schülergruppe) zur Verfügung steht.

4.1.2 Mögliche Inhalte und Einsatzorte

Theoretisch lassen sich Inhalte von Arbeitsblättern unterscheiden, die in der Praxis jedoch nur teilweise isoliert vorkommen:
- Fachliche Information, z.B. zu bestimmten Sachthemen (auch in Form von Bildern), Interpretationen von Texten, Handouts zu Lehrervorträgen, Referaten und Präsentationen, Zeitungsartikel zu relevanten Themen, Protokolle zu Unterrichtsstunden oder Hörprotokolle.
- Organisatorische Information, z.B. Listen aller Stationen und Aufgaben (Laufzettel) bei offenen Unterrichtsformen, Informationsschreiben im Vorfeld einer Schulfahrt, Leitfaden in der projektorientierten Gruppenarbeit.
- Meinungsabfragen, z.B. Fragebogen nach einer Unterrichtseinheit, einer neu eingeführten methodischen Großform, einem Museumsbesuch oder zum Kennenlernen einer neuen Klasse.

– Schülerpläne, z.b. Arbeits- und Präsentationspläne bei projektartigen Unterrichtsformen, Lerntagebuch in der Freiarbeit, Kontrollbogen beim Wochenplan.

– Aufgabenblatt, z.b. für Einzel- oder Partnerarbeitsphasen, in offenen Unterrichtsformen, bei einem Museumsbesuch, als Anweisung zum richtigen Vokabellernen, für die Hausaufgabe.

– Übungsblatt, z.b. zu Wortschatz, Grammatik und Texterschließung.

– Lösungsblatt, z.b. in offenen Unterrichtsformen oder zu einer Klassenarbeit.

– Schriftliche Überprüfung, z.b. in Form von Klassenarbeiten, Tests, auch zur Selbstevaluation im Rahmen von offenen und projektartigen Unterrichtsformen.

– Besondere Formen: Tandembogen zur Partnerarbeit,[1] zerschnittenes Arbeitsblatt zum Zusammensetzen, Arbeitsblatt-Programm: mehrere, inhaltlich aufeinander aufbauende Blätter werden nacheinander bearbeitet, z.b. in einem Lernzirkel.

Ein Arbeitsblatt kann in jedem denkbaren unterrichtlichen Zusammenhang eingesetzt werden:
– in allen methodischen Großformen,
– an den klassischen Lernorten Klassenzimmer, Zuhause, Museum,
– in jeder Curriculumsphase,
– in den meisten Unterrichtsphasen, z.B. zur Einführung, Erschließung, Übung, Vertiefung, Wiederholung, Nachbereitung, zu Klassenarbeiten und Tests,
– bei allen Sozialformen.

4.1.3 Charakteristika

Gestaltungsmöglichkeiten
– Herstellung: Arbeitsblätter werden in der Regel für die Schüler kopiert; wird ein Arbeitsblatt mehrmals verwendet (z.B. an

---

1   Beispiel für einen Tandembogen: Kap. 4.8.5, Beispiel 2.

einer Lernzirkel-Station), empfiehlt es sich, es zu laminieren und dadurch haltbarer zu machen.

– Material: in der Regel weißes Papier; man kann auch farbiges Papier gezielt einsetzen (z.b. Grammatikblätter immer hellgrün; alle Blätter einer Lernzirkel-Station in derselben Farbe o.ä.); dünner Karton empfiehlt sich bei den besonderen Formen von Arbeitsblättern, die öfter in die Hand genommen werden (Tandembogen; zerschnittene Arbeitsblätter).

– Größe: Die gängige Größe ist DIN A4; füllen die Informationen kein ganzes DIN-A4-Blatt, kann man auch kleinere Blätter (DIN A5, DIN A6 oder Papierstreifen) an die Schüler verteilen (das spart Kopierkosten und ist zudem leichter ins Heft einzukleben); Bilder, Grafiken o.ä., mit denen mehrere Schüler gemeinsam, z.b. an einem Gruppentisch, arbeiten, sollte man auf DIN A3 vergrößern.

– Format: Hoch- und Querformat möglich.

– Quellen der Kopiervorlagen: Die Vorlage des Arbeitsblattes kann vom Lehrer oder von einem Schüler angefertigt werden; oft findet man aber auch brauchbare Vorlagen in Lehrwerken, Schüler-Arbeitsheften (bei vielen Verlagen mittlerweile mit im Lehrwerkprogramm), Schullektüren, Lexika, Büchern zum Thema, Zeitungen, (Fach-)Zeitschriften, Internet,[2] Bastelanleitungen,[3] ...

– Art der Kopiervorlage: Die Vorlage kann gedruckt oder handgeschrieben, mit oder ohne Linien für Schülereinträge, streng sachbezogen oder mit motivierenden Bildchen ausgestaltet sein.

Merkmale eines guten Arbeitsblattes

– Wesentliche Informationen: Das Arbeitsblatt hat eine aussagekräftige Überschrift, die Texte und Illustrationen sind auf das Wesentliche reduziert, Arbeitsaufträge sind klar formuliert, evtl. mit Symbolen visualisiert.

– Zweckdienliche Gestaltung: Es gibt genug Raum für handschriftliche Eintragungen, ggf. sind die Zeilen eines Textes nummeriert.

---

2   Adressen in Kap. 4.5.4.
3   Bastelmaterial bieten viele Museumspädagogische Zentren zum Verkauf an.

– Ansprechende Gestaltung: Das Arbeitsblatt ist durch Über-
schrift(en) gegliedert, die Formatierung ist durchdacht (Schrift-
art und -größe, Absätze, rationeller Umgang mit typografi-
schen Extras), die Kopie ist sauber.
– Konsequente Gestaltung: Für die Schüler ist es unter Ord-
nungsgesichtspunkten praktisch, wenn Arbeitsblätter eines
Faches / Lehrers immer einen ähnlichen »Kopf« haben.
– Korrekte formale Angaben: Das Arbeitsblatt enthält z.b.
Datum, Zweck (Hausaufgabe, Klassenarbeit, Meinungsabfrage,
Informationsschreiben, ...), Nummerierung (Angabe, zu wel-
cher Lektion bzw. zu welchem Aufgabenbereich bei offenen
Unterrichtsformen es gehört), Quellenangaben und ggf.
Namen der Referenten.

4.1.4 Einsatz im Unterricht

Vorteile
Der Einsatz von Arbeitsblättern hat eine Reihe von Vorteilen:
Arbeitsblätter sind auf den individuellen Leistungsstand der
Klasse abstimmbar. Im Gegensatz zu Folien oder Plakaten hat
jeder Schüler sein eigenes Exemplar. Arbeitsblätter können von
jedem Schüler individuell beschriftet werden. Sie können von
jedem Schüler mit nach Hause genommen und später nochmals
verwendet werden.

Nachteile
Arbeitsblätter haben auch Nachteile, z.B. sind sie »flatterhaft«:
sie werden von den Schülern oft schlecht verwaltet. *Tipps:* Ord-
ner anlegen lassen (Blätter vorher lochen); Arbeitsblätter sofort
einkleben lassen (Klebestifte / Tesa dabei haben); kleinere Blätter (z.B. Formentabellen) auf selbstklebendes Papier (z.B.
Adressaufkleber DIN A6) drucken und die Schüler gleich in die
Hefte kleben lassen.
    Arbeitsblätter sind »schnell kopiert«: Es besteht die Gefahr,
die Schüler mit Papier zu überfluten. Merke: »Kopiert ist noch
nicht kapiert!« *Tipp:* Auf Alternativen ausweichen.

Alternativen zum kopierten Arbeitsblatt
Um eine Überflutung der Schüler mit Papier (und die dabei entstehenden Kopierkosten) zu vermeiden, sollte man sich als Lehrer immer wieder selbst Rechenschaft über die Notwendigkeit eines Arbeitsblattes ablegen und ggf. auf Alternativen zum kopierten Arbeitsblatt ausweichen:
– Angebote der vorhandenen Medien (insbesondere Lehrbücher, Arbeitshefte) erst ganz ausschöpfen oder zu Beginn des Schuljahres ein zum Lehrbuch passendes Arbeitsheft anschaffen lassen.
– Andere Medien nutzen: V.a. ein Tafelanschrieb, der nachher ins Heft übernommen wird, prägt sich bei den Schülern oft besser ein als ein vorgefertigtes Arbeitsblatt; wenn von den Schülern nichts ausgefüllt werden muss, kann es genügen, ein Blatt auf Folie zu kopieren und für alle lesbar an die Wand zu projizieren.
– Arbeitsblätter mehrmals verwenden: Übungsblätter kann man in Klarsichthüllen stecken oder laminieren, sodass sie mit Folienstift beschriftet und nach der Kontrolle wieder abgewischt werden (z.b. bei Übungsstationen in einem Lernzirkel, aber auch bei Übungen in einer Einzel- / Partnerarbeitsphase).
– Arbeitsblätter, die nur für den mündlichen Gebrauch bestimmt sind (z.b. Tandembogen, Bilder, Vorleseexemplare), nach dem Einsatz wieder einsammeln.

Korrekturverfahren
Generell: Von allen Arbeitsblättern, auf denen etwas zu ergänzen ist, sollte man eine lesbare Folie anfertigen (Arbeitsblatt evtl. vergrößern; Richtwert: mindestens 14 pt Schriftgröße, möglichst Fettdruck), auf der die richtigen Ergebnisse für alle sichtbar eingetragen werden.

Arbeit mit Arbeitsblättern in Einzelarbeit bzw. Klassenunterricht
– Jeder Schüler füllt sein eigenes Arbeitsblatt aus. Die Lösung wird auf einer Folie mitgeschrieben oder nach einer stillen Einzelarbeitsphase per Lösungsblatt / -folie bereitgestellt; im Unterrichtsgespräch werden dann offene Fragen geklärt.
– Wenn ein Schüler schnell und sicher arbeitet, kann er (mit non-permanentem Folienstift) die Lösungsfolie schon vor der

Besprechung in der Klasse ausfüllen. Gibt es mehrere solcher Schüler, wechselt man von Stunde zu Stunde ab.

– Eine Möglichkeit zur Kontrolle der auf einem Arbeitsblatt angefertigten Hausaufgabe ist es, das betreffende Arbeitsblatt als Folien an mehrere Schüler zu verteilen, von denen einer es in der nächsten Stunde vorstellen muss. (Dazu brauchen die Schüler Folienstifte.)

– Gerade in der Lehrbuchphase wäre es zuweilen von Vorteil, wenn die Schüler die Lehrbuchtexte mit hilfreichen Zeichen und Anmerkungen versehen könnten, was oft nicht möglich ist, weil das Buch dem Schüler nicht gehört. Hier ist die Kopie des Textes anzuraten; manche Schulbuchverlage bieten über ihre Homepage ihre Lehrbuchtexte für solche Zwecke als Word- oder PDF-Dateien an. Man kann auch bei der ersten Gelegenheit eine Blankofolie an jeden Schüler verteilen, die, über den Text gelegt, entsprechend beschriftet werden kann.

Arbeit mit Arbeitsblättern in Partnerarbeit
– Nach einer Partnerarbeitsphase kann man dieselben Korrekturverfahren anwenden wie nach einer Einzelarbeit. Zusätzliche Möglichkeiten bei Partnerarbeit:
– Die Schüler bearbeiten einen Tandembogen, indem einer die Aufgabe löst und der andere die Lösung kontrolliert.
– Jeder Schüler erarbeitet allein die Lösungen und lässt sie anschließend vom Partner anhand eines Lösungsblatts kontrollieren.

Arbeit mit Arbeitsblättern in Gruppenarbeit
– Auch hier sind Korrekturverfahren wie nach einer Einzelarbeit möglich. Zusätzliche Möglichkeit bei Gruppenarbeit:
– Das Arbeitsblatt wird arbeitsteilig bearbeitet, indem jedes Gruppenmitglied eine andere Aufgabe löst. Anschließend stellt jeder Schüler seine Lösung den anderen Gruppenmitgliedern vor, die evtl. Korrekturvorschläge einbringen. Im anschließenden Unterrichtsgespräch werden die Lösungen aller Gruppen zusammengetragen.

Arbeit mit Arbeitsblättern in offenen Formen
– Hierbei wird ein Lösungsordner bereitgestellt.

4.1.5 Anregungen für den Unterricht

Unter den vom Lehrer selbst entwickelten Arbeitsblättern werden wohl die meisten für die Einzelarbeit konzipiert. Dabei sind
viele auf diese Weise bearbeitete bzw. zu bearbeitende Themen
eine je fachspezifische Selbstverständlichkeit (wie in sprachlichen Fächern z.b. tabellarische Formenübersichten, die ggf. vom
Schüler zu ergänzen sind).

Im Folgenden werden nach einer thematisch geordneten Auf-
listung für das Beispielfach Latein darüber hinausweisende Anregungen zum Basisthema aller Sprachen, zum Wortschatz, gegeben.

Grammatik (Formen, Syntax)
    Systematiken (Nominal-, Verbalsystem)
    Definitionen, Merksprüche
    Zuordnungs- und Einsetzübungen
    Syntaktische / semantische Analyse
    Spielplan und -anleitung: Formentraining

Texte / Übersetzung
    Text mit Übersetzungshilfen (Wörter, Sacherläuterungen)
    Besondere (optisch hilfreiche) Notation des lat. Textes[4]
    Deutsche Übersetzungsvorgabe mit Lücken: Ergänzung
    Deutsche Übersetzungsvorgabe ohne Lücken: Nachvollzug
    Deutsche Übersetzung mit (deutschen) Mängeln: Korrektur
    Fremdsprachige Übersetzung als Hilfe oder zum Vergleich
    Verschiedene Übersetzungen: Vergleich oder Stilkritik

Realien
    Sachtext: Information
    Bilder: auch zur Beschriftung (Fachvokabular)
    Landkarten
    Bastelbögen / technische Bauanleitung: Rekonstruktion
    Malbogen: Ab-, Ausmalen[5]

---

4   Vertikale Einrückmethode (plus Strukturformel / Schachteln), lineare Käst-
     chenmethode.
5   Zu verschiedenen Gelegenheiten bietet es sich an, die Schüler das griechische
     Alphabet abschreiben zu lassen; eine Vorlage findet sich z.B. in: Tewes-Eck /
     Dunkel (2001), 34-35.; vgl. auch Beispiel 2 (s.u.).

Video- / Hörprotokoll als Lückentext: Ergänzung
Spielplan und -anleitung

Interpretation / Rezeption
Fragen zum Text: beantworten
Skizze / Schema / Tabelle: vervollständigen
Vorgegebene Interpretation: kommentieren
Literarische Texte: beschreiben, vergleichen
Noten von Vertonungen: hören, beschreiben, kommentieren
Bilder, Karikaturen, Vasen, Münzen ...: beschreiben, deuten
Information aus der Zeitung: verstehen

Vokabelwiederholung
Zusammenstellen von Wortfeldern / Sachfeldern / Fremdwörtern / verwandten romanischen Wörtern
Zusammenstellen von Wortbildungsregeln[6]
Kreuzworträtsel (fremdsprachige Lösungsworte)
Bilder zur (mehrsprachigen) Beschriftung[7]
Fremdsprachige Kurztexte[8]
Mini-Sprachkurse[9]

4.1.6 Beispiele

Die vorgestellten explizit sprachenübergreifenden Arbeitsblätter widmen sich Aspekten des Sprachenvergleichs. Das erste Beispiel ist eingebettet in die Arbeit mit der Wortkunde für Alt- und Neusprachler.[10] Es ist aber auch unabhängig davon einsetzbar

---

6   Eine hervorragende Zusammenstellung der wichtigsten Wortbildungsregeln bietet das Lehrwerk *Interesse*. Um diese Regeln auch einüben zu lassen, braucht es oft weiteres Wortmaterial, wie es sich reichlich findet in der Wortkunde von Mader.

7   Bilder zur Vorlage gibt es in manchen Wortschätzen sowie in Lehrwerken.

8   Einige brauchbare finden sich im Lehrwerk *Cursus continuus*.

9   Beispielsweise zum Zweck einer Studienfahrt: Man findet in allen »Reisesprachführern« Redewendungen, die man an mindestens eins aus dem (Latein-) Unterricht bekanntes Wort / grammatikalisches Phänomen anbinden kann.

10 Das von Mader verfasste und 2005 in 3. Auflage erschienene Buch umfasst neben dem lexikalischen Teil u.a. eine gut verständliche sprachwissenschaftliche Einleitung, die den Sprachen Latein, Italienisch, Spanisch, Französisch,

bzw. im Einzelnen variierbar. Im zweiten Beispiel wird (zusätzlich) ein Exkurs ins Griechische vorgeschlagen, der von allgemeinem Interesse sein dürfte.

Beispiel 1:	Wortbildung: Französisch und Latein
Einbettung:	Nach der Erarbeitung des Kapitels 6 der Wortkunde für Alt- und Neusprachler bzw. als »Spiel« für Sprachdetektive (ab dem 4. Latein- bzw. 2. Französisch-Kernjahr)
Charakteristik:	Klassenarbeit (Auszug) zum Abschluss der Unterrichtseinheit als Leistungskontrolle
Zeitansatz:	ca. 20 Minuten

Klassenarbeit Latein
Wortbildung: Französisch und Latein (Teil 1)
Name:

Unterstreiche in jeder Reihe ein Wort, das im Vergleich zum Lateinischen nicht passt, schreibe eine Übersetzung nur unter dieses Wort und erkläre, warum das Wort im Vergleich zu den anderen nicht passt!

1	l'altitude	l'étude	la multitude	la magnitude
2	hostile	sénile	puéril	util
3	efficient	constant	chant	excellent
4	la directrice	le sacrifice	l'autrice	la dictatrice
5	le testament	l'instrument	le sacrement	le continent
6	le tuteur	l'auteur	la pudeur	l'accusateur
7	domestique	identique	rustique	modique
8	la suspicion	la question	la succession	la déclaration
9	contraire	consulaire	populaire	militaire
10	une date	une faveur	un spectateur	un aliment
11	ordinaire	mémoire	pécuniaire	contraire

Englisch, Deutsch und Griechisch jeweils ein eigenes Kapitelchen widmet. Gedacht ist das Buch als »Arbeitsmittel sowohl für den Schulunterricht als auch für das Grundstudium« (Zitat Klappentext).

Beispiel 2:	Die griechische Schrift
Einbettung:	– Lateinunterricht: in der Lehrbuchphase (Lektionen zu griechischen Themen), – einführend zur Vorstellung des Faches / der AG Griechisch, – in einer Vertretungsstunde.
Erarbeitung:	*Tabelle:* Chorisches Lesen der Alphabetspalte und des Diphthongnachtrags. Abschreiben des Alphabets in Groß- und Kleinschrift. »Dekodierung« der griechischen Wörter. *Aufgaben:* mündlich / schriftlich.
Charakteristik:	Exkurs: Einblicke in das Fortwirken des Griechischen.
Zeitansatz:	ca. eine Schulstunde

Die griechische Schrift

Diphthonge (Kombinationen zweier Vokale):

ΑΙ αι (ai)   ΕΙ ει (ei)   ΟΙ οι (oi)   ΑΥ αυ (au)   ΕΥ ευ (e-u)
ΟΥ ου (u)

Lies die griechischen Wörter auf dem Arbeitsblatt laut!

Schreibe in die leeren Felder passende Wörter, z.B. bei Theta
ΑΘΗΝΑΙ.

Wie heißen die Schulfächer bzw. Wissenschaften griechisch und deutsch?
biology, geography, history, music, philosophy, psychology

Nenne die vier berühmten Ausgrabungsstätten!

Nenne die beiden herausragenden Persönlichkeiten!

Welchen griechischen Göttern entsprechen die römischen?
Apollo, Bacchus, Iuppiter, Mars, Mercurius, Neptunus, Vulcanus; Ceres, Diana, Iuno, Minerva, Venus

(Antike) Großschrift	Alphabet / Aussprache			(Mittelalterliche) Kleinschrift
ΑΘΗΝΑΙ ΑΘΗΝΗ ΑΠΟΛΛΩΝ ΑΡΗΣ ΑΡΤΕΜΙΣ ΑΦΡΟΔΙΤΗ	Alpha	A	α	a	᾿Αθῆναι ᾿Αθήνη ᾿Απόλλων ῎Αρης ῎Αρτεμις ᾿Αφροδίτη
ΒΙΟΛΟΓΙΑ	Beta	Β	β	b	βιολογία
ΓΕΩΓΡΑΦΙΑ	Gamma	Γ	γ	g	γεωγραφία
ΔΗΜΗΤΗΡ ΔΙΟΝΥΣΟΣ	Delta	Δ	δ	d	Δημήτηρ Διόνυσος
ΕΠΙΔΑΥΡΟΣ ῾ΕΡΜΗΣ	Epsilon	Ε	ε	e	᾿Επίδαυρος ῾Ερμῆς
ΖΕΥΣ	Zeta	Ζ	ζ	z	Ζεύς
῾ΗΡΑ ῾ΗΦΑΙΣΤΟΣ	Eta	Η	η	ee	῞Ηρα ῞Ηφαιστος
	Theta	Θ	ϑ	th	
ΙΗΣΟΥΣ ΧΡΙΣΤΟΣ ῾ΙΣΤΟΡΙΑ	Iota	Ι	ι	i	᾿Ιησοῦς Χριστός ἱστορία
	Kappa	Κ	κ	k	
	Lambda	Λ	λ	l	
ΜΕΓΑΣ ΑΛΕΞΑΝΔΡΟΣ ΜΟΥΣΙΚΗ	My	Μ	μ	m	Μέγας ᾿Αλέξανδρος μουσική
	Ny	Ν	ν	n	
	Xi	Ξ	ξ	ks	
ΟΛΥΜΠΙΑ	Omikron	Ο	ο	o	᾿Ολυμπία
ΠΟΣΕΙΔΩΝ	Pi	Π	π	p	Ποσειδῶν
	Rho	Ρ	ϱ	r	
	Sigma	Σ	σ/ς	s	
ΤΡΟΙΑ	Tau	Τ	τ	t	Τροία
	Ypsilon	Υ	υ	ü	
ΦΙΛΟΣΟΦΙΑ	Phi	Φ	φ	f	φιλοσοφία
	Chi	Χ	χ	ch	
ΨΥΧΟΛΟΓΙΑ	Psi	Ψ	ψ	ps	ψυχολογία
	Omega	Ω	ω	oo	

4.2 Tafel und Folie

4.2.1 Definition und Ziele

Tafel und Folie sind *die* klassischen Medien des Unterrichts. Eine Wandtafel ist in der Regel in jedem Klassenzimmer vorne angebracht. Mithilfe eines Overheadprojektors können Folien auf eine eigens installierte Projektionsfläche oder auch auf jede freie helle Wand projiziert werden. Beide Medien dienen hauptsächlich zur Visualisierung von Lerninhalten zentral für eine ganze Lerngruppe.

4.2.2 Mögliche Einsatzorte

Tafel und Folie können in allen methodischen Großformen und in Kombination mit allen Sozial- und Aktionsformen vorkommen, z.b. bei
- inhaltlichen Einstiegen in Themen oder Unterrichtsreihen;
- der Erarbeitung von Fachwissen, Wortschatz, Grammatik, Übersetzung oder Interpretation;
- Einführungen in methodische Großformen, z.B. zur Visualisierung der Struktur eines Lernzirkels oder Gruppenpuzzles; hier oft in Kombination mit einem Lehrervortrag;
- Präsentationen von Ergebnissen aus Einzel-, Partner- oder Gruppenarbeit, eines Gruppenpuzzles oder einer projektartigen Unterrichtsform; in diesem Fall oft kombiniert mit den Aktionsformen Schülervortrag, Referat oder Präsentation.

4.2.3 Charakteristika

Tafel
Der Vorteil der Tafel ist ihre Schülernähe und die einfache Technik. Das Tafelbild entsteht vor den Augen der Schüler. Der Anschreibende (Lehrer oder Schüler) kann sich flexibel auf Beiträge aus der Lerngruppe einstellen, und falsch Angeschriebenes lässt sich durch Abwischen leicht korrigieren.

Wird die Tafel zur visuellen Unterstützung des Schüler- oder Lehrer*vortrags* eingesetzt, sprechen wir von Tafel*anschrieb*: Der Vortragende notiert parallel zu seinem Vortrag Stichworte o.Ä. an der Tafel. Ein Tafel*bild* dagegen entsteht aus Beiträgen verschiedener Sprecher in einem Unterrichts*gespräch*.

Ein Nachteil der Arbeit mit der Tafel besteht darin, dass das Anschreiben Zeit benötigt, in der der Anschreibende mit dem Rücken zur Lerngruppe steht. Um allzu langen Wartezeiten vorzubeugen, kann man entweder Teile des Tafelbildes (z.b. den Rahmen einer Tabelle) schon vor der Stunde anschreiben und durch Zuklappen der Tafel zunächst verdeckt halten; man kann auch Einzelelemente (z.b. Stichwortkarten oder Symbole) auf Pappkarton vorbereiten und im entsprechenden Moment mit Magneten oder Tesakreppstreifen schnell ins Tafelbild einbauen.

Der Hauptnachteil der Tafel besteht darin, dass man das Geschriebene in der Regel nicht über die Unterrichtsstunde hinaus auf der Tafel konservieren kann. In der Folgestunde ist das Tafelbild visuell nicht mehr präsent und kann somit nicht weiterbearbeitet werden. Eine Alternative bietet hier die Folie.

Für ein gutes Tafelbild ist entscheidend, dass es die Lerninhalte – unter einer prägnanten Überschrift – klar und übersichtlich präsentiert. Bewährt haben sich u.a. folgende Aufbauschemata für Tafelbilder:

Gegenüberstellung in zwei Spalten: Gegensätzliche oder einander entsprechende Punkte werden gegenüber angeordnet. Ihre inhaltliche Beziehung zueinander kann durch ein Symbol (z.B. einen Gegensatz- oder einen Folgepfeil) verdeutlicht werden.

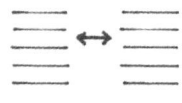

Kreisförmige Anordnung um einen zentralen Begriff: Die einzelnen Aspekte stehen alle in inhaltlichem Bezug zum Zentrum, sind aber untereinander eher unabhängig.

Stufenschema:
Die einzelnen Schritte einer Entwicklung
werden wie die Stufen einer Treppe
angeordnet.

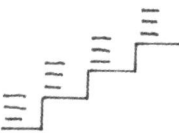

Tabelle:
Eine Kopf- und evtl. eine Seitenleiste
definieren die einzelnen Kästchen
der Tabelle.

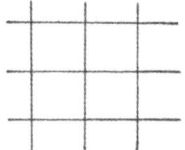

Begriffshierarchie:
Die inhaltlichen Zusammenhänge
zwischen einzelnen Begriffen eines
Themenbereichs werden durch
stammbaumartige Anordnung von
Ober- und Unterbegriffen verdeutlicht.

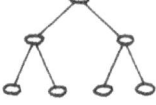

Folie

Eine Folie kann – ähnlich der Tafel – während eines Vortrages
oder im Laufe eines Unterrichtsgesprächs beschriftet (oder aufgedeckt) werden. Darüber hinaus eröffnen Folien die Möglichkeit, reale Dokumente (z.b. Bilder, Zeitungsausschnitte, Landkarten), ganze Texte oder einzelne Zitate sowie komplexe Darstellungen (z.b. Grafiken) zu projizieren.

Ein Vorteil der Folie besteht darin, dass der Lehrer sie schon
zu Hause vorbereiten kann. Außerdem lässt sich die Folie auf-
bewahren und weiterverwenden: zur Erarbeitung der Fortsetzung
in der folgenden Stunde oder zur Wiederholung zu einem späteren Zeitpunkt.

Ein Problem bei der Arbeit mit Folien ist die Abhängigkeit
von der Technik und den räumlichen Möglichkeiten: Man

braucht einen Overheadprojektor, eine Projektionsfläche und Platz, um den Projektor in ausreichender Entfernung von der Wand zu positionieren. Auch sein Geräusch kann stören.

Nachteilig kann auch sein, dass vorgefertigte Folien das Unterrichtsgespräch in seinen Inhalten und seinem Ablauf stark vorstrukturieren und damit auch binden. Das kann zu einer passiven Aufnahmehaltung von »Zuschauern« führen, wenn sie den Eindruck gewinnen, dass durch die Folie ohnehin alles präsentiert werde.

Außerdem besteht die Gefahr einer Überfrachtung der Zuschauer mit Informationen, wenn der Inhalt der Folie sehr dicht und komplex ist. Um dem vorzubeugen, sollte man eine solche Folie nie nur auflegen, sondern immer auch besprechen und sich eine passende Darbietungstechnik überlegen.

Grundsätzlich gibt es zwei Möglichkeiten, eine Folie darzubieten. Entweder man präsentiert die gesamte Folie auf ein Mal (statische Darbietung) oder man zeigt die Inhalte der Folie Stück für Stück (dynamische Darbietung).

Die statische Darbietung ist angebracht, wenn der Inhalt der Folie ein in sich geschlossenes Ganzes (z.B. Bild, Grafik, Tabelle) ist, das in seiner Gesamtheit auf den Betrachter wirken soll, z.B. als Impuls zum Einstieg.

Die dynamische Darbietung soll dem Lernenden das Erfassen der Folie erleichtern, da die Aufmerksamkeit nach und nach auf verschiedene Stellen oder Entwicklungsschritte gelenkt wird. Dafür gibt es verschiedene Techniken:

- Abdecktechnik: Mit einem Blatt Papier oder einzelnen Papierstreifen werden Teile der Folie zunächst abgedeckt und im Laufe des Unterrichtsgespräches aufgedeckt (z.B. aufeinanderfolgende Beispielsätze zu einem Grammatikthema, einzelne Felder einer Tabelle).
- Ergänzungstechnik: Auf der Folie werden fehlende Informationen eingetragen (z.B. Lückentext), Schülerbeiträge gesammelt (z.B. beim Brainstorming) oder Dinge markiert (z.B. in einem Text).
- Overlay-Verfahren: Mehrere Folien werden übereinandergelegt (z.B. Landkarten mit der wachsenden Ausbreitung des Imperium Romanum).

– Bausteintechnik: Einzelne, auf Folienstücke geschriebene oder
  gezeichnete Elemente werden aufgelegt, ausgetauscht oder
  verschoben (z.b. Satzstreifen zur Darstellung eines lateinischen Satzes nach der Einrückmethode, Bildchen bei der Einführung des Akkusativobjekts).[11]
– Langsames Scharfstellen von Bildern.[12]

4.2.4 Einsatz im Unterricht

Grundsätzlich können Tafel und Folie von Schülern ebenso
genutzt werden wie vom Lehrer; während sie vom Lehrer eher
während eines Unterrichtsgesprächs oder Lehrervortrags genutzt
werden, sind sie für die Schüler v. a. bei Präsentationen und in
Übungsphasen von Gewinn.

Tafel und Folie lassen sich im Unterricht v.a. an drei Stellen
einsetzen: zum Einstieg, bei der Erarbeitung und Ergebnissicherung, zur Übung und Festigung.

Für alle Bereiche gibt es unzählige Möglichkeiten, daher seien
hier nur einige vorgestellt. Der Einsatz von Tafel und Folie wird
jeweils parallel besprochen und ggf. gegeneinander abgewogen.

(1) Einstieg
Für den Einstieg in ein Unterrichtsthema bietet sich häufig die
Verwendung eines Bildes oder einer Karikatur an. Wird das Bild
oder die Karikatur den Schülern auf Folie vorgelegt, lässt es sich
besser arbeiten als mit einem Arbeitsblatt oder dem Schulbuch,
da die Aufmerksamkeit der Schüler auf das Plenum und ein
gemeinsam verwendetes Medium gerichtet ist. Zudem macht es
mit der heutigen Technik keinerlei Schwierigkeiten mehr, das
jeweilige Material mithilfe des Computers einzuscannen, mit
einem Grafikprogramm (z.B. CorelDraw oder Adobe Photo-
shop[13]) zu bearbeiten, mit einer Bildüber- oder -unterschrift zu
versehen und auf Folie auszudrucken. Alternativ lassen sich

11 S.u. Beispiel 3.
12 Kap. 4.6.3.
13 In älteren Versionen sind diese beiden Programme durchaus erschwinglich,
    ohne dabei für den »normalen« Anwender schwerwiegende Nachteile zu ber-
    gen oder notwendiger Programmbestandteile zu entbehren; vgl. Kap. 4.5.4.

Bilder und Karikaturen auch großformatig kopieren und an die Tafel hängen.

Den Schülern können auch Zitate vorgelegt werden, um so eine Einstiegsdiskussion anzuregen. Hierbei bietet sich sicherlich eher die Folie an, auf der sich der vorgesehene Textausschnitt vorbereiten lässt; ist das Zitat jedoch relativ kurz, liegt der Einsatz der Tafel nahe, da durch das Anschreiben eine für die Diskussion nutzbare Spannung erzeugt werden kann.

Meinungen, Eindrücke oder erste Ideen zu einem Thema können im Rahmen eines Brainstormings gesammelt werden. Mittels Tafel und Folie werden die Gedanken der Schüler erfasst, sei es durch das bloße Sammeln, sei es durch Methoden wie das Mindmapping oder das Clustering, die die Gedanken auch ordnen.

(2) Erarbeitung und Ergebnissicherung
Am Beispiel des Sprachunterrichts seien hier verschiedene Bereiche vorgestellt: Vokabelarbeit, Grammatikarbeit, Textarbeit, Realien- bzw. Landeskunde.

Vokabelarbeit
Um die Lektüre / Übersetzung eines fremdsprachlichen Textes zu beschleunigen, kann den Schülern eine vorgefertigte Vokabelliste auf Folie vorgelegt werden. Zudem können mithilfe von Skizzen auf Folie oder Tafel einzelne Vokabeln oder Sachfelder visualisiert werden. Die Tafel kann auch dazu dienen, während einer Texterarbeitung die unbekannten Vokabeln zu notieren.

Die Vertiefung neu erlernten Vokabulars kann erfolgen, indem beispielsweise (an der Tafel) ein Sachfeld erarbeitet wird oder einzelne Elemente eines (Folien-)Bildes mit den passenden fremdsprachlichen Wörtern versehen werden.

Grammatikarbeit
Auch im Bereich der Grammatikarbeit wird Tafel wie Folie zur Visualisierung verwendet. Dies geschieht zum einen zur Einführung und Erläuterung von Grammatikthemen, zur Ergebnissicherung, evtl. verbunden mit einem abschließenden Hefteintrag, sowie zur Strukturierung durch Übersichten und Tabellen. Letzteres wird meist mit einem Arbeitsblatt verbunden sein, um den Schülern die Ergebnissicherung zu erleichtern.

Textarbeit

Bei der Textarbeit können beide Medien der Visualisierung von Satz- und Textstrukturen dienen. Im Fach Latein lassen sich z.b. diverse Texterschließungs- und Übersetzungsmethoden an der Tafel oder auf Folie darstellen:[14] Für die Konstruktionsmethode bietet sich zur Analyse eines längeren Textabschnitts eher die Folie an, auf der man Satzglieder markieren, Bezüge einzeichnen und Konstruktionen visualisieren kann. Ein einzelner Satz lässt sich selbstverständlich auch an der Tafel analysieren.

Auch bei der Einrückmethode ist bzgl. des Schreibaufwandes abzuwägen, ob auf Tafel oder Folie zurückgegriffen wird. Bei Verwendung der Folie können z.b. die einzelnen Wortblöcke auf Folienstreifen vorbereitet werden, sodass diese von den Schülern nur noch richtig zusammengesetzt und nach der Einrückmethode aufgelegt werden müssen.

Weiterhin kann den Schülern vor der Übersetzung des Originaltextes auf einer Folie ein Gradatim-Text vorgelegt bzw. Schritt für Schritt aufgedeckt werden. Auf diese Weise wird, neben den sonstigen Vorteilen der Folie, der Kopieraufwand für ein weiteres Arbeitsblatt eingeschränkt.

Auch die ganzheitliche Vorerschließung eines Textes kann mithilfe der Tafel wie der Folie erfolgen. Dabei können die zentralen Begriffe oder strukturierenden Wörter entweder innerhalb des lateinischen Textes (auf der Folie) markiert oder an der Tafel bzw. auf Folie gesammelt und geordnet werden. Der entscheidende Vorteil der Folie besteht in diesem Fall darin, dass durch die Möglichkeit, das Folienbild wiederzuverwenden, im Laufe einer Lektüre eine zusammenfassende Interpretation entwickelt werden kann. Die Auswertung des Textes zum Zwecke der Zusammenfassung oder Interpretation kann auch erst im Anschluss an die Texterarbeitung erfolgen. Hierfür bietet sich am ehesten die Tafel an.

Als Hilfe zur Texterschließung können schließlich Folienbilder eingesetzt werden, die den Schülern helfen, Zugang zur Thematik des Textes und ein erstes Verständnis der Zusammenhänge zu gewinnen.[15]

---

14 Zu den genannten Satz- und Texterschließungsmethoden vgl. Meincke.
15 Diese Methode ist allerdings entscheidend von den Zeichenfertigkeiten des Lehrers abhängig; vgl. Pfeifer-Blaum.

Realien- bzw. Landeskunde
Bei der Beschäftigung mit Realien- und Landeskunde kann der
Einsatz der Folie sehr zur Veranschaulichung eines Phänomens
beitragen. Mit einem Foto des Kolosseums vor Augen über diese
architektonische Meisterleistung zu sprechen fasziniert die Schüler und gibt ihnen einen besseren Eindruck von der Großartigkeit
dieses Bauwerks, als wenn man ihnen nur einen entsprechenden
Informationstext vorlegt, aus dem sie die wichtigsten Aspekte
notieren sollen.
    Der Ertrag einer Folie mit einem Bild ist noch größer, wenn
das Bild mehr als bloße Illustration leistet. Fragen, Vergleiche
oder Beobachtungen, die anhand einer Abbildung und ggf. von
vergrößerten Ausschnitten von Fotos, Skizzen, Bildern usw. ge-
tätigt werden, bleiben im Gedächtnis der Schüler deutlich besser
haften als ohne visuelle Unterstützung, schulen das Auge und
trainieren die Fähigkeit zur Analyse.

(3) Übung und Festigung
Im Bereich der Übung und Festigung sind die Möglichkeiten von
Tafel und Folie ebenfalls vielfältig. Hier überwiegen die Vorteile
der Folie gegenüber denen der Tafel, da die Folie mehr Möglichkeiten der Vorbereitung, der Einbindung von Schülern, der
Nutzung von Abdeckung und Offenlegung von Übungselemen-
ten und schließlich der Korrektur bietet. Ob nun Zuordnungs-
und Einsetzübungen, Lernspiele oder eine einfache leere Tabelle
zur Formenabfrage:[16] All dies sind Methoden, die die Schüler
motivieren und so zur Festigung ihres Wissens beitragen.
    Ergänzend sei noch die Möglichkeit erwähnt, zu einer auf ei-
nem Arbeitsblatt gereichten Übung eine Musterlösung auf einer
Folie zu präsentieren oder erarbeiten zu lassen.

Tafel als Pinnwand oder Schmierblatt
Zwei zusätzliche mögliche Funktionen der Tafel sind folgende:
– Die »Pinnwandfunktion«: Die Schüler notieren ihre Gedanken
  auf Kärtchen, die mithilfe von Magneten oder Klebestreifen

---

16 Eine motivierende Art, eine Formenabfrage durchzuführen, besteht darin, dass
    ein kleiner Gegenstand (z.B. eine Münze) in ein Feld einer leeren Tabelle ge-
    legt wird. Nun muss die entsprechende Form des Verbs, Substantivs, Adjektivs
    oder Pronomens von den Schülern gebildet werden.

an der Tafel gesammelt und ggf. sortiert werden; es können auch vorgefertigte Wort- oder Bildkarten in ein Tafelbild integriert oder ganze Plakate an der Tafel aufgehängt werden.
– Die »Schmierblattfunktion«: Die Tafel (am besten einer der Seitenflügel) wird zum Notieren von Hausaufgaben, neu eingeführten Begriffen, einzelnen Verbformen usw. verwendet.

4.2.5 Hinweise zum Einsatz von Tafel und Folie

Abschließend einige Hinweise zum Einsatz von Tafel und Folie, die bei der Planung eines Einsatzes dieser beiden Medien bedacht werden sollten:

Man sollte sich vor dem Einsatz dieser Medien bewusst machen, welche räumlichen Möglichkeiten und Grenzen die Tafel bietet. Dies ist besonders wichtig, wenn Tafel und Overheadprojektor parallel verwendet werden, da beide Geräte sich häufig in die Quere kommen.

Man muss stets auf die gute Lesbarkeit achten, v.a. in Bezug auf die Schriftgröße, die Farbe der Stifte bzw. der Kreide sowie die Lichtverhältnisse.

Wichtig ist auch die Übersichtlichkeit des Tafel- bzw. des Folienbildes. Diese wird durch passende Symbol- und Farbgebung sowie durch eine klare Struktur gewährleistet. Es ist empfehlenswert, bzgl. der Symbol- und Farbgebung in seinen Bildern und Anschrieben einheitlich zu bleiben.

Nur Wesentliches sollte angeschrieben werden. Auch dies unterstützt die Übersichtlichkeit. Wenn vorgesehen ist, dass die Schüler Tafel- oder Folienbild ins Heft übernehmen, sollte man bei der Planung einen Zeitpunkt für das Abschreiben festlegen und den Schülern diesen auch mitteilen.

Auch aus Motivationsgründen ist ein flexibles Eingehen auf und die Übernahme von Schülerbeiträgen unabdingbar. Dessen sollte man sich besonders bei der Verwendung vorgefertigter Materialien auf einer Folie bewusst sein.

4.2.6 Beispiele

Beispiel 1:   Décrire une personne: Jean de Florette

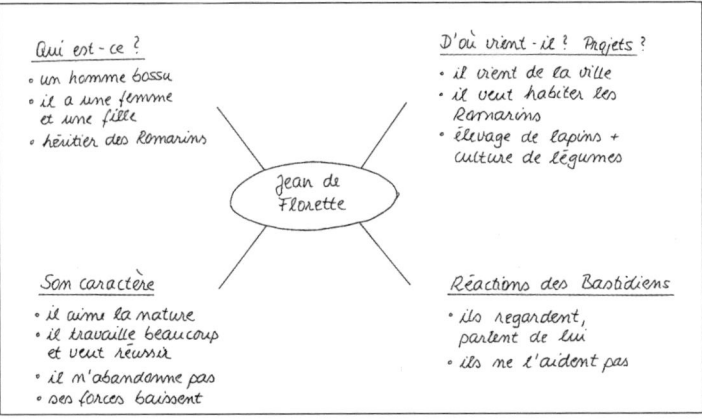

Fach:	Französisch (9. Klasse)
Einbettung:	Im Rahmen der Leçon 5 aus Découvertes 3[17]
Erarbeitung:	Ausgehend von der Aufgabenstellung »Décrivez Jean de Florette« (Cahier d'activités, S. 35, Nr. 1b) wird das Zentrum des Tafelbildes angelegt, die vier Leitfragen werden stichpunktartig notiert. In Einzel- oder Partnerarbeit suchen die Schüler die Informationen aus dem Lektionstext. Die Ergebnisse werden im Unterrichtsgespräch zusammengetragen und an der Tafel notiert. Die Schüler übernehmen das fertige Tafelbild in ihr Heft und verfassen als Hausaufgabe eine ausformulierte Personenbeschreibung zu »Jean de Florette«.
Zeitansatz:	ca. 10 Minuten (nur Unterrichtsgespräch mit Erstellen des Tafelbildes)
Charakteristik:	Tafelbild in kreisförmiger Anordnung zum Sammeln verschiedener Informationen zu einem zentralen Begriff.

17   Etudes Françaises. Découvertes 3. Série verte; dazu: Etudes Françaises. Découvertes 3. Série verte. Cahier d'activités.

Beispiel 2: Tafelbild zum Wortfeld »Tür«

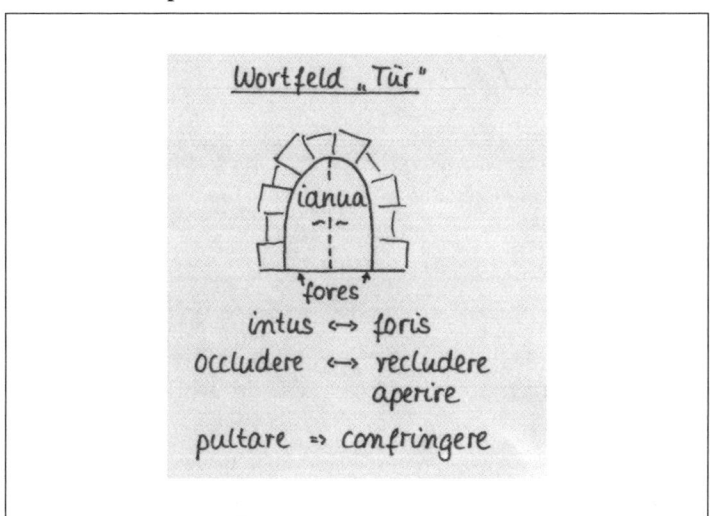

Fach:	Latein (11. Klasse)
Einbettung:	Im Rahmen der Texterarbeitung von Plautus, Mostellaria II,3 V.431-453: »Die Heimkehr des Vaters«.
Erarbeitung:	Die Schüler suchen in Stillarbeit alle Vokabeln des Wortfelds »Tür« aus V.444-453 heraus. Bei der anschließenden Besprechung skizziert der Lehrer die Tür und notiert die lateinischen Begriffe an der passenden Stelle.
Zeitansatz:	ca. 5 Minuten
Charakteristik:	Tafelbild mit Skizze zur Visualisierung von Vokabeln.

Beispiel 3: Folie zur Einführung des Akkusativs

Fach:	Latein (7. Klasse)
Einbettung:	Vorentlastung zu *Salvete,* Lectio III[18]
Erarbeitung:	Zu Beginn ist die untere Hälfte der Folie (Text) abgedeckt, auf der oberen Hälfte ist nur Rufus (links) zu sehen. (Die kleinen Bildchen in den Rahmen sind weitere Folien, die später dazugelegt werden.) Die Schüler beschreiben die Zeichnung und formulieren mündlich den lateinischen Satz »Rufus spectat«. Der Lehrer legt die erste kleine Bildfolie neben Rufus und formuliert deutlich: »Rufus spectat servum.« Die Schüler übersetzen diesen Satz

18   Salvete. Texte und Übungen. Gesamtband, Berlin [1]1995.

	und die erste Textzeile wird aufgedeckt. Jetzt wird die kleine Bildfolie ausgetauscht: Der Lehrer legt neben Rufus das Bild der Sklavin und formuliert »Rufus spectat servam.« Die Schüler übersetzen und die zweite Textzeile wird aufgedeckt. Ebenso für »artificium« Zur Einführung der Pluralformen benötigt man die kleinen Bildfolien jeweils in doppelter Ausfertigung. Neben Rufus werden dann beide gleichen Bildchen gelegt. Vorgehen wie oben Sind alle Sätze aufgedeckt, wird der neue Fall »Akkusativ« thematisiert und die letzte Zeile aufgedeckt. Die Schüler übernehmen anschließend nur die lateinischen Sätze in ihr Heft – ergänzt durch die Regeln zur Bildung des Akkusativs (nicht auf der Folie; werden während der Besprechung des neuen Falls an die Tafel geschrieben).
Zeitansatz:	ca. 15 Minuten (ohne Abschreiben)
Charakte-ristik:	Folie zur Grammatikerarbeitung; Darbietung mit Bausteintechnik und Abdecktechnik.

Beispiel 4: Folie (evtl. Arbeitsblatt) zur Einführung des aci

Rufus convivas videt. Convivae gaudent.

Rufus videt   convivas gaudere.

Fach:	Latein (7. Klasse)
Einbettung:	Vorentlastung zu *Salvete,* Lectio XII[19]
Erarbeitung:	Zu Beginn ist nur die obere Bildreihe zu sehen. Die Schüler beschreiben die Bilder. Die Bildunterschriften werden aufgedeckt und übersetzt. – Jetzt wird das untere Bild aufgedeckt. Die Schüler beschreiben es und setzen es in Beziehung zu den oberen beiden Bildern. – Der Satz unter dem Bild wird aufgedeckt, übersetzt und analysiert (in die Kreise kommt: »Akkusativ, Infinitiv«. – Danach Tafelbild / Hefteintrag mit den Regeln zur Bildung und Übersetzung des aci.
Zeitansatz:	ca. 10 Minuten (ohne Hefteintrag)
Charakteristik:	Folie zur Grammatikerarbeitung; Darbietung mit Abdecktechnik.

19   Salvete. Texte und Übungen. Gesamtband, Berlin [1]1995.

Beispiel 5: Tafel- / Folienbild »Apollos Rede an Daphne«

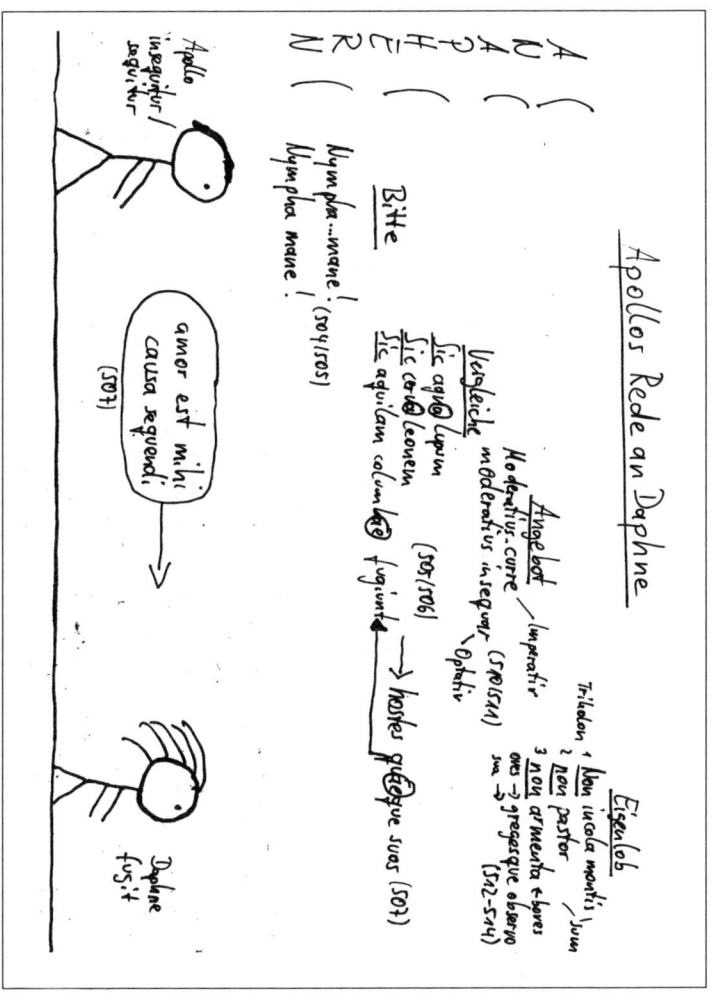

Fach:	Latein (Oberstufe)
Einbettung:	Im Rahmen der Texterarbeitung von Ov. met. I,504-514
Erarbeitung:	Der lateinische Text wird gelesen und anschließend in den folgenden Schritten vorerschlossen. Der Lehrer notiert parallel dazu die Stichworte auf der Folie / an der Tafel: — Die Schüler erkennen anhand des Textvortrags die Anaphern im Text. — Sie analysieren die Satzglieder, die zu den Anaphern gehören. — Sie geben den Texteinheiten Überschriften. — Weitere rednerische Mittel werden herausgearbeitet. — Der Text wird mithilfe der Arbeitsfolie / des Tafelbildes übersetzt. — Im Zuge der inhaltlichen Auswertung der Textstelle werden Handlungen und Motive der Protagonisten zusammengefasst.
Zeitansatz:	eine Unterrichtsstunde
Charakteristik:	Tafel- / Folienbild zur Textarbeit (ganzheitliche Vorerschließung und anschließende Interpretation); Aufbau als Stufenschema.

Beispiel 6: Tafelbild »Die Entlassung Bismarcks durch Wilhelm II. – eine politische Weichenstellung«

Fach:	Geschichte
Einbettung:	Im Rahmen einer textorientierten Gruppenarbeit zum Abschluss einer Unterrichtseinheit mit dem Thema »Bismarcks Innenpolitik« in der Sek. II.
Erarbeitung:	– Entwickeln der Leitfrage – Lehrgespräch zum Thema „Neoabsolutismus und Verfassungswirklichkeit anhand eines Zitates aus einem Brief Wilhelm II. an seine Mutter nach dem Ableben Bismarcks 1898: »Der Sturm hat sich beruhigt, [...] die Krone sendet ihre Strahlen durch ›Gottes Gnade‹ in Paläste und Hütten, und – verzeih, wenn ich es sage – Europa und die Welt horcht auf, um zu hören, ›was sagt und was denkt der Deutsche Kaiser?‹, und nicht, was ist der Wille seines Kanzlers!« sowie zweier Artikel aus der deutschen Verfassung von 1871: Art. 15. Der Vorsitz im Bundesrate und die Leitung der Geschäfte steht dem Reichskanzler zu, welcher vom Kaiser zu ernennen ist. [...]

	Art. 17. Dem Kaiser steht die Ausfertigung und Verkündigung der Reichsgesetze und Überwachung derselben zu. Die Anordnungen und Verfügungen des Kaisers werden im Namen des Reiches erlassen und bedürfen zu ihrer Gültigkeit der Gegenzeichnung des Reichskanzlers, welcher dadurch die Verantwortlichkeit übernimmt. [...]Aktualisierung zum Thema »Die Aufgabe moderner Verfassungsgerichte« anhand des Widerspruchs zwischen den Machtansprüchen von Kaiser und Kanzler – Gruppenarbeit zur Erarbeitung der unterschiedlichen Positionen des alten Kurses unter Bismarck und des sog. »Neuen Kurses« unter Wilhelm II. anhand dreier Textquellen[20] – Problematisierung zur Urteilsfindung über die Leitfrage
Zeitansatz:	Eine Unterrichtsstunde
Charakteristik:	Tafelbild mit Gegenüberstellung in zwei Spalten mit zusätzlicher Bezeichnung der politischen Kategorien sowie einer Schlussfolgerung

20   Folgende Quellen werden bearbeitet:
1. Aus dem Erlass Wilhelms II. vom 4. Februar 1890 an die Minister der öffentlichen Arbeiten und für Handel und Gewerbe [O. v. Bismarck: Gedanken und Erinnerungen. Reden und Briefe. Aus dem Verlagsarchiv des Cottaschen Verlags hg. v. H. Kohl, Essen o.J., S. 476 f.]
2. Aus der Aufzeichnung des Reichskanzlers Leo v. Caprivi vom 22. Mai 1890 hinsichtlich der Verlängerung des Rückversicherungsvertrages mit Russland [G. Schönbrunn (Bearb.): Geschichte in Quellen. Das bürgerliche Zeitalter. 1815-1914, München 1980, S. 561.]
3. Aus der Rede Leo v. Caprivis vom 10. Dezember 1891 bei der ersten Beratung der Handelsverträge mit Österreich-Ungarn, Italien und Belgien [G. Schönbrunn (Bearb.): Geschichte in Quellen. Das bürgerliche Zeitalter. 1815-1914, München 1980, S. 554 ff.]

4.3 Plakate

4.3.1 Definition und Ziele

Plakate werden in der Regel aus einem großen Bogen Papier oder Packpapier oder einem Stück Tapete hergestellt. Sie werden von Schülern oder Lehrern gefertigt[21] und dienen im Schulalltag entweder dem individuellen, persönlichen Lernen eines Einzelnen oder als Grundlage für das Lernen einer bestimmten Lerngruppe. Man spricht von Lernplakat oder von Lernposter.[22] Mit einem Lernposter kann man Informationen, Arbeits- oder Gesprächsergebnisse vor einer größeren Gruppe präsentieren und über einen längeren Zeitraum hinweg zeigen.

4.3.2 Mögliche Inhalte und Einsatzorte

Plakate dienen im Unterricht vornehmlich Folgendem:
- Visualisierung, z.B. von Vokabeln (beschriftete Zeichnungen), Grammatik (Formentabellen, Bildungsgesetze, Satzglieder, Fachbegriffe usw.) oder Sachinformationen / Realien (Abbildungen, Landkarten, Schaubilder);
- Information, z.B. über den Aufbau eines Lernzirkels oder eines Gruppenpuzzles, über Symbole und zeitliche Abläufe;
- Erarbeitung eines Themas, z.B. Sammeln von Ideen und Meinungen zum Einstieg in ein Thema, bei der Planung eines Projektes oder einer Schulfahrt, Kommunikation, z.B. in Form eines Fragespeichers in offenen Unterrichtsformen;

21 Daneben gibt es in vielen Fächern auch fertige Plakate zu kaufen, in Sprachen z.B. Landkarten, Stadtpläne und allgemeine Abbildungen zur Landes- bzw. Realienkunde, Plakate und Wandtafeln zu Deklinationen, Konjugationen usw.

22 Die beiden Bezeichnungen werden im Unterrichtsalltag oft synonym verwendet. Nach den Gestaltungselementen wird auch zwischen Bild-, Text- und Schriftplakat unterschieden. Wenn sowohl Bilder wie Texte Teil eines Plakats sind, werden auch die Bezeichnungen Bild / Text-Plakat (bei einem höheren Anteil an bildlichen Informationen) oder Text / Bild-Plakat (bei einem höheren Anteil an textlichen Informationen) verwendet. Zu Definition, den genannten und weiteren Kategorisierungen: http://www.teachsam.de/arb/lernplakat/arb_plakat_3_1.htm.

Fragespeicher zum Lernzirkel zur Arbeit mit dem lateinischen Wörterbuch

- Kreative Vertiefung eines Textes / Themas, z.B. im Rahmen einer handlungs- und produktionsorientierten Unterrichtseinheit oder als Aufgabe in Lernzirkeln, Freiarbeit und Wochenplan;
- Präsentation von Arbeitsergebnissen nach einer Gruppenarbeit oder im Rahmen von projektartigen Unterrichtsformen;
- Dokumentation von Museumsbesuchen oder Schulfahrten;
- Werbung, z.B. für Veranstaltungen des Fachbereichs oder für die externe Präsentation eines Projektes;
- Evaluation, z.B. einer Unterrichtsreihe.

4.3.3 Charakteristika und Umsetzung im Unterricht

Ein gutes Plakat ist
- einfach,
- klar,
- übersichtlich,
- schnell erfassbar,
- auch auf Distanz gut lesbar,
- ansprechend,
- zielgruppengemäß (z.B. altersgemäß)
gestaltet.

Vor Anfertigung eines Plakats müssen Sachverhalte und Probleme auf das Wesentliche reduziert und möglichst prägnant zusammengefasst werden. Die entsprechende Methodenkompetenz sollte Schritt für Schritt auch in »geschlossenen« Unterrichtsphasen aufgebaut werden.

Beispiel 1: Plakat im Rahmen von Projektarbeit

Fächer:	Latein, Griechisch, Physik (Oberstufe)
Einbettung:	Im Rahmen eines Fächer verbindenden Projektes zum Thema »Welt der Atome«[23]
Erarbeitung:	In einer Kleingruppe. Entscheidend ist, dass die Schüler das gefundene Informationsmaterial durcharbeiten, bis sie es verstanden haben, es dann auf das Wesentliche reduzieren und mit eigenen Worten zusammenfassen. Erst danach wird aus den Informationen ein Plakat gestaltet, das im Rahmen einer Präsentation in der Lerngruppe oder im Schulhaus verwendet wird. Es genügt nicht, ausgedruckte Internet- oder Lexikon-Seiten und Bilder einfach auf ein Plakat aufzukleben.

---

23   Projektbeschreibung: Drumm / Frölich 167-179 und 183-189.

Beispiel 2: Plakat zum Aufbaus eines Lernzirkels

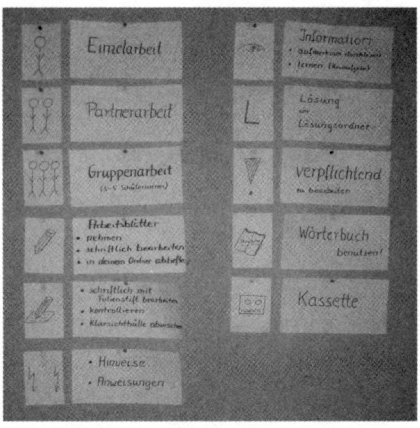

Fach:	Beliebig; hier: Latein
Einbettung:	Im Rahmen der Einführung in den *Lernzirkel zu Mythen des Hygin*
Erarbeitung:	Der Lehrer bereitet die Plakate mit dem Aufbau des Lernzirkels und den visualisierten Arbeitsaufträgen im Vorfeld vor und hängt sie während der Einführung im Unterricht an (Pinn-)Wänden auf. Die Plakate verbleiben im Klassensaal und sind so während der gesamten Lernzirkelarbeit für die Schüler einsehbar.

Grundsätzlich sind Umrahmungen, verschiedene Papierformate und Schriftgrößen sowie die Benutzung von Buntstiften und buntem Papier wichtige Gestaltungselemente. Sie helfen, verwendete Bilder, Kästchen, Texte, Grafiken, Mindmaps usw. so anzuordnen, dass die oben beschriebenen Kriterien für ein gutes Plakat erfüllt sind. Sollen mehrere Plakate zu einem gemeinsamen Thema im Klassenraum oder im Schulgebäude zu einer kleinen Ausstellung oder Wandzeitung zusammengefügt werden, müssen die Einzelplakate in ihrer Gestaltung aufeinander abgestimmt werden. Dazu ist eine Absprache zwischen den einzelnen Arbeitsgruppen, die jeweils einen Teil der Ausstellung konzipie-

ren, notwendig.[24] Auch hier ist eine entsprechende Methodenkompetenz der Schüler schrittweise aufzubauen (u.u. in Zusammenarbeit mit anderen Fächern).

Ob Lehrer oder Schüler von vornherein ein fertiges Plakat
gestalten oder ein Plakat nur vorbereiten, damit es später im
Unterricht oder bei einem Präsentationsvortrag ergänzt wird,
hängt vom Anlass und der jeweiligen Unterrichtssituation ab.

Zuweilen enthalten von Schülern angefertigte Plakate, die
Erarbeitetes zusammenfassen oder präsentieren sollen, fachliche
Fehler. Hier bedarf es einer großen Behutsamkeit des Lehrers,
v.a. in projektartigen Unterrichtsphasen oder im Rahmen eines
Gruppenpuzzles, um einerseits die unabdingbare, für den Lernerfolg wesentliche fachliche Richtigkeit zu gewährleisten und
andererseits die Kreativität und Eigenverantwortung der Schüler
– beides wichtige Ziele gerade der offenen Unterrichtsformen –
nicht einzuschränken.

4.3.4 Weitere Beispiele

Beispiel 3: Plakat zur Visualisierung von Grammatik

Fach:	Deutsch, Fremdsprachen
Einbettung:	Bei der Erarbeitung der Satzglieder
Erarbeitung:	Die (vom Lehrer oder von Schülern gestalteten) Einzelplakate werden parallel zur Behandlung der Satzglieder im Unterricht nach und nach in Form eines Zuges im Klassensaal aufgehängt: Das Subjekt ist in Latein z.B. oft ganz vorn und bildet deshalb die Lokomotive, das Prädikat ist als Triebwagen ganz hinten. Der Zug ist beliebig erweiter- und umstellbar.[25]

---

24 Zur Anfertigung eines Lernplakats vgl. Mattes, 123; Klippert, 168; Paradies /
   Linser, 129.
25 Idee frei nach Klimek-Winter.

Beispiel 4: Plakat zur Visualisierung von Sachinformationen

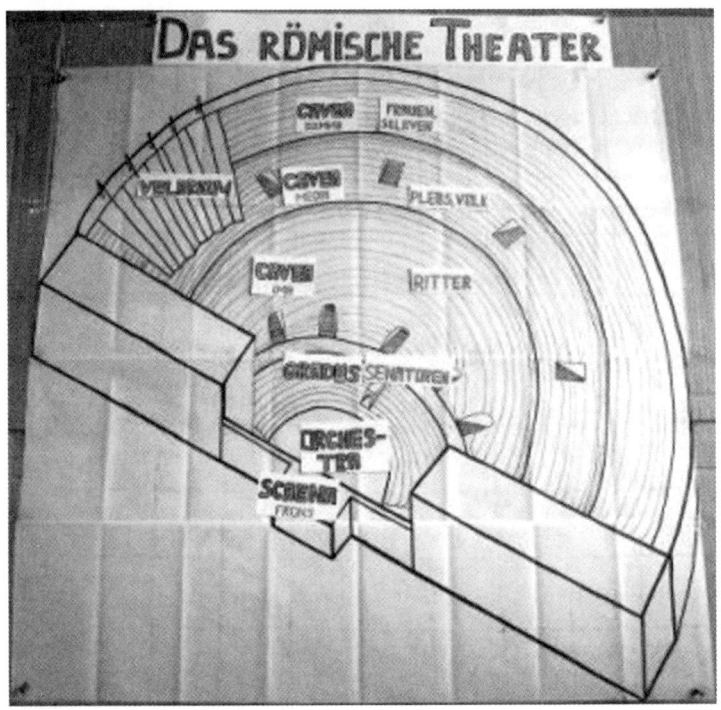

Fach:	Beliebig
Einbettung:	Hier im Rahmen einer Unterrichtsreihe zu Plautus, Mostellaria (GK Latein, 11. Klasse)
Erarbeitung:	Visualisierung zu einem Schülerreferat[26] über den Aufbau eines römischen Theaters. Die bunten Beschriftungen wurden im Verlauf des Referates sukzessive eingefügt.

26 Das Plakat stammt von Martin Krause, Tony Poesch und Alexander Stripling, Gymnasium an der Burgstraße Kaiserslautern, GK Latein 11. Klasse 1998/99.

Beispiel 5: Plakat zum Ideensammeln als Einstieg ins Thema

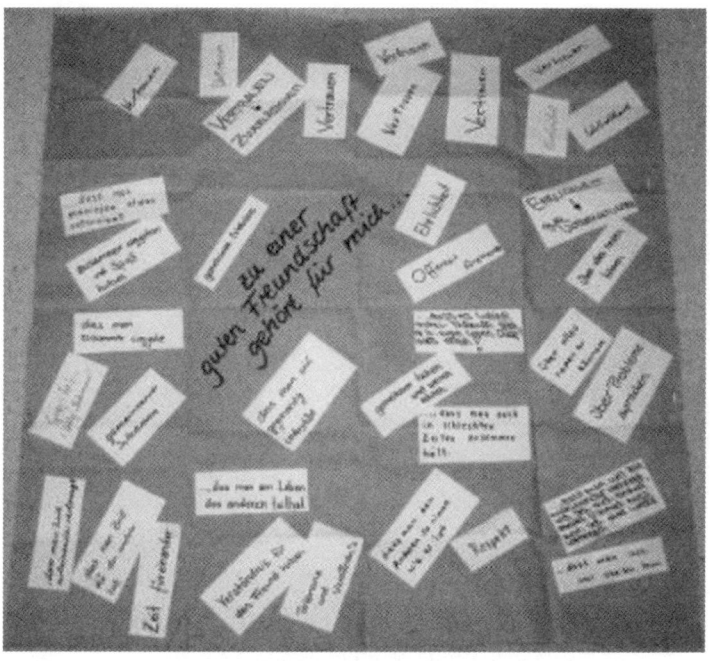

Fach:	Beliebig
Einbettung:	Hier als Einstieg zu Catull, c. 50 (Latein, 11. Klasse)
Erarbeitung:	Auf die Frage »Zu einer guten Freundschaft gehört für mich ...« schreiben die Schüler zunächst in Einzelarbeit ihre Ideen und Gedanken auf kleine Karten. Beim Zusammentragen der Schülerbeiträge werden die Karten auf ein Plakat geklebt.

Beispiel 6: Plakat zur kreativen Vertiefung eines Textes

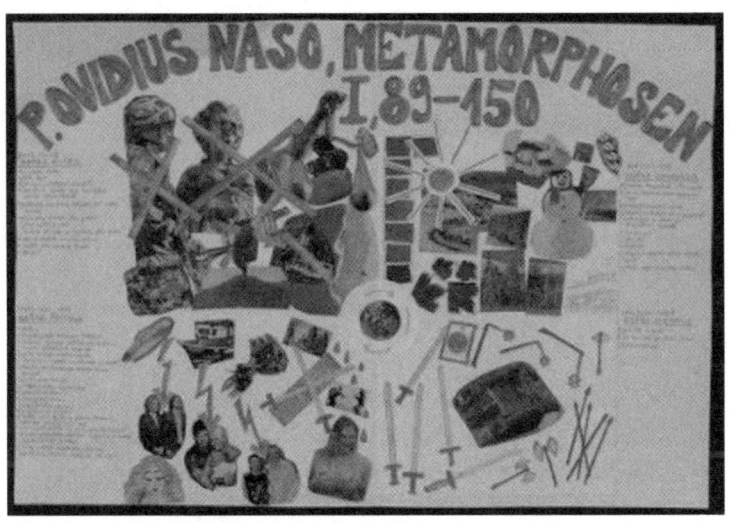

Fach:	Sprachen
Einbettung:	Hier in Latein zu Ovid, met. I,89-150: »Die vier Weltalter« (Jahrgang 12[27])
Erarbeitung:	Nach der Übersetzung und Interpretation des Textes erstellen die Schüler als Hausaufgabe eine Collage zum Text. Bei dem abgebildeten Beispiel sind die Weltalter in vier Bildfeldern dargestellt, die sich um die Weltkugel im Mittelpunkt gruppieren: goldenes Zeitalter (links oben), silbernes Zeitalter rechts oben), bronzenes Zeitalter (rechts unten), eisernes Zeitalter (links unten). Am Bildrand stehen jeweils lateinische Textzitate.

---

27   Das Beispiel stammt von Nadine Eyrich, Gymnasium Ramstein-Miesenbach, LK Latein, Abitur 2007.

4.4 Tonträger

4.4.1 Definition und Ziele

Als Tonträger gelten alle Medien, die es ermöglichen, akustische Signale dauerhaft zu konservieren und diese konservierten Signale beliebig oft und an verschiedenen Orten mit geringem technischem Aufwand wiederzugeben. Passive Tonträger sind Schallplatten und tontragende CDs, weil die gespeicherten Töne (Sprache oder Musik) und der gesamte Tonträger nicht verän derbar sind. Kassetten und alle Formen digitaler Speichermedien kann man als aktive Tonträger bezeichnen, weil sie akustische Schülerleistungen aufzeichnen können.

Im Unterricht der modernen Fremdsprachen spielen Tonträger eine zentrale Rolle: Sie ermöglichen es, die Schüler vom ersten Lernjahr an mit Texten zu konfrontieren, die von Muttersprachlern gesprochen sind. So können sich die Schüler in den Klang der Fremdsprache einhören und sie imitieren.

Mit Hilfe der aktiven Tonträger lassen sich außerdem von Schülern selbst gesprochene Texte aufzeichnen. Wird dabei ein fremdsprachlicher Text einfach vorgelesen, dient dies vor allem der Übung und Kontrolle der Aussprache. Schreiben die Schüler die aufzunehmenden Texte selbst (z.B. Interviews, Dialoge oder Hörspiele), so findet zusätzlich eine aktive Auseinandersetzung mit den Strukturen der Fremdsprache und dem behandelten Thema statt.

Im Unterricht der klassischen Sprachen spielen Tonträger eher eine Nebenrolle. Diese Medien eröffnen aber auch hier die Chance, den bisher selten genutzten »auditiven Lernkanal« für den Lernerfolg einzusetzen und dabei schülerbezogen und produktorientiert zu unterrichten. Aus diesem Grund soll im Folgenden vor allem der – eher »unbekannte« – Einsatz von Tonträgern am Beispiel des Lateinunterrichts vorgestellt werden. Viele Ideen können aber auch Anregungen liefern für den Unterricht der modernen Fremdsprachen, Deutsch oder anderer Fächer.

4.4.2 Mögliche Einsatzorte und Inhalte

An folgenden Stellen des Lateinunterrichts können Tonträger z.b. vorkommen:
– Anhören oder Aufnehmen gesprochener oder musikalischer Umsetzungen eines Textes,
– Arbeitsanweisungen, Hörbeispiele oder Nachsprechübungen an einzelnen Stationen von Lernzirkeln bzw. Freiarbeit oder für individuelles Training zu Hause,
– Herstellen einer Kassette / CD als Produkt eines Projektes,
– Audio-Führungen im Museum.

4.4.3 Charakteristika

In allen Lehrerzimmern dürften heute Radio-Kassetten-CD-Player vorhanden sein, die ohne großen Aufwand in den Unterricht mitgenommen werden können. Die technische Entwicklung der letzten Jahre hat eine Reihe aktiver, dynamischer Tonträger hervorgebracht: An jedem PC und Laptop können Mikrofone und Lautsprecher angeschlossen werden, wenn beides nicht bereits eingebaut ist. Bessere USB-Sticks, MP3-Player und sogar Mobiltelefone erlauben mehrstündige Tonaufnahmen, die am PC weiterverarbeitet werden können. Es ist hilfreich, wenn ein MP3-Player mit Aufnahmefunktion zur Grundausstattung des Latein-lehrers gehört.

Ton-träger	Charak-teristika	Vorteile	Nachteile
Schall-platte	Passiver Tonträger	An älteren Schulen noch oft vorhanden, Informationen im Cover	Stellengenaues Abhören schwie-rig, an jüngeren Schulen kaum Plattenspieler vorhanden, keine Aufnahmemög-lichkeit

Kassette	Passiver und aktiver Tonträger	Preiswert, Kassetenrekorder weit verbreitet, Aufnahmemöglichkeit	Kassettenrekorder nötig, stellengenaues Abhören schwierig
CD	Digitales Speichermedium	Preiswert, leicht zu transportieren	CD-Player, PC oder Laptop nötig
USB-Stick	Digitales Speichermedium	Handlich, preiswert, leichte Handhabung, Aufnahmemöglichkeit	Lautsprecher, PC oder Laptop nötig
MP3-Player	Digitales Speichermedium	Handlich, Aufnahmemöglichkeit	Lautsprecher, PC oder Laptop nötig
Laptop	Tragbarer Computer	Motiviert die Schüler, stellengenaues Abhören leicht, Aufnahmemöglichkeit	Teuer, schwer, nicht von allen Schülern zu bedienen.

4.4.4 Einsatz im Unterricht und Beispiele

Der Vielfalt tontragender Medien entsprechen multifunktionale Einsatzmöglichkeiten im Lateinunterricht. Tonträger lassen sich für verschiedene Unterrichtsziele einsetzen, die sich in drei Bereiche gliedern lassen: (1) Rezeption, (2) Imitation und (3) Produktion

(1) Rezeption: Vertonungen zu lateinischen Texten
Traditionell werden Tonträger eingesetzt, um Schülern vor oder nach der Lektüre die Vertonungen lateinischer Texte zugänglich zu machen.[28] Bekannt sind z.B. die Vertonungen der Catulli Carmina oder der Carmina Burana durch Carl Orff; davon gibt es zahlreiche Aufnahmen.

---

28   Kap. 3.7; dort auch weitere Beispiele.

Beispiel 1:	Catull c. 85: *Odi et amo*
Fach:	Latein; Sek. II
Tonträger :	CD: Carl Orff, Catulli Carmina
Ablauf / Arbeitsauf-trag:	Vertiefende Interpretation nach der Erarbeitung des Textes: – Akustische Präsentation mit den Leitfragen: Welche musikalischen Mittel setzt Orff zur Interpretation des Textes ein? Wie drückt Orff die Situation und die Gefühle des Dichters musikalisch aus? – Schüler suchen beim Hören nach Antworten. Die Tondatei mit einer Länge von 90 Sekunden kann mehrfach abgespielt werden. – Auswertung der Ergebnisse – Abschließendes Anhören
Dauer:	Eine Unterrichtsstunde

Gesprochene lateinische Texte

Manche Verlage bieten zu eingeführten Lehrwerken Hör-CDs an. Zu den Lehrbüchern *Lumina* und *Litora* z.b. gibt es Audio-CDs, auf denen viele Lektionstexte zu hören sind.[29] Professionelle Schauspieler sprechen nach dem *pronuntiatus restitutus*. So kann z.b. der Lektionstext entsprechend der Methode der ganzheitlichen Texterschließung zunächst von den Schülern nur gehört werden. Beim Hören sollen sie Namen, zentrale, sich wiederholende Begriffe o.Ä. notieren oder neue Vokabeln oder Formen feststellen. Die akustische Präsentation der neuen Lektion liefert so zahlreiche Anknüpfungspunkte, um ein Vorverständnis bei den Schülern zu schaffen, das durch ein langsam wachsendes Tafelbild gesichert wird. Die Übersetzung des Lektionstextes fällt Schülern dann deutlich leichter.

---

29 Blank-Sangmeister u.a.: Lumina audio; Blank-Sangmeister u.a.: Litora audio.

Beispiel 2:	Lumina, Lekt. 6: In der Großstadt Rom
Fach:	Latein, Sek. I
Tonträger:	CD: Lumina audio
Ablauf / Arbeitsauftrag:	Vorerschließung des Textes vor der Übersetzung: – Akustische Präsentation mit den Arbeitsaufträgen: 1) Schreibe die Eigennamen auf. 2) Notiere unbekannte Vokabeln. 3) Finde eine passende Überschrift. – Auswertung
Dauer:	Ca. 15 Minuten

Eine ganzheitliche Texterschließung im auditiven Verfahren muss nicht eine Übersetzung als Ziel haben. Auch rein inhaltsorientierte Aufgaben bei der akustischen Präsentation des Textes sind möglich und sinnvoll.[30]

Arbeitsaufträge
Bei Freiarbeit und Lernzirkeln können zu bearbeitende Texte oder Arbeitsaufträge auf Tonträger gesprochen sein. Die Schüler hören den Tonträger am besten mit einem Kopfhörer ab, um niemanden zu stören.

Beispiel 3:	Lernzirkel zur Arbeit mit dem lateinischen Wörterbuch,[31] Station A,3 *Möglichst schnell ans Ziel?!* (Training zum Aufschlagen des Wörterbuches)
Fach:	Latein; bei Lernzirkeln aller Fächer möglich
Tonträger:	Vom Lehrer besprochene Kassette mit Arbeitsanweisungen zum Aufschlagen des Wörterbuches
Schriftlicher Arbeitsauftrag	– Nimm einen Kassettenrekorder / Walkman und setze den Kopfhörer auf. – Drücke die Starttaste und führe die Arbeitsanweisungen aus.

---

30 Beispiel bei Hofmann / Mayer / Schirok, 78-79; vgl. auch die Aufgaben unter www.bundeswettbewerb-fremdsprachen.de.
31 Frölich.

an der *Station:*	– Sobald das Wort »Ende« ertönt, spule die Kassette wieder an ihren Anfang zurück. Danke. – Wenn die Arbeitsanweisungen für dich trotz der Pausen zu schnell aufeinanderfolgen oder du vielleicht eine Verschnaufpause einlegen möchtest, drücke die Pause-Taste. – Du kannst die Kassette auch beliebig oft ganz oder nur für eine Arbeitsanweisung zurückspulen und erneut die Starttaste drücken.
Dauer:	ca. 10 Minuten

(2) Imitation: Texte laut nachlesen

Wenn der Lehrer mit einer Audio-CD die lateinischen Texte in korrekter Aussprache präsentiert, werden die Schüler in zunehmendem Maße ebenfalls korrekt die lateinische Sprache zu sprechen lernen. Daher sollte der Lehrer auf keinen Fall darauf verzichten, nach wiederholtem Hörgenuss die Schüler den Lektionstext selbst laut vorlesen zu lassen.

Bei laufendem Ton und aufgeschlagenem Buch können Schüler einzeln oder chorisch laut mitlesen, um die eigene Aussprache zu schulen und das sinnhafte Lesen zu verbessern. Gerade auch bei der Lektüre von Dichtung können die Schüler durch Imitation des auf dem Tonträger Gesprochenen das Versmaß besser verinnerlichen und wiedergeben.

Zu Übungszwecken können sich die Schüler selbst eine besprochene CD anschaffen oder der Lehrer kann eine Audio-Datei der gerade zu bearbeitenden Lektion herstellen und diese als E-Mail an die Schüler schicken, damit sie zu Hause Aufgaben erledigen und üben können.[32]

---

32   Wenn alle Schüler zu Hause einen Internetzugang haben, kann ihnen die Hausaufgabe gestellt werden, einen lateinischen Text laut in ihr Mikrofon am PC oder MP3-Player zu sprechen. Eine so erstellte wav-Datei kann über das Internet an den Lateinlehrer geschickt werden, der auf diese Weise nicht nur den tatsächlichen Vollzug der mündlichen Hausaufgabe überprüfen kann, sondern eine authentische und bewertbare Schülerleistung vorliegen hat. Diese Vorgehensweise erhöht auch die Wertigkeit »mündlicher Hausaufgaben« deutlich.

Beispiel 4:	Lumina, Lekt. 10, Text 1: *Gladiatorenkämpfe*
Fach:	Latein, Sek. I
Tonträger:	CD: *Lumina audio*
Ablauf / Arbeitsauftrag:	Untersuchung der akustischen Wirkung literarischer Stilmittel (Alliteration, Asyndeton, Klimax, Chiasmus): – Akustische Präsentation des Textes mit dem Arbeitsauftrag: Achte auf akustische Auffälligkeiten. – Besprechung der Schülerbeobachtungen; der Lehrer nennt Fachbegriffe für die Stilmittel. – Erneutes Anhören und Nachlesen bzw. Nachahmen durch die Schüler (einzeln oder im Chor)
Dauer:	ca. 10 Minuten

Beispiel 5:	Versmaß zu Verg. Aen. I,1-11
Fach:	Latein, Sek. II
Tonträger:	Vom Lehrer besprochene Kassette mit dem im Versmaß gelesenen lateinischen Text
Ablauf / Arbeitsauftrag:	Üben des Lesens im Hexameter (das Versmaß ist bereits bekannt): – Mehrfache akustische Präsentation des Textes mit dem Arbeitsauftrag: Markieren Sie beim Hören in ihrem Text »betonte« und »unbetonte« Silben sowie Längen und Kürzen. – Korrektur der Ergebnisse, indem das Versmaß auf einer Folie eingetragen wird. – Erneutes Anhören (versweise oder in Abschnitten) und Nachlesen durch einzelne Schüler oder durch die ganze Lerngruppe im Chor.
Dauer:	Maximal eine Unterrichtsstunde

Formenreihen nachsprechen und üben

V.a. in offenen Unterrichtsformen wie Lernzirkel und Freiarbeit können einzelne Schüler Tonträger auch dazu nutzen, Formenreihen oder Vokabeln anzuhören, nachzusprechen und sie sich auf diese Weise einzuprägen.

Beispiel 6:	**Lernzirkel zu den lateinischen Konjugationen,**[33] **Station 4, Üa: Kassette (Training der Formen von *esse, posse* und *ire*)**
Fach:	Latein; bei Lernzirkeln aller Sprachen möglich
Tonträger:	Vom Lehrer besprochene Kassette mit Formenreihen der Verben *esse, posse* und *ire* (Text liegt dem Lernzirkel bei)
Arbeitsauftrag an der Station:	– Auf der Kassette sind Formen von *esse* (sein), *posse* (können) und *ire* (gehen) im Indikativ Präsens, Imperfekt und Perfekt zu hören. – Höre dir über Kopfhörer jeweils eine Formenreihe an. Drücke dann die Pause-Taste und sprich die Formen selbst nach. – Zur Kontrolle ist auf der Kassette dieselbe Formenreihe ein zweites Mal zu hören. – Bitte spul nach der Übung die Kassette zurück.
Dauer:	ca. 15 Minuten

(3) Produktion: Aufnehmen von Vokabeln oder Formenreihen
Die Schüler können die Tonträger für das Nachsprechen und
Üben von Vokabeln oder Formenreihen auch selbst vorbereiten.
Dazu sprechen sie in Gruppen in der Schule oder allein zu Hause
die zu lernenden Vokabeln oder Formen in das Mikrofon z.B.
eines MP3-Players oder Laptops. Sie können die Datei dann
beliebig oft anhören, auch im Bus, Auto oder Zug.

Akustische Gestaltung eines Textes
Schüler können Texte akustisch gestalten, zunächst nur durch
betont sinnhaftes Lesen, dann aber auch durch hörspielartige
Gestaltung des Ambientes.[34] Diese Methode eignet sich bereits in
der Lehrbuchphase zur Sicherung des Lektionsinhaltes; auch in
der Lektürephase lassen sich derartige Hörbilder, die den Text
akustisch gestalten, gut erarbeiten. Insbesondere Stilmittel können auf diese Weise eindrucksvoll akustisch umgesetzt werden.
    Die akustische Gestaltung eines Textes kann auch ein Produkt
in projektartigen Unterrichtsformen sein.

33   Drumm.
34   Kap. 3.6.3; Kap. 3.7.3 und 3.7.4 (dort auch weitere Beispiele).

Beispiel 7:	**Ianua Nova Neubearbeitung, Band 1, Lekt. 12E:»In schola tabula mundi spectatur, Marcus de magna pugna narrat.«**
Fach:	Latein; bei Texten aller Sprachen möglich
Tonträger:	Z.B. fünf Laptops mit Mikro
Ablauf / Arbeitsauftrag:	Der Text wird zum Hörspiel: Akustische Interpretation nach der Übersetzung. 1. Unterrichtsstunde: – Gruppen von je fünf Schülern werden gebildet. In jeder Gruppe sind Rollen zu verteilen: Sprecher, Magister, Marcus, Lucius, Cornelia. – Arbeitsaufträge für die Gruppenarbeit: 1) Wie sollen die einzelnen Rollen gesprochen werden? 2) Was soll betont werden? 3) Hintergrundgeräusche? – Die Schüler erarbeiten schriftliche Regieanweisungen. – Die Schüler proben und nehmen auf (ggf. mehrere Versuche). 2. Unterrichtsstunde: – Die Schüler spielen im Plenum ihre Aufnahme vor und werten sie gemeinsam aus. Leitfragen: 1) Entspricht die Verwirklichung den Regieanweisungen? 2) Gibt es Verbesserungsvorschläge? – Die Schüler wiederholen ggf. die Aufnahme (in ihren Gruppen). – Erneute Präsentationen – Interpretation des Textes und Evaluation der Methode. Mögliche Leitfragen: 1) Charakterisiere Marcus, die anderen Schüler und den Lehrer. Ist das Verhalten der Personen typisch für eine Schulsituation? 2) Hat sich der technische Aufwand und das Vorhaben »Lektion wird zum Hörspiel« gelohnt?
Dauer:	zwei Unterrichtsstunden

4.5 Computer

4.5.1 Definition und Ziele

Der Computer ist eine Maschine und zugleich ein Medium bzw. eine Ansammlung von Medien; man spricht hier auch von einem »Verbundmedium«. Das bedeutet: Texte, Bilder und Töne (z.B. Musik), bei entsprechender technischer Ausstattung sogar Filme, lassen sich miteinander kombinieren. Diese »Medienschnipsel« können auch aus dem Internet oder digitalen Lexika bezogen werden, was komplexen Projekten inhaltlich sehr zugute kommen kann.

Der Einsatz des Computers im Unterricht verfolgt immer zwei Ziele zugleich: die Medienkompetenz der Schüler zu fördern und durch die Lernarbeit an den neuen Medien das jeweils fachbezogene Wissen zu erweitern und zu vertiefen. Medienkompetenz sollte dabei so verstanden werden, dass die Schüler nicht nur den Umgang mit bestimmten Programmen lernen, sondern v.a. auch die kognitiven Strukturen entwickeln,[35] die sie befähigen, sich in der Welt der Medien aktiv und kritisch zu bewegen und gerade die neuen Medien für die Ziele des Unterrichts einzusetzen.[36]

4.5.2 Mögliche Einsatzorte und Inhalte

Grundsätzlich können viele Aufgaben des Unterrichts auch am Computer erledigt werden. Der Computer kann dabei eingesetzt werden als
– Arbeitsmedium (Vokabel- und Grammatikübungen; Verfassen und Bearbeiten von Texten; Übersetzen; Betrachten und Bearbeiten von Bildern; Spiele, z.B. aus Lernprogrammen ...) in allen geschlossenen wie offenen methodischen Großformen;

---

35 Vollbrecht, 53-98.
36 Zum Thema Medienkompetenz und Lateinunterricht vgl. Bechthold-Hengelhaupt (2002), Finkenauer.

– Medium zur Informationsbeschaffung (aus dem Internet oder aus digitalen Lexika) im Rahmen des herkömmlichen Lehrbuch- und Lektüreunterrichts, aber auch bei Aufgaben in Lernzirkeln, Freiarbeit und Wochenplan, in projektartigen Unterrichtsformen und zur Vorbereitung von Museumsbesuchen und Schulfahrten;
– Medium zur Kommunikation zwischen Schülern (und Lehrer) per E-Mail und zum Speichern von Informationen, v.a. in projektartigen Unterrichtsformen;
– Präsentationsmedium begleitend zu einem Lehrervortrag, einem Referat oder der Darstellung von Ergebnissen jeder methodischen Großform.

4.5.3 Charakteristika

Der Computer an sich hat keinen pädagogischen Eigenwert. Das muss bei medienpädagogischen Erörterungen immer vorab klargestellt werden, damit der Eindruck blinder Technikbegeisterung vermieden wird. Der Wert eines Unterrichts am Computer liegt aber sehr wohl darin, dass die Schülerinnen und Schüler an den vernünftigen Umgang mit einem kulturprägenden Medium herangeführt werden. Aus der fundamentalen Kritik an jeglichem Einsatz des Computers in der Schule, die die medienpädagogische Debatte begleitet, seit der erste Computer in einem Klassenzimmer aufgestellt wurde, sollte man jedoch zumindest die Mahnung mitnehmen, dass der Lehrer die Schüler nie planlos den neuen Medien überlassen, sondern die Auswahl der einzelnen Programme oder Angebote jeweils überprüfen und bewerten sollte.[37]

Der Einsatz des Computers im Unterricht muss daher grundsätzlich didaktischen Entscheidungen unterliegen. Allerdings ist der Computer ein »mächtiges«, die Aufmerksamkeit der Schüler fesselndes Medium, sodass sein Einsatz starke Auswirkungen auf die didaktische Anlage des Unterrichts hat. Die Wechselwir-

---

37 Eine Debatte über diese Kritik an den digitalen Medien ist unter www. mediaculture-online.de nachvollziehbar (entweder http://www. mediacultureonline.de/Vorsicht_Bildschirm.866.0.html oder unter der Hauptadresse nach dem »Specials« suchen).

kung zwischen Inhalten, Zielen und eingesetzten Medien ist hier
also besonders groß.

Formen der Arbeit am Computer
Wer plant, den Computer in den Unterricht einzubinden, sollte
sich zuvor genau über die technischen Voraussetzungen, aber
auch über die zeitliche Verfügbarkeit der Räume und Geräte
informieren. Je nach den technischen Voraussetzungen an der
Schule sind folgende Arbeitsweisen mit dem Computer möglich:

– Computerraum (mit Netzwerk): Arbeitet die Klasse im Computerraum, so können alle Schüler je nach Klassengröße einzeln oder in kleinen Gruppen an verschiedenen Computern
  arbeiten. Computerräume sind in der Regel mit einem Netzwerk versehen, sodass jeder Benutzer auf bestimmte gemeinsam genutzte Verzeichnisse zugreifen kann; dann ist es z.b.
  möglich, die Zwischenergebnisse einer Projektgruppen-Arbeit
  in einem Verzeichnis zu speichern, auf das die Schüler und
  der Lehrer Zugriff haben. Der Lehrer sollte sich genau informieren, ob dieses Verzeichnis auch für andere Schüler zugänglich ist oder ob es geschützt ist. In jedem Fall ist es ratsam, die Daten so oft wie möglich zu sichern, um den Verlust
  der Resultate vieler Unterrichtsstunden zu vermeiden.
– Laptop-Klassen: Ein eher seltener Fall sind die sog. Laptop-
  Klassen, bei denen jeder Schüler einen eigenen Laptop besitzt.
  Auch in diesem Fall ist es hilfreich, wenn die Geräte untereinander vernetzt sind oder in ein Netzwerk eingeschaltet werden
  können, sei es auf der Basis einer Funkverbindung oder ka-
  belgestützt.
– Einzelne Computer im Klassenraum: Es können auch einzelne
  Computer oder Laptops im Klassenraum aufgestellt werden.[38]
  Diese Computer können dann je nach Bedarf von einzelnen
  Schülern herangezogen werden, während der Unterricht im
  Computerraum es eher nahe legt, alle Schüler parallel über die
  ganze Schulstunde oder Doppelstunde hinweg an den Compu-
  tern arbeiten zu lassen. Einzelne Computer im Klassenraum

---

38 Auch hier sollte man sich informieren, ob die Computer (z.B. über WLAN) an
    ein Netzwerk angeschlossen werden können.

können besonders gut als Station in einem Lernzirkel, in der Freiarbeit oder in der Wochenplan-Arbeit eingeplant werden.

Lehrer- und Schülerrolle
Die einzige rein lehrerzentrierte Verwendung des Computers besteht darin, dass der Lehrer eine von ihm selbst erstellte oder von einem Lernprogramm übernommene Präsentation vorführt und dazu einen Lehrervortrag hält oder ein Unterrichtsgespräch entwickelt.

So gut wie alle anderen Formen des Computereinsatzes schränken die unmittelbare Kontrolle des Lehrers über die Lernwege der Schüler ein oder, positiv ausgedrückt, sie erhöhen die Selbstständigkeit der Schüler, indem sie z.b. beinahe zwangsläufig zu verschiedenen Formen der Gruppen- oder Projektarbeit führen.

Das liegt auch daran, dass an einem einmal erstellten Dokument nicht nur der ursprüngliche Autor selbst, sondern auch andere – im schulischen Kontext also Mitschüler – weiterarbeiten können. Es können auch, v.a. bei stationären Geräten, mehrere Schüler, die sich z.b. bei Fragen der Programmbedienung gegenseitig unterstützen, an einem Gerät arbeiten; bei Laptops liegt dieser Weg nicht so nahe. Machen die Schüler im Laufe einer Projektarbeit Lernfortschritte, so können sie ihre Texte auf digitalem Weg immer weiter verbessern und vervollkommnen, ohne dass man die Korrekturen und Nahtstellen sieht.

4.5.4 Einsatz im Unterricht und Beispiele

Vokabel- und Grammatikübungen
V.a. dort, wo einzelne Computer zum Einsatz kommen können, wie etwa bei der Freiarbeit oder in einem Lernzirkel, bietet es sich an, kurze Übungen bereitzustellen, die die Schüler in einer überschaubaren Zeit (etwa 10-15 Minuten) lösen. Die Aufgaben müssen hier so beschaffen sein, dass die Schüler sie beim Bearbeiten nicht verändern, damit die nächste Gruppe bzw. der nächste Schüler wieder von Neuem an die Arbeit gehen kann. Es ist ferner sinnvoll, dass die Aufgaben auf einen Blick zu verste-

hen sind. Das verwendete Programm muss so flexibel sein, dass
Aufgaben unterschiedlicher Art entwickelt werden können.

Das Programm der Wahl ist *Hot Potatoes*, das kostenlos über
das Internet bezogen werden kann.[39] Mit *Hot Potatoes* kann man
Kreuzworträtsel, Lückentextübungen, aber auch Zuordnungs-
übungen herstellen. Das fertige Produkt, mit dem die Schüler am
Computer arbeiten und das sie nicht mehr verändern können, ist
eine Internetseite in HTML, der Standardsprache des Internets.
Um sich in die Herstellung dieser Seiten einzuarbeiten, sollte
man einige Stunden einplanen; hat man die Arbeitsschritte einmal durchgespielt, geht die Arbeit schnell von der Hand. Die
Arbeit mit *Hot Potatoes* funktioniert so, dass der Lehrer die
Aufgaben und ihre Lösungen in die vorgegebenen Formularfel-
der des Programms eingibt und die Formulierungen für die Arbeitsaufträge entsprechend umformuliert. Wichtig ist dabei, dass
man die richtige Sprachausgabedatei lädt,[40] damit die Befehle in
der Schülerdatei auf Deutsch erscheinen.

Eine Zuordnungsübung kann so aussehen:

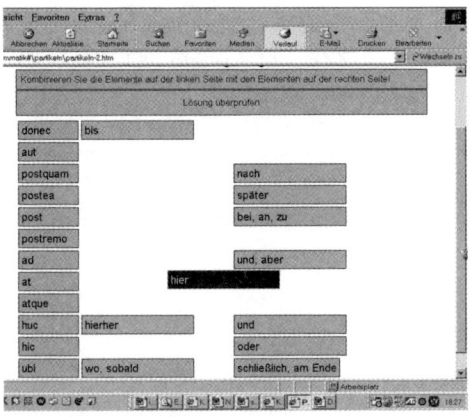

---

39   Linkliste www.hengelhaupt.de/latein. Ein umfangreiches und nützliches Tutorial
     gibt es unter www.lehrer-online.de/dyn/283131.htm, ein weiteres Tutorial unter
     www.hotpotatoes.de. Material zur Verwendung von Hot Potatoes im Lateinun-
     terricht unter http://www.hengelhaupt.de/hotpot/index.htm. Die dort angebote-
     nen Übungen können gespeichert und für den Unterricht verwendet werden.
40   Unter Einstellungen – Ausgabe konfigurieren – Laden; Dateiendung: .cfg. Diese
     Dateien werden im Hot Potatoes-Programmpaket mitgeliefert.

Die deutschen Wörter der rechten Spalte sind mit der Maus (per Drag & Drop) zu ihren lateinischen Pendants in der linken Spalte zu verschieben.[41] Sie bleiben neben den lateinischen Wörtern stehen, bis der Schüler den Knopf »Lösung überprüfen« drückt, dann rücken die falschen Lösungen wieder nach rechts. Der Schüler erhält so eine Rückmeldung, wie viel Prozent der Wörter er richtig erkannt hat, und er kann nun noch einmal versuchen die falschen Wörter zuzuordnen. Klickt man auf den Aktualisieren-Button des Browsers, kann die nächste Gruppe (oder auch derselbe Schüler) die Übung von Neuem beginnen. Für versierte Computer-Nutzer ist es möglich, die Lösung im Quellcode zu entdecken; es sollte also mit den Schülern ein gewisser Konsens darüber bestehen, dass sie sich nicht selbst um ihre Lernchancen betrügen.

Übersetzen

Das Übersetzen bildet das Kernstück v.a. des Lateinunterrichts – auch dann, wenn der Unterricht im Computerraum stattfindet. Für das Übersetzen am Computer gibt es bewährte und erprobte Verfahren.[42]

Am besten hat es sich bewährt, den Text mit einem Textverarbeitungsprogramm in der Drei-Spalten-Methode darzubieten. Dies soll hier an einem Beispiel demonstriert werden (die rechte Spalte wird von den Schülern ausgefüllt).

Ein Beispiel: Cic. fam. XIV,3,5, geschrieben an seine Frau Terentia im Nov. 58 aus dem Exil in Dyrrhachium:

---

41 Für andere Fächer können selbstverständlich ähnliche Übungen erstellt werden.
42 Zum computergestützten Übersetzen im Lateinunterricht vgl. Bechthold-Hengelhaupt (1997); Bechthold-Hengelhaupt (2001), 97-114.

Lat. Text	Anmerkungen oder Bearbeitungsfragen	Übersetzung oder Paraphrase auf Deutsch
Quod ad me, mea Terentia, scribis **te vicum vendituram**, quid, obsecro te, me miserum! quid futurum est? et si nos premet eadem fortuna, quid puero misero fiet?	vicus: Landgut obsecrare: beschwören puer: Ciceros Sohn	Dass du nun schreibst, du wollest dein Landgut verkaufen, ich beschwöre dich – oh ich Armer! Was soll geschehen? Und wenn uns dasselbe Schicksal bedrängen wird, was wird aus dem armen Jungen werden?
Non queo reliqua scribere; tanta vis lacrimarum est; neque te in eundem fletum adducam; tantum scribo: si erunt in officio amici, pecunia non deerit; si non erunt, tu efficere tua pecunia non poteris.	queo: ich kann in officio esse: seine Pflicht tun fletus: Subst. zu flere tu efficere ...: Prüfe genau, welcher Kasus *tua pecunia* sein muss, und schaue dabei darauf, welches Wort in diesem Nebensatz Subjekt ist.	Ich kann nicht weiterschreiben, so groß ist die Macht der Tränen, und ich will dich nicht auch zum Weinen bringen. Ich schreibe nur so viel: Wenn die Freunde ihre Pflicht tun werden, wird es uns an Geld nicht fehlen, wenn nicht, kannst du mit deinem Geld auch nichts mehr ausrichten.

Die einzelne Unterrichtsstunde läuft so ab, dass der Lehrer die vorbereitete Datei mit dem Text und den weiteren Angaben (linke und mittlere Spalte) im Netzwerk speichert und die Schüler sie von dort abrufen und sie zu zweit oder dritt an den Schülerrechnern bearbeiten.

Die Möglichkeiten des Computers können dann am besten genutzt werden, wenn der Tabelle mit dem Text Hinweise vorangestellt werden, wie der lateinische Text vor der eigentlichen Übersetzung grafisch aufbereitet werden soll: So können die Schüler Prädikate unterstreichen, Nebensätze einrücken (vgl. den zweiten Absatz des Beispiels)[43] oder bestimmte grammatikalische Erscheinungen durch Fettdruck hervorheben (vgl. den ersten Satz des Beispiels). Wenn diese Vorarbeit geleistet ist, werden die Ergebnisse verglichen, z.B. indem eine Lösung per Beamer auf eine Wand projiziert wird.

In einem zweiten Arbeitsschritt übersetzen die Schüler den Text und tragen ihre Übersetzung in die rechte Spalte ein. Anschließend werden die Ergebnisse wieder verglichen und die Schüler nehmen den korrigierten Text als Ausdruck oder auf Diskette, Memory-Stick oder MP3-Player gespeichert mit nach Hause; sie können ihn auch an ihre private E-Mail-Adresse schicken. Während der Übersetzungsarbeit sollten die Schüler ein digitales oder ein Online-Wörterbuch benutzen.[44]

Für die Wahl des Textverarbeitungsprogramms, mit dem die Übersetzung erstellt wird, gilt grundsätzlich, dass inzwischen die OpenSource-Freeware *OpenOffice* als gleichwertige, aber kostenlose Alternative neben das Office-Paket des Marktbeherrschers Microsoft getreten ist; alle hier beschriebenen Verfahren funktionieren in ähnlicher Weise auch dort.

43 Die kolometrische Gliederung des lateinischen Textes hat sich als Methode der syntaktischen Vorstrukturierung bewährt; Zanini, 32-35.
44 Angaben zu einem brauchbaren Wörterbuch vgl. www.hengelhaupt.de/latein; unter http://www.latein-woerterbuch.de/ wird ein digitales Wörterbuch auf CD-ROM vertrieben, das ebenfalls recht gute Dienste leistet; beide Wörterbücher können auch Formen erkennen.

Interpretation von Texten; Darstellung von Sachthemen
Bei der Interpretation[45] deutscher oder fremdsprachlicher Texte
können die Schüler mithilfe von Textverarbeitungsprogrammen
Text- und Bildkollagen vielfältigster Art erstellen. Dabei versehen die Schüler einen vorgegebenen Text mit Kommentaren
(in den modernen Fremdsprachen in der Zielsprache, im Latein-
oder Deutschunterricht auf Deutsch) oder stellen aus selbst gesuchten bzw. vorgegebenen Quellen ein Sachthema dar. Sobald
die Arbeit an einem solchen Interpretationsthema an Zeitumfang
und an Komplexität zunimmt, bietet der Computer den Vorteil,
dass bis zuletzt alle Teile der Arbeit geändert und aufeinander
abgestimmt werden können und immer in einer ansprechenden
und gut lesbaren Form vorliegen. Für die Unterrichtsarbeit mit
dem Computer in den modernen Fremdsprachen steht das ausge-
zeichnete Online-Lexikon http://dict.leo.org/ zur Verfügung und
sollte auch genutzt werden.

Recherche im Internet
Schülern fällt es immer wieder schwer, zwischen dem technischen Vorgang der Recherche und der kritischen Bewertung der
gefundenen Informationen zu unterscheiden. Die Recherche ist
einfach, aber allzu oft findet der Suchende, wenn er eine Suchmaschine verwendet, wertloses Material.[46] Wer sich über den

45   Die Interpretation stellt mittlerweile das zweite Standbein des Lateinunterrichts
     dar. Den Prozess, der zu diesem Befund führte, zeichnet Manfred Bauder in
     seinem Aufsatz Leistung, Kontrolle und altsprachlicher Unterricht im Wandel
     der Zeiten (in: Forum Classicum 2/2006, S. 122-134, hier v.a. 127f.) nach.
46   Ein Beispiel: Das Thema »Frauen in Rom« wird häufig im Lateinunterricht
     behandelt; es bietet sich dabei an, von Schülern Referate verfassen zu lassen.
     Wenn sie das Internet als primäre Informationsquelle verwenden, gelangen sie
     nicht nur zu brauchbaren, sondern auch zu unvollständigen und falschen In-
     formationen, und zwar dann, wenn sie in eine Suchmaschine z.B. den Aus-
     druck »Frauen in Rom« (inklusive Anführungszeichen) eingeben. Die Texte,
     die dort geboten werden – überwiegend Referate von Schülern, z.T. von vor
     1990 –, zielen darauf ab, dass die Frauen mehr oder weniger rechtlos waren
     und dass sie in der Ehe normalerweise unter der Vormundschaft ihrer Ehemän-
     ner standen. Der oben wiedergegebene Auszug aus Ciceros Brief zeigt aber,
     dass das nicht der Fall gewesen sein kann, denn schließlich verfügt Ciceros
     Frau Terentia ja frei über ihren Grundbesitz. Wer intensiv sucht, z.B. auch mit-
     hilfe des Suchbegriffs »manus-freie Ehe«, findet schließlich Sinnvolleres. – Zu
     einem ähnlichen Resultat (am Beispiel einer Recherche zum Thema »Die
     Gracchen«) kommt Thies.

Stand der Wissenschaft zu einem bestimmten Thema informieren will, wird um die entsprechende Fachliteratur selten herumkommen. Andererseits hätte es gar keinen Sinn, wenn der Lehrer die Schüler vor dem Internet allgemein warnen wollte. Fruchtbar ist es hingegen, am konkreten Beispiel und im Gespräch mit den Schülern herauszuarbeiten, welche Quellen nützlich sind und woran man das erkennt.

Checkliste zur Bewertung von Internetseiten

- Gibt der Verfasser sich mit vollem Namen zu erkennen? (Vorsicht, wenn »Elmar« oder »Helga« als Autoren firmieren – das mögen nette Leute sein, aber ein ernst zu nehmender Autor verbirgt seinen Nachnamen nicht!)
- Ist die Kompetenz des Autors zu erkennen, z.B. daran, dass er für eine bestimmte Institution, z.B. eine Universität, spricht?
- Genügt die Seite den Anforderungen des Teledienste-Gesetzes, verfügt sie also über ein vollständiges Impressum? (Ein ernst zu nehmender Autor steht auch in rechtlicher Hinsicht für die Korrektheit seiner Aussagen ein.)
- Werden zu allen wichtigen Tatsachenbehauptungen vollständige und nachvollziehbare Quellenangaben gemacht?
- Wird die Herkunft der Abbildungen, d.h. der eingebetteten Bilddateien, angegeben? Werden diese Bilder erläutert?

Sehr kritisch sollte man die verschiedenen Seiten mit Referaten und Hausarbeiten betrachten; die Schüler müssen hier viel Geld für überwiegend fragwürdige Referate bezahlen und der Lerneffekt ist sehr gering.

Die Linkliste www.hengelhaupt.de/latein stellt einen Versuch dar, die für den Lateinunterricht nützlichen Internetadressen vorzusortieren; Schüler sollten bei Recherchen neben Suchmaschinen immer auch diese Seite verwenden und die Suchergebnisse vergleichen.[47] Eine andere umfangreiche Linkliste ist unter http://www.sprachenstudio.net/l/latein/ zu finden.[48]

---

[47] Neben dem Thema »Frauen in Rom« eignen sich für diesen Vergleich die Themen »Etrusker« sowie Themen aus dem Bereich der Mythologie.
[48] Eine Plattform für den gesamten Sprachunterricht mit dem Computer ist http://www.sprachenstudio.net/.

Für die modernen Fremdsprachen sind die von Zeitungen oder anderen Medienanbietern erstellten Linklisten oft ein sinnvoller Einstieg. Über folgende Internetadressen kann man zum Ziel gelangen:

- Allgemein für alle Fächer: www.zum.de und www.lehrer-online.de sowie eine umfangreiche Linkliste aus Graz: http://elsa.asn-graz.ac.at/elsa/index.php?nr=c005.
- Englisch: Als Einstieg eignet sich die seit vielen Jahren bestehende Linkliste www.sester-online.de;[49] als einzelne Medien seien hier www.bbc.com und www.msnbc.com hervorgehoben, ersteres u.A. wegen der Lernangebote für nicht-englischsprachige Nutzer, letzteres v.a. wegen der vielen professionell gestalteten Videos in englischer Sprache.[50]
- Französisch: www.romanistik.de oder www.franzoesisch-bw.de, das Fachportal des Landesbildungsservers Baden-Württemberg; als einzelne Internetseiten verdienen diese URLs besondere Beachtung:
  www.culture.fr, www.liberation.fr, www.lemonde.fr und www. tv5.org, wobei letzteres wiederum Videos anbietet, und http://www.rfi.fr (Radio France Internationale).

Einen Sonderfall stellt das Online-Lexikon *Wikipedia* im Internet dar (http://de.wikipedia.org oder www.wikipedia.de). Dieses Lexikon wurde und wird von Freiwilligen geschrieben, und zwar so, dass im Prinzip jeder Internetnutzer an den Artikeln seiner Wahl mitschreiben kann. Dadurch, dass es einen Kreis von Fachleuten gibt, die die einzelnen Themenbereiche betreuen und die Veränderungen der Beiträge überwachen, soll die Qualität der Artikel gesichert werden. Mittlerweile ist die *Wikipedia* für den Unterricht zu einer wichtigen Informationsquelle geworden, da sie von vielen Schülern für Referate und Hausaufgaben verwendet wird. Löste die *Wikipedia* zunächst eine gewisse Begeisterung aus, weil – so das Argument – hier die Gemeinschaft der Internetnutzer selbst ihr Wissen zusammentrage und sich in einer Art direkter Wissens-Demokratie von Experten unabhängig mache, so kam doch im Laufe der Zeit immer stärkere Skepsis

---

49   Oder unmittelbar auf diese Seite: http://www.sester-online.de/englisch/medien_gb,_usa.htm
50   Hier müssen kurze Einblendungen von Werbefilmen hingenommen werden.

auf. Zwar gibt es viele Artikel, die von ihrer Qualität her den Vergleich mit kommerziellen digitalen Lexika (*Encarta* [Microsoft] und *Brockhaus multimedial*) nicht scheuen müssen. Eine prinzipielle Kritik setzt aber an dem eigentümlichen Merkmal der *Wikipedia* an, dass die Artikel nicht von Einzelnen verantwortet werden, sondern von namenlosen Kollektiven. Bisher ist noch kein Argument erkennbar, das begründen könnte, welche Vorteile der Verzicht auf die individuelle Verantwortung mit sich bringt, die ein Autor für seine Aussagen übernimmt.[51] Zudem sind die Artikel von unterschiedlicher Qualität. Viele Artikel über Schriftsteller oder über einzelne literarische Werke sind nichts weiter als Paraphrasen von (gedruckten) Lexikonartikeln oder von den Einleitungen zu den entsprechenden Werkausgaben – man fährt hier also mit dem Original allemal besser. Wer im computergestützten Unterricht, gleich in welchem Fach, am Internet arbeitet, sollte mit den Schülern den Wert der Wikipedia diskutieren und dabei auch klarstellen, ob sie oder er als Lehrer dieses Online-Lexikon als Quelle akzeptiert.

Innovativ im positiven Sinne ist also nicht die Arbeit mit dem Internet an sich, sondern der kritische, reflektierte Umgang mit diesem Medium, durch den die Schüler Medienkompetenz erwerben können.

Arbeit mit Bildern
In jeder Arbeitsform, in der Bilder eingesetzt werden sollen, können auch Computer als Bildmedien verwendet werden. In diesem Fall müssen die gewünschten Bilder digital verfügbar sein. Dafür gibt es folgende Möglichkeiten:

– CD-ROMs und DVDs: Für den Lateinunterricht kommt hier z.B. das *Lexikon der Antike* der *Digitalen Bibliothek* infrage, aber auch in den großen digitalen Lexika (*Brockhaus* und *Encarta*) kann man fündig werden.[52]

---

51 Über die Problematik der Wikipedia am Beispiel des Ethikunterrichts vgl. Bechthold-Hengelhaupt (2007), 142-143.
52 Eine Übersicht über einschlägige CD-ROMs bietet die SODIS-Datenbank (Informationssystem für neue Medien im Unterricht; http://www.sodis.de).

– Internet: Es gibt grundsätzlich zwei Wege, Bilder im Internet
  zu finden: über eine Suchmaschine oder über Linklisten bzw.
  Bild-Datenbanken. Im ersten Fall sucht der Benutzer im ganzen Internet; hier ist eine exakte Eingabe der Suchwörter notwendig.[53] Die Suche kann u.U. lange dauern und führt nicht
  immer zum Erfolg, oft auch deswegen, weil zu viele Suchergebnisse angeboten werden. Sollen die Schüler während des
  Unterrichts über Suchmaschinen nach Bildern zu bestimmten
  Themen suchen, so sollte der Lehrer sich vorher selbst auf die
  Suche machen und herausfinden, was es überhaupt zu finden
  gibt und wie schwierig die Suche ist. Oft führt der Weg über
  Linklisten oder Bild-Datenbanken, auf denen der Weg zum
  gewünschten Bild bereits angegeben ist, schneller zum Ziel.[54]
  Wenn die Suche in der genannten Weise vorstrukturiert ist,
  bietet das Internet sowohl für die Realienkunde als auch für
  die Interpretation Bilder in großer Fülle. Viele interessante Internetseiten verknüpfen historische oder mythografische Informationen mit entsprechenden Bildern; man denke etwa an
  das hervorragende Kalkriese-Projekt der Universität Osna-
  brück[55] oder an die bereits gut erschlossenen Abbildungen zu
  Ovids *Metamorphosen*.[56] Für die Internetseiten, auf denen
  Bilder dargeboten werden, gelten im Übrigen dieselben Bewertungskriterien wie für andere Internetseiten.

– Eigene Fotos: Auch Fotos, die der Lehrer oder die Schüler im
  Laufe eines Unterrichtsprojektes selbst machen, können digi-
  talisiert werden. Der Königsweg ist die digitale Kamera. Steht
  eine solche nicht zur Verfügung, bieten die meisten Fotoge-
  schäfte an, Bilder von herkömmlichen (analogen) Filmen auf
  CD-ROM zu brennen. Die digitalen Bilder sollten ein Format

---

53 Bei der Suchmaschine Google ist darauf zu achten, dass man vor der Eingabe
    der Suchwörter den Navigationslink Bilder anklickt oder gleich diese Adresse
    verwendet: http://images.google.de/.

54 Vom Verfasser wird folgende Linkliste betreut, die den Zugang zu Seiten mit
    Bildern für den Lateinunterricht ebnet: http://www.hengelhaupt.de/latein
    (Menüpunkt »Internetseiten mit Bildern für den Lateinunterricht«).

55 Im Internet: http://www.fwu.de. Die Projektergebnisse können auch als CD-
    ROM bestellt werden; Bestelladresse unter
    http://www.geschichte.uni-osnabrueck.de/projekt/Bestellung.htm.

56 Die Internet-Seite des Verfassers mit Internetadressen zu Ovids Metamorpho-
    sen: http://www.hengelhaupt.de/latein/ovid-met.htm.

haben, das mit jeder Bildbearbeitungssoftware verarbeitet werden kann; vorzuziehen ist das JPG-Format. Liegen die Fotografien bereits auf Papier vor, kann man sie einscannen.

Präsentationen

Präsentationsprogramme[57] sind den Schülern in der Regel nicht so gut bekannt wie Textverarbeitungsprogramme. Daher ist mit einer längeren Einarbeitungsphase zu rechnen. Bevor die Schüler selbstständig Präsentationen erarbeiten können, benötigen sie die Gelegenheit, sich spielerisch mit den unübersehbar vielen Möglichkeiten des Programms vertraut zu machen. Digitale Präsentationen haben ihre eigenen, immanenten Anforderungen. Erfahrungsgemäß entstehen in der Einarbeitungsphase zunächst überladene Präsentationen, bei denen sich alles bewegt, was sich nur bewegen kann: Jeder Buchstabe schwebt einzeln aus dem digitalen Nirgendwo und blinkt und verschwindet wieder usw. Erst wenn die Schüler alles ausprobiert haben, kann der Lehrer daran gehen, die eigene Ästhetik von Präsentationen zu thematisieren, die viel mit Ökonomie und Design zu tun hat und die sich immer in erster Linie auf den Zweck der Vorführung beziehen sollte.

Im Folgenden einige Anhaltspunkte für die Gestaltung einer digitalen Präsentation, die sich für die Darbietung über eine Leinwand eignet:

Checkliste für die Gestaltung einer digitalen Präsentation

- Schriftgröße nicht kleiner als 18 pt.
- Helle Schrift auf dunklem Grund.
- sparsamer Umgang mit Hintergrundbildern; diese sollten nur dann gewechselt werden, wenn auch ein neues Thema angeschnitten wird.

---

57 Am weitesten verbreitet ist das Programm PowerPoint von Microsoft, das auch als Teil des Microsoft-Office-Pakets angeboten wird. Daneben gibt es das Programmpaket OpenOffice, das von einer Gemeinschaft von Programmierern entwickelt wurde und als Freeware-Programm kostenlos erhältlich ist (es ist z.B. auf den CD-ROMs enthalten, die vielen Computerzeitschriften beiliegen). OpenOffice kann auch unter dem Betriebssystem Linux eingesetzt werden. Ferner bietet die WordPerfekt-Suite von Corel ein Präsentationsprogramm.

- Hervorhebungen nur dort, wo dies inhaltlich geboten ist, und gleichartige Hervorhebungen immer für gleiche Gliederungsmerkmale.
- Der Ablauf der Präsentation sollte vom Vortragenden gesteuert sein, d.h. nicht automatisch ablaufen.
- Grundlegendes Gestaltungsprinzip: Die Präsentation dient dem Vortrag bzw. den Darstellungszwecken, nicht umgekehrt.

Eine selbst angefertigte oder auch eine käuflich erworbene Präsentation[58] wird in der Regel im Rahmen eines Schüler- bzw. Lehrervortrags der Lerngruppe dargeboten. Dazu ist ein Beamer nötig, der entweder in einem Computersaal fest installiert oder – in Verbindung mit einem Laptop – frei beweglich ist.

4.5.5 Probleme des Computereinsatzes

Die Schüler kommen regelmäßig in Versuchung, vorgefundene Texte unverändert zu übernehmen, d.h. zu kopieren, wodurch sie bei entsprechender Qualität der Fundstücke gute Produkte herstellen können, allerdings nicht viel lernen (ganz abgesehen von den Problemen des Urheberrechts, die z.B. bei Referaten durchaus zum Tragen kommen).

Die neuen Medien weisen eine gewisse Eigendynamik auf und stellen eigene Anforderungen an den Benutzer, die sich so bei keinem anderen Medium finden. Es ist nicht ratsam, die Klasse alle vier Wochen einmal für kurze Zeit am Computer arbeiten zu lassen, da immer mit einer Übungs- und Eingewöhnungsphase zumindest bei einem Teil der Schüler zu rechnen ist. Dies gilt auch für den Lehrer. Dieser benötigt zumindest Grundkenntnisse der Programme, die er einsetzen möchte. Wichtig ist hier allerdings auch der Blick auf die Lehrerrolle: Wie erfolgreich ein Lehrer mit den neuen Medien arbeitet, hängt nicht so sehr von seinen technischen Kenntnissen ab, sondern v.a. davon, ob er bereit ist, Schüler mit bestimmten technischen Aufgaben zu betreuen und so in einem bestimmten Umfang und in einem bestimmten Bereich die Kontrolle abzugeben.

---

58   Z.B. das Multimedia-Produkt *Das alte Rom.*

Setzt man den Computer ein, so sollte man die Ansprüche nicht zu niedrig halten. Verwendet man nur einige wenige Befehle oder Anwendungsmöglichkeiten, um die Phase der Einarbeitung auf ein Minimum zu reduzieren, so besteht die Gefahr, dass man der Komplexität des Mediums nicht gerecht wird und die Schüler unterfordert. Dies alles gilt dann, wenn in der jeweiligen Schule die Unterrichtsarbeit mit dem Computer außerhalb der Informatik eher selten stattfindet, sodass die jeweils benötigten Befehle und Arbeitsroutinen den Schülern nicht von der täglichen Arbeit geläufig sind.

Der Bildschirm hat eine Art Sogkraft. Anders als etwa das Arbeitsblatt lässt er sich nicht gut mit anderen, herkömmlichen, v.a. nicht mit papiergebundenen Medien kombinieren. Diese Macht des Bildschirms, die Aufmerksamkeit zu fesseln, kann sich der Lehrer natürlich nutzbar machen. Zugleich muss er aber immer damit rechnen, dass die Schüler ihre Aufmerksamkeit nicht zwischen dem Bildschirm und dem Lehrervortrag oder Referat teilen können.

4.6 Bilder

4.6.1 Definition und Ziele

»Ein Bild ist ein Schlüsselloch, durch das wir tausend Entdeckungen in unseren Köpfen machen können.«[59]

Bilder können die Fantasie anregen, Empfindungen auslösen,
Denk- und Lernprozesse in Gang bringen und zu neuen Perspektiven herausfordern. Sie ergänzen und bereichern vor allem ver-
bal und kognitiv ausgerichtete Unterrichtsfächer, da sie nicht nur
den Intellekt, sondern auch die affektive Seite des Betrachters
ansprechen und nicht selten die Neugier an interessanten Details
wecken.

Bei einer Bildbetrachtung kann sich jeder zu Wort melden
und einen Beitrag leisten. Dadurch wird gerade bei leistungs-
schwachen Schülern die Hemmschwelle, sich zu äußern, gesenkt
und ihr Selbstvertrauen gestärkt. Dieser Erfolg ermutigt die
Schüler, sich auch am weiteren Unterrichtsprozess zu beteiligen.

Darüber hinaus tragen vielfältige und abwechslungsreiche
Methoden des Bildeinsatzes im Unterricht zu einer Erleichterung, Vertiefung und Erweiterung des Textverständnisses bei.

Grundsätzlich kann man je nach Verwendungszusammenhang
und Funktion vier Arten von Bildern unterscheiden, bei denen
Überschneidungen möglich sind:[60]

− Informierende Bilder machen möglichst klare und eindeutige
  Aussagen zu bestimmten Inhalten und dienen der effektiven
  Vermittlung von Wissen und Können.
− Kunstbilder laden den Betrachter oft zu verschiedenen Deu-
  tungen ein.
− Unterhaltende Bilder, wie sie in den Massenmedien begegnen,
  sollen in erster Linie die Aufmerksamkeit der Zuschauer fes-
  seln und Emotionen wecken.
− Logische Bilder visualisieren abstrakte oder komplexe Sach-
  verhalte und haben keine direkte bildliche Entsprechung zu

59 Bertscheit, 10.
60 Weidenmann, 9-10 und 95-97. Weitere Möglichkeiten der Kategorisierung von
    Bildern bei Scherling / Schuckall, 27-31; Steinhilber, 13-14.

realistischen Objekten. Sie arbeiten mit Pfeilen, Kreisen, Säulen usw. Dazu gehören zum Beispiel Struktur-, Kreis-, Flussdiagramme, Schemata, Schaubilder u.a.

Die folgenden Ausführungen beziehen sich v.a. auf informierende Bilder sowie Kunstbilder. Logische Bilder sollen nicht berücksichtigt werden.

4.6.2 Aufgaben von Bildern und mögliche Einsatzorte

Bilder können in verschiedenen Arbeitsbereichen des Unterrichts mit unterschiedlichen Zielsetzungen eingesetzt werden:

- Sach- bzw. Realienkunde: Bei der Veranschaulichung von Bauwerken, Begriffen aus dem Alltagsleben (z.b. Latein: *villa, aquaeductus,* Englisch: *cable-car, plum pudding,* Französisch: *un bonnet, une falaise,* ...) usw. tragen Bilder eher zu einem wirklichen Verstehen bei als verbale Erklärungen. Denn im Gegensatz zur Sprache haben Bilder eine unmittelbare Ähnlichkeit mit dem Dargestellten.
- Wortschatzarbeit: Bei der Einführung neuer Vokabeln können visuelle Hilfen, z.B. einfache Skizzen[61]) den Schülern die Erschließung der Wortbedeutungen erleichtern und u.U. falschen Vorstellungen vorbeugen oder diese korrigieren.[62] Bei der Wiederholung des Wortschatzes können Bilder zur Festigung der bereits gelernten Bedeutungen beitragen und als zusätzliche Lernhilfe und Gedächtnisstütze dienen.
- Grammatikarbeit: Ist der Ausgangstext mit Bildern (Bildergeschichten) illustriert, können Schüler den thematischen und inhaltlichen Kontext ohne den Umweg über einen langen Text rasch herstellen.[63] Dadurch wird die Effizienz der Grammatikarbeit erhöht.

---

61 Mögliche Quelle für den Lateinunterricht: Koller. Der Lehrer kann auch eigene Zeichnungen anfertigen. Scherling / Schuckall enthält auf den Seiten 114-150 einen kleinen Zeichenkurs für Lehrer.
62 Bisweilen sind Bilder sogar unumgänglich, da die Schüler sonst zwar wissen, was die Begriffe heißen, nicht aber, was sie bedeuten; Steinhilber, 15.
63 Stratenwerth; Niemann (2002); Richter-Reichhelm (1982); Richter-Reichhelm (1988).

– Textarbeit:[64] Bilder können einen Text oder ein Thema veranschaulichen und damit zur Erleichterung des inhaltlichen Ver-
ständnisses beitragen. Mit Bildern lassen sich ausgelassene
Textstellen überbrücken (z.b. durch Einsatz verkürzter Co-
mic-Fassungen). Durch gezielten Bildeinsatz kann der Lehrer
die Übersetzungsarbeit vorbereiten und vorentlasten.[65] Bilder
tragen zu einem vertieften und präziseren Textverständnis
bei.[66]

– Interpretationsarbeit: Die Schüler können anhand eines oder
auch mehrerer Bilder einen Einblick in die Rezeptionsgeschichte eines Textes, Themas oder Motivs in der Kunst erhalten. Bilder können als Parallel- oder Kontrastmaterial die Interpretation eines Textes im visuellen Bereich ergänzen und
vertiefen[67] und dem Betrachter eine multiperspektivische Sicht
ermöglichen. V.a. Bilder von archäologischen Zeugnissen
können einen wichtigen Beitrag zum kritischen Umgang mit
Texten leisten.[68] Im Sinne eines produktorientierten Unterrichts können die Schüler zu einem behandelten Thema, Text
oder einer Szene ihrer Wahl mit selbst gestalteten Bildern,
Collagen o.a. einen neuen Zugang gewinnen und dabei
zugleich ihr Textverständnis überprüfen oder erweitern.[69]

Die Arbeit mit Bildern kann im Rahmen des herkömmlichen
Unterrichts stattfinden oder auch in offenere methodische Großformen eingebettet sein:

– Bilder als mögliches Produkt in handlungsorientierten oder
projektartigen Unterrichtsformen,

– Bilder als Arbeitsmaterial in Lernzirkel, Freiarbeit, Wochenplan oder Gruppenpuzzle,

---

64 Bothe; Thies.
65 Disselkamp, 51-55.
66 Niemann (1998), 19-35; Niemann (2002).
67 Bothe, 86.
68 So kann z. B. das literarische Keltenbild Caesars im sog. Gallierexkurs (Bellum
    Gallicum VI,11-20) durch die Einbeziehung archäologischer Funde in Gallien
    ergänzt und v.a. kritisch hinterfragt werden. Selbstverständlich kann auch das
    1. Buch des Bellum Gallicum wichtige Erkenntnisse für Caesars Keltenbild
    vermitteln.
69 Maier (1988), 246-251; Glücklich; Grohn-Menard; Sarholz; Niemann (2002).

– Bilder zur Vorbereitung und Dokumentation eines Museumsbesuches oder einer Schulfahrt.

4.6.3 Grundsätzliche Überlegungen

Beim Bildmaterial stellt sich die Frage nach den Fundstellen der
Abbildungen sowie den Bezugsquellen, den Kriterien bei der
Bildauswahl sowie der Wahl der Kunstepoche.

Fundstellen und Bezugsquellen
– Geeignetes Bildmaterial gibt es u.a. in entsprechenden Büchern, Zeitschriften, Zeitungen und Ausstellungskatalogen.[70]
– Darüber hinaus bieten einige Verlage (Flip-)Poster zu ver-
schiedenen Themen des Unterrichts an.
– Postkarten, Prospekte, Drucke,[71] Poster und Dias kann man
am ehesten vor Ort, z.b. im Rahmen von Studienfahrten, Museumsbesuchen usw., erwerben.
– Folien und Dias[72] zu den verschiedensten Themen werden von
den Landes- und Kreismedienzentren angeboten und können
dort entliehen werden. Evtl. kann der Lehrer auch auf eigene
Dias oder Fotos zurückgreifen.
– Die kostengünstigste und zeitsparendste Möglichkeit bei der
Suche nach Bildmaterial bieten die neuen Medien (bes. Internet[73] und CD-ROMs) mit umfangreichen Bildersammlungen.

70 Die Auswahlbibliografie im Anhang verschafft dem interessierten Leser einen
Überblick über bereits vorhandenes Bildmaterial für den Lateinunterricht und
erspart ihm die mitunter recht aufwändige Suche nach geeigneten Abbildungen.
71 Drucke sollten eine Mindestgröße von DIN A2 aufweisen oder für jeden
Schüler zur Verfügung stehen.
72 Man kann in vielen Copyshops (Farb-)Folien direkt von Dias erstellen lassen.
73 Vgl. Kap. 4.5. Hilfreiche Internetadressen zu kunsthistorischen Themen bei
Richard / Tiedemann, 45-109. Wichtige Internetadressen zu Themen der Archäo-
logie, Kunst, Architektur und Altphilologie bei Kaufmann / Tiedemann. Bei
der Internetrecherche gelangt der Computeranwender in der Regel über eine
sog. Suchmaske rasch zu dem gewünschten Bilddokument, das er bei Bedarf
herunterladen und auf (Farb-)Folie kopieren kann; Bechthold-Hengelhaupt, 30-
35; 50-54; 77-80.

Bildauswahl

Grundsätzlich ist zu beachten, dass mit dem Bildeinsatz im Unterricht stets ein Erkenntnisgewinn angestrebt werden sollte.[74] Für den Unterricht kommen nur Bilder in Betracht, auf denen das Wesentliche für alle Schüler deutlich erkennbar ist. Bei archäologischen Zeugnissen kann man ggf. auf Rekonstruktionen zurückgreifen. Sollen landes- bzw. realienkundliche Aspekte veranschaulicht werden, wähle man eine bildliche Darstellung, welche Stil, Geist und Fakten der Zeit, auf die sich der Lektions- oder Lektüretext bezieht, möglichst unverfälscht wiedergibt.

Im Rahmen der Interpretationsarbeit eignen sich v.a. Bilder, die eine über den im Unterricht behandelten Text hinausgehende Sichtweise eröffnen und den Betrachter zu einer tiefer gehenden Auseinandersetzung mit dem Thema herausfordern.

Soll eine Kunstbetrachtung durchgeführt werden, empfiehlt es sich, bei der Bildauswahl die bereits vorliegenden Kenntnisse und Erfahrungen der Schüler, aber auch ihre Vorlieben oder Vorbehalte für bzw. gegen die eine oder andere Kunstrichtung zu berücksichtigen (s.u. »Vorbereitungen des Lehrers«).

Kunstepoche

Folgende grundsätzliche Überlegungen können hilfreich sein:[75]

– Archäologische Zeugnisse aus der griechischen und römischen Antike (ggf. Rekonstruktionen) ermöglichen Schülern Einblicke in den außersprachlichen Kontext einer Lektüre.[76] Sie veranschaulichen die reale Lebenswelt der antiken Menschen, erhellen die historische Situation, in der ein Text entstanden ist, und tragen zur Klärung von Begriffen und Zusammenhängen bei, die ohne optische Hilfe nur schwer zu vermitteln sind. Dadurch wird den Schülern der Zugang zu einer ihnen fremden Welt erleichtert und ein vertieftes Textverständnis gefördert. Insbesondere für den Lateinunterricht bieten sich archäologische Zeugnisse aus der Antike sowie Rekonstruktionen an, um die Schüler mit der weit zurückliegenden römischen Kultur vertraut zu machen.

---

74   Steinhilber, 13.
75   Freitag, 21-23.
76   Nickel (1974), 109-111.

– Kunstbilder der Epochen von Mittelalter bis Klassizismus
eignen sich besonders zur Herstellung, Wiederholung oder
Auffrischung des inhaltlichen Kontextes, da sie nicht selten
zahlreiche Übereinstimmungen zu den Texten und Themen
des Unterrichts aufweisen.

– Die Buchillustrationen verdienen besondere Aufmerksamkeit,
da sie den Schülern einen Überblick über den Inhalt einzelner
Textpassagen oder sogar ganzer Bücher vermitteln und somit
als Gedächtnisstütze dienen können.

– Die mehrdimensionalen und bedeutungsoffenen Dokumente
der modernen Kunst haben in der Regel einen unmittelbaren
Bezug zur Gegenwart, sodass sie stärker als die Zeugnisse
vergangener Epochen die Empfindungen und Erfahrungen der
heutigen Schüler ansprechen.[77] Sie laden den Betrachter v.a.
zu einer Deutung ein und fordern ihn zu einer persönlichen
Stellungnahme heraus. Da moderne Kunst beim Betrachter oft
ein hohes Abstraktionsvermögen und recht hohe intellektuelle
Fähigkeiten voraussetzt, spricht sie besonders, aber nicht ausschließlich Oberstufenschüler an.[78]

Anzahl der Bilder

Hier gilt das Motto: Weniger ist oft mehr! Denn durch eine über-
triebene Fülle an Bildmaterial, das nur oberflächlich von den
Schülern zur Kenntnis genommen wird, fördert der Lehrer den
unreflektierten Umgang mit Bildern.

Die verschiedenen Möglichkeiten und deren didaktische
Funktion seien im Folgenden aufgeführt.

Einzelbild

Das Einzelbild fordert zu einer intensiven und konzentrierten
Beschäftigung heraus. Es kann der Einführung und Visualisierung des Wortschatzes dienen, aber auch die Text- und Interpretationsarbeit einleiten, begleiten oder vertiefen.

Statt der Präsentation des gesamten Bildes kann der Lehrer
das Bild in einzelne Segmente zerschneiden, die an Kleingruppen

---

77   Freitag, 15-23.
78   Freitag, 22-23: Christiane Freitag ordnet die verschiedenen Kunstepochen be-
     stimmten Jahrgangsstufen und Interpretationsebenen zu.

verteilt werden. Die Gruppen bearbeiten eine entsprechende
Aufgabe zu dem Bildausschnitt und evtl. zu dem dazugehörigen
Text und tragen anschließend der gesamten Klasse ihre Beobachtungen zu ihrem Bildausschnitt mit. Auf diese Weise wird der
Bildinhalt sukzessive aufgebaut, sodass die Spannung bis zum
Schluss erhalten bleibt, ob die im Rahmen der Kleingruppenar-
beit entstandenen Erwartungen und Vorstellungen dem Gesamt-
bild entsprechen. Um die Motivation zu steigern, sollte der Lehrer das Bildsegment mit der Pointe bzw. Auflösung möglichst
lange zurückhalten.[79]

Bildpaarvergleich

Zum Bildpaarvergleich[80] eignen sich v.a. Bilder, die unterschiedliche oder ergänzende Aspekte eines Themas veranschaulichen.
Dadurch bekommen die Schüler einen Eindruck von der Vielschichtigkeit und dem Facettenreichtum des Themas. Gerade die
Methode der kontrastierenden Bildbetrachtung veranlasst die
Schüler zu – mitunter recht persönlichen – Stellungnahmen und
führt meist zu einem intensiven und anregenden Unterrichtsgespräch. Sind die technischen Voraussetzungen im Unterrichts-
raum gegeben, so sollte der Lehrer beide (Folien-)Bilder nebeneinander an die Wand projizieren; andernfalls sollte er sie den
Schülern in Form von Kopien aushändigen.

Bildergeschichten

Es werden zahlreiche Bildergeschichten angeboten,[81] für deren
gelegentlichen Einsatz im Unterricht v.a. zeitökonomische
Gründe ins Feld geführt werden können. Denn Bildergeschichten
vermitteln dem Betrachter zügig den situativen Zusammenhang,

---

79   Scherling / Schuckall, 63.
80   Es sei darauf hingewiesen, dass auch mehrere Bilder zu einem Thema oder
     Text Gegenstand der Betrachtung sein können. Eine hohe Anzahl von Bildern
     kann jedoch dazu führen, dass die Arbeit am Text oder Thema zu sehr in den
     Hintergrund tritt. Außerdem kann der Einsatz mehrerer Bilder zu einer ober-
     flächlichen Betrachtung beitragen, die dem einzelnen Bild nicht gerecht wird;
     Freitag, 29-30. Für den Einsatz mehrerer Rezeptionsdokumente im lateinischen
     Lektüreunterricht vgl. Maier (1987), 268-271.
81   Entsprechendes Material für Bildergeschichten im Lateinunterricht ist in der
     Auswahlbibliografie genannt. Hey, 21. In der Regel sind die Bildergeschichten
     nicht in originalem Latein verfasst; zu dieser Problematik Nickel (2001), 40-41.

den ein fremdsprachlicher Originaltext oft nur mit erheblichem Zeitaufwand herzustellen vermag.

Bildergeschichten können auf vielfältigste Weise im Unterricht zum Einsatz kommen:

- Spannung lässt sich erzeugen, indem man zunächst ausschließlich den Anfang oder nur bestimmte Teile einer Bildergeschichte zeigt, sodass der Betrachter kombinieren und überlegen muss, was folgen könnte.
- Der Lehrer kann auch ein Bildpuzzle herstellen, indem er die Bildergeschichte kopiert und in ihre einzelnen Bilder auseinanderschneidet. Anschließend erhalten die Schüler die Einzelbilder, die sie ohne den Text (wieder) in eine plausibel erscheinende Reihenfolge bringen sollen. Dadurch setzen sie sich auf kreative Weise intensiv mit dem Inhalt der Bildergeschichte auseinander, die schließlich mit dem dazu gehörenden Text ausgeteilt wird. Diese Methode verschafft den Schülern einen ganzheitlichen Zugang zum Text und dürfte die anschließende sprachliche Erarbeitung des Textes erheblich erleichtern und beschleunigen.
- Man kann die Bilder und die Textpassagen in falscher Anordnung präsentieren. Die Aufgabe der Schüler besteht darin, zunächst die Bilder in eine sinnvolle Reihenfolge zu bringen und anschließend die Texte den Bildern richtig zuzuordnen.
- Der Lehrer kann den Schülern die Bildergeschichte auch in ihrer richtigen Reihenfolge aushändigen und vorher lediglich den Text in den Sprechblasen eliminieren. Die Schüler sollen die Sprechblasen mit entsprechenden fremdsprachlichen Ausrufen oder kleinen Sätzen ausfüllen. Dadurch wenden sie aktiv den fremdsprachlichen Wortschatz und die Formenlehre an. Selbstverständlich sind weitere Variationen denkbar.[82]

Zeitpunkt des Einsatzes

Grundsätzlich können Abbildungen im Unterricht jederzeit im Rahmen der Sach- und Landeskunde-, Wortschatz-, Grammatik-, Text- und Interpretationsarbeit zum Einsatz kommen und verschiedene Unterrichtsphasen vorbereiten, begleiten, weiterführen

---

82 Hey, 21; Fink / Niedermeier, 17; Hofmann / Mayer / Schirok, 35-40; 134-135; 140-141.

oder ersetzen. Demzufolge unterscheidet Thies folgende »Typen«: »praezedierende Visualisierung, simultane Visualisierung, konsekutive Visualisierung, substituierende Visualisierung«.[83]

Präsentationsmöglichkeiten
Für die Präsentation eines Kunstwerks gilt es, verschiedene Möglichkeiten[84] abzuwägen, deren Vor- und Nachteile im Folgenden aufgeführt werden.[85]

Präsenta-tionsform	Vorteile	Nachteile
Original eines Kunstwerks	– erhöhte Motivation durch den außerschulischen Lernort,[86] – authentische Begegnung mit dem Kunstwerk	– stark eingeschränkte Verfügbarkeit des Originals (nur an einem Standort), – hoher organisatorischer und zeitlicher Aufwand
Abbildung im Unterrichts-werk[87]	– kein organisatorischer und zeitlicher Aufwand im Vorfeld, – Abbildung für die Schüler jederzeit verfügbar	– geringer Überraschungseffekt, – Behinderung des ent-deckenden Lernens durch Abbildungserläuterungen, – Gefahr der Ablenkung durch andere Abbildun-gen / Texte im Buch[88]

83   Thies, 8; Freitag, 30-36.
84   Es werden lediglich die gängigsten Präsentationsmöglichkeiten vorgestellt. Zum Episkop Steinhilber, 30-31.
85   Goecke-Seischab / Domay, 276.
86   Bei einem Museums- und Galeriebesuch kann man den Schülern einen Frage-bogen austeilen, den sie beim Betrachten der Bilder beantworten. Mögliche Fragen sind in Bertscheit, 42 aufgeführt. Zur Wahrnehmung von Exponaten im Museum s. Dech, 43-90.
87   Zu Lehrbuchillustrationen Steinhilber, 18-19.
88   In diesem Fall empfiehlt es sich, den Schülern das entsprechende Bild als Folie mit dem Overheadprojektor zu präsentieren oder ihnen eine Kopie auszuteilen, um sicherzustellen, dass sich ihre Aufmerksamkeit zunächst ausschließlich auf das Bild und nicht auf andere Aspekte richtet.

Folie (bei Bedarf zusätzliche Kopie für Schüler)	– Projektionsgröße durch den Abstand des Overheadprojektors zur Projektionsfläche veränderbar,[89] – zunächst unscharfe und erst allmählich schärfer werdende Präsentation des Bildes möglich (weckt Neugier der Schüler!) – Schülerbeiträge auf die Folie[90] übertragbar, – sukzessives Aufdecken möglich (fokussiert den Blick auf Details, steuert die Reihenfolge der Bildbetrachtung und erhält die Neugier des Betrachters bis zum Schluss), – Möglichkeit, weitere Folien aufzulegen	– evtl. störendes Luftgeräusch, – starke Beeinflussung und Lenkung der Wahrnehmung der Schüler durch sukzessives Aufdecken der Folien, dadurch möglicherweise Beeinträchtigung des entdeckenden Lernens[91]
Postkarten im Klassensatz[92]	gut geeignet für Einzel-, Partner- und Kleingruppenarbeit	– relativ hohe Anschaffungskosten, – kleines Format: Einzelheiten schwer erkennbar
Poster / Plakate	– geringer organisatorischer und technischer Aufwand, – ständige Präsenz des Posters in der Klasse	Schwierigkeiten beim Erkennen von Details (durch die räumliche Entfernung zum Poster im Klassenzimmer)

89 Die Möglichkeit der Bildvergrößerung kann für das sinnhafte Identifizieren genutzt werden (s. u.).

90 Sollen die auf der Folie festgehaltenen Schülerbeiträge der gesamten Lerngruppe dauerhaft zugänglich gemacht werden, ist es ratsam, den Schülern die Folie vor der Arbeitsphase zu kopieren, damit sie die Ergänzungen auf ihrer Kopie ebenfalls festhalten können.

91 Barth, 118.

92 Die Anschaffung im Klassensatz ist ratsam, damit sich jeder Schüler an der Bildbetrachtung beteiligen kann. Das Herumzeigen einer einzelnen Postkarte ist nicht zu empfehlen, da jeder Schüler immer nur einen oberflächlichen Blick auf das Bild werfen kann, sodass der Erkenntnisgewinn fraglich ist. Darüber hinaus führt dieses Vorgehen häufig zu Störungen im Unterricht und kostet in der Regel viel Zeit; vgl. Steinhilber, 14.

Dia[93]	– Förderung der Konzentration durch Licht- / Farbintensität, – Erlebnis einer geschützten Atmosphäre durch den abgedunkelten Raum, – Möglichkeit einer zunächst unscharfen und erst allmählich schärfer werdenden Präsentation des Dias[94]	– organisatorischer und zeitlicher Aufwand, – Entstehen von Unruhe durch Abdunkelung, – stark eingeschränkte Verfügbarkeit
Film / Video[95]	– Umfassender und vollständiger Eindruck von Bauwerken oder Kunstwerken, – Möglichkeit von Gesamt- und Teilansichten	– Wahrnehmung durch Kameraführung und begleitende Erklärungen gesteuert,[96] – große Fülle an Informationen,[97] – eingeschränkte Kommunikationsmöglichkeiten während der Vorführung – relativ hoher organisatorischer Aufwand
Computer (Beamer)[98]	– Motivation durch den Einsatz neuer Medien, – keine Materialkosten (wie z.B. für Farbfolien),[99] – Möglichkeit, selbstständig und differenziert arbeiten zu lassen durch Vorführung eines Lernfilms (auf Schülerbildschirmen), – Möglichkeit einer virtuellen Reise zu den antiken Stätten oder ins Museum[100]	– Medienkompetenz und intensive Vorbereitung seitens des Lehrers notwendig, – bisweilen nicht so hohe Brillanz, Licht- und Farbintensität wie bei Printmedien oder Dias

93 Zum Einsatz von Diareihen vgl. Steinhilber, 27-29.
94 Bertscheit, 68.
95 Steinhilber, 31-36.
96 Die Unterbrechung der Filmvorführung ist zwar möglich, aber wenig motivierend.
97 Da die Schüler bei einer Filmvorführung die Fülle der Informationen nicht immer angemessen verarbeiten können, sollten sie entsprechend vorbereitet werden (z.B. im Unterrichtsgespräch, durch einen Kurzvortrag des Lehrers, durch ein Schülerreferat o. Ä.).

4.6.4 Der Einsatz von Kunstbildern im Unterricht

Da die Erschließung[101] eines Kunstbildes[102] im Rahmen der Text-
und Interpretationsarbeit einen hohen Stellenwert hat, soll ihr ein
eigener ausführlicher Abschnitt gewidmet werden.

Um Missverständnissen vorzubeugen, sei vorab betont, dass
im Sprach- und gemeinschaftskundlichen Unterricht im Unterschied zum Kunstunterricht keine vollständige Bilderschließung[103]
angestrebt werden kann, da Bilder gegenüber dem Text stets eine
dienende Funktion haben.[104] Vielmehr soll der Bildeinsatz zu
einem differenzierten und vertieften Verständnis des Textes wie
des Rezeptionsdokumentes beitragen. Daraus folgt, dass das
Erfassen der inhaltlichen Aspekte des Bildes im Mittelpunkt der
Bilderschließung steht und die Analyse des Bildnerischen (z.B.
des Farbeinsatzes, der Fläche usw.) nur thematisiert werden
sollte, sofern dies für das vollständige Erfassen des Bildinhaltes
von Bedeutung ist.

Vorbereitungen des Lehrers
Es ist ratsam, im Vorfeld einer erstmaligen Bilderschließung
das Gespräch mit dem Kunstlehrer zu suchen, um sich über die
Voraussetzungen und Kenntnisse der Schüler zu informieren.[105]

---

98 Vgl. Kap. 4.5.4 Es bieten sich zwei Möglichkeiten der Bildpräsentation an: Die
    Abbildungen werden den Schülern auf Computerbildschirmen dargeboten. Da-
    zu muss der Unterricht in einen Computerraum verlegt werden, in dem das
    Netzwerk so konfiguriert ist, dass der Inhalt des Lehrercomputers auf alle
    Schülerbildschirme übertragen werden kann. Oder der Lehrer projiziert die ent-
    sprechenden Abbildungen seines PCs über einen Beamer auf eine Projektions-
    fläche, sodass die Aufmerksamkeit der Schüler nach vorne gelenkt wird.
99 Bechthold-Hengelhaupt, 116-123.
100 Schareika.
101 Lange, 41-45: Günter Lange verwendet statt »Bilderschließung« bewusst den
    Terminus »Bildbegegnung«.
102 Da dreidimensionale Skulpturen im Unterricht meist nur in Teilansichten
    gezeigt werden können, scheint die Beschränkung auf zweidimensionale Bilder
    angebracht.
103 Vgl. Kowalski, 80-92; Freitag, 24-25.
104 Maier (1988), 262: »Die Textarbeit muß dominieren; das visuelle Mittel hat
    nur eine subsidiäre Aufgabe.«
105 Darüber hinaus kann dem Lehrer auch das Gespräch mit Kollegen weiterer
    Fächer einen Überblick über Vorkenntnisse und Erfahrungen der Schüler
    vermitteln.

Dabei kann man auch in Erfahrung bringen, welche Kunstrichtung die betreffende Lerngruppe bevorzugt oder ablehnt.

Des Weiteren sollte der Lehrer das Bild, das Gegenstand der
Betrachtung im Unterricht sein soll, zunächst einmal selbst intensiv und wiederholt anschauen. Denn durch die eigene Erfahrung und Vertrautheit mit dem Bild kann er die vermutlichen
Reaktionen des Betrachters eher antizipieren und dadurch die
Beobachtungen der Schüler im Unterricht und ihre spontanen
Formulierungen besser verstehen, aufgreifen und einordnen. Auch
bildet die intensive Bilderfahrung seitens des Lehrers eine wichtige Grundlage für mögliche Impulse.

Die Abfolge der Bilderschließung sollte jedoch nicht starr
vorgeplant oder gar durchgesetzt werden. Erst eine offene und
flexible Haltung des Lehrers gewährt den Schülern den nötigen
Freiraum und ermutigt sie zu spontanen Äußerungen.[106]

Zeitlicher Rahmen
Während im Kunstunterricht einer Bildanalyse durchaus eine
ganze Unterrichtsstunde gewidmet werden kann,[107] sollte man im
fachfremden Unterricht dafür in der Regel nicht mehr als etwa
15 Minuten veranschlagen,[108] damit das eigentliche Sujet nicht
zu kurz kommt.[109]

Phasen
Die Reihenfolge der Phasen ist zwar nicht beliebig, kann aber
bei Bedarf modifiziert werden.

– Einstimmung: Vor der Bildbetrachtung schafft der Lehrer eine
  entspannte und ruhige Atmosphäre, um Konzentration und
  Aufnahmebereitschaft der Schüler zu fördern und Neugier zu
  wecken. Evtl. ist auch eine kurze Fantasiereise[110] mit entsprechender musikalischer Untermalung hilfreich, welche die

---

106 Barth, 140-141.
107 Kowalski.
108 Selbstverständlich kann es begründete Ausnahmen geben.
109 Maier (1987), 213: »Grundsätzlich sollte in Abwandlung des Plinius-Satzes:
     Nulla dies sine linea für den Lektüreunterricht gelten: keine Unterrichtsstunde
     ohne Textarbeit!«
110 Bertscheit, 58.

Schüler weg von der Alltagssituation hin zu Zeit und Ort des Bildes führt.

– Stille Bildbetrachtung: Für die Bildbetrachtung[111] wird Stille und hinreichend Zeit zum entspannten Schauen (ca. 3-5 min) vereinbart. Das Kunstwerk hat »das erste Wort«.[112] Die Schüler sollen sich zunächst vom Bild ansprechen lassen, ohne sich sofort mit den Mitschülern oder dem Lehrer über das Gesehene auszutauschen oder sich durch deren Äußerungen beeinflussen zu lassen.
Mögliche Lehrerimpulse:[113]
– Nähert euch dem Bild langsam und behutsam.
– Schaut euch das Bild in Ruhe an.
Für die Bildbetrachtung kann man den Schülern ein sog. Rasterblatt aushändigen, auf dem die wesentlichen Bildelemente als Umrisse skizziert und mit Ziffern versehen sind, sodass die Schüler ihre Beobachtungen gezielt festhalten können.[114] Dies erleichtert außerdem die Verständigung bei der anschließenden Besprechung.
Fina schlägt für die Bildbetrachtung folgendes Schema vor, das an die Schüler ausgeteilt und von diesen schriftlich bearbeitet werden kann:[115]

Was siehst du? Beschreibe (in Stichworten)!	Was vermutest du? Deute!	Was bleibt unklar? Notiere Fragen!
1.		
2.		
3.		
...		

111 Sehr interessante Ansätze und Zugriffe auf die Bildbetrachtung bei Bertscheit, 58.
112 Barth, 99.
113 Weitere Lehrerimpulse bei Guhr / Ständer / Roth-Bußmann, 6.
114 Kurz, 87-89.
115 Fina, zit. nach Reinhart, 38.

– Bildbeschreibung[116]: Eine möglichst genaue und eingehende
 Bildbeschreibung sollte angestrebt werden, da sie das Funda-
 ment für die anschließende Interpretation bildet. Es empfiehlt
 sich, die Bildbeschreibung zunächst mit einfachen Fragestel-
 lungen zu eröffnen und erst später zu schwierigeren Aspekten
 überzuleiten.[117]
 Impulse zum Einstieg:
 – Versucht das Bild zu beschreiben.
 – Was ist dargestellt?
 – Was fällt euch auf?
 – Wie wirkt das Bild auf euch?

Die Schüler teilen mit, was sie gesehen und entdeckt haben.
Manchmal wollen sie sich auch über die Gefühle und Wir-
kungen austauschen, die das Bild in ihnen ausgelöst hat.
Vor allem am Anfang des Unterrichtsgesprächs sollte der
Lehrer zunächst spontanen Schüleräußerungen Raum geben,
Bevormundung und Wertungen vermeiden sowie eigene
Kenntnisse und Erfahrungen zurückhalten.[118] Das führt im
Allgemeinen zu äußerst heterogenen Schülerbeiträgen: Äußerungen über kleinste Details stehen neben komplexen Struk-
turerfassungen. Gerade die differierenden Schüleräußerungen
sind von hohem Wert, da sich in ihnen die Vielschichtigkeit
und Mehrdeutigkeit der Bildaussage ankündigt. Damit die
Beobachtungen, Entdeckungen und Vermutungen der Schüler
nicht verloren gehen, sollten sie stichwortartig an der Tafel
festgehalten und dabei nach Möglichkeit strukturiert werden.
Dieses Vorgehen zeigt den Schülern, dass ihre Beiträge angemessen gewürdigt werden. Außerdem eröffnet es dem Lehrer die Möglichkeit, die Stichworte der Schüler zu einem späteren Zeitpunkt in einer sinnvollen Reihenfolge aufzugreifen.
Die unterschiedlichen Deutungsansätze der Schüler sollten als

---

116 Barth, 113-114; weitere, sehr zeitaufwändige Methoden der Bildbeschreibung
     Cremer, 84-94 (Assoziationsskizze und schriftlicher Dialog).
117 Goecke-Seischab / Domay, 277-278.
118 Nach Barth, 71, soll die »Wissensvermittlung – wenn sie überhaupt erfolgt – ...
     erst nach dem primär-anschaulichen Zugriff« in den Verstehensprozess einge-
     gliedert werden.

vorläufige und änderungsfähige Verarbeitungsversuche begriffen und zunächst stehen gelassen werden.

Wenn das Unterrichtsgespräch ins Stocken kommt, kann der
Lehrer weitere Impulse geben,[119] um den Blickwinkel der
Schüler zu verlagern, zu erweitern oder auf bestimmte Details
zu richten:

- Beschreibt die Farben und Formen.
- Beschreibt die Situation auf dem Bild.
- Beschreibt die Licht- und Schattenwirkung.
- Beschreibt die Figurenkonstellation.
- Beschreibt, was in der Mitte (rechts, links, ...) dargestellt
  ist.
- Fordert die Figurenkonstellation oder die Lichtregie den
  Betrachter zu einer bestimmten Leserichtung[120] auf (z.B.
  von links nach rechts)?
- Gibt es etwas, was ihr nicht versteht?
- Was stößt euch ab? Was zieht euch an?
- Welche Empfindungen löst das Bild in euch aus?

- Bilddeutung: »Die Auffassung, ein Bild müsse eindeutig sein
  wie eine Aussage, oder der Prozess des Lesens müsse letztlich
  das Bild zur vollen Einheit einer Aussage bringen, ist glei-
  cherweise eine Reduktion des Sehens wie des Bildes.«[121]
  Ziel der Bilderschließung kann nicht das Suchen, Finden und
  Festhalten »der« Aussage des Bildes sein. Der Betrachter ist
  vielmehr aufgefordert, sich der Mehrdimensionalität und Be-
  deutungsoffenheit des Bildes immer wieder bewusst zu werden. Daher kann die Aufgabe des Lehrers nicht darin bestehen, seine eigene Bildinterpretation als »Absicht des Künst-
  lers« auszugeben und den Schülern als »richtige« Deutung
  überzustülpen.[122] Bisweilen divergierende Deutungen der
  Schüler und überraschende Wendungen des Gesprächsver-
  laufs sind zunächst zuzulassen. Damit soll nicht einem gren-

---

119 Guhr / Ständer / Roth-Bußmann, 6. Schüler mit geringen Bilderfahrungen sind
    darüber hinaus für vorgeschlagene Satzanfänge dankbar, wie z. B.: »Ich denke
    dabei an«; weitere Vorschläge bei Guhr / Ständer / Roth-Bußmann.
120 Metapher der Kunstdidaktik.
121 Bätschmann, 50.
122 Barth, 123-126.

zenlosen Subjektivismus Vorschub geleistet werden. Mehr-
deutigkeit meint nicht Beliebigkeit. Das Kunstwerk muss da-
her Ausgangs- und ständiger Bezugspunkt jeder vorgetra-
genen Deutung sein, die begründet vorgetragen werden muss.
Mögliche Lehrerimpulse:
– Wie deutet ihr die Formen, Farben usw.?
– Beschreibt das Verhältnis der dargestellten Personen zu-
  einander.
– Welche Aussage vermittelt euch das Bild?
– Was könnte das Bild darüber hinaus heute bedeuten?
– Formuliert einen Satz, der zu diesem Bild passt.
– Schreibt einen kurzen Text zu diesem Bild.
– Welchen Titel würdet ihr diesem Bild geben?[123]
In der Spätphase der Bilddeutung kann der Lehrer den Schü-
lern in begrenztem Umfang Zusatzinformationen (über Autor,
Werk, Zeitumstände usw.) vermitteln, die an die vorige Be-
trachtung, Beschreibung und Deutung des Bildes anknüpfen
und den Schülern weitere Möglichkeiten der Interpretation er-
öffnen. Er sollte sich allerdings davor hüten, die Schüler mit
Daten und Fakten zu überfüttern und Fragen zu beantworten,
welche gar nicht gestellt wurden.[124]
Am Ende der Bilddeutung kann eine schriftliche Interpretation stehen (z.B. Tafelanschrieb, Hefteintrag, Hausaufgabe).

– Abschließender Bild- / Textvergleich: Der abschließende Vergleich von Bild und Lektüretext im Rahmen der Interpretation
  trägt zu einem differenzierten und vertieften Verständnis des
  Textes oder des Rezeptionsdokumentes bei und eröffnet den
  Schülern neue Sichtweisen. Bei dem Bild- / Textvergleich gilt
  es, die Gemeinsamkeiten und Unterschiede zwischen der literarischen und künstlerischen Darstellung herauszuarbeiten
  und zu deuten.
  Mögliche Lehrerimpulse:
  – Welche Gemeinsamkeiten gibt es zwischen Text und Bild?

---

123 Es ist ratsam, den Schülern den Bildtitel erst zu einem sehr späten Zeitpunkt
     mitzuteilen, um die Vielfalt der Deutungsmöglichkeiten des Bildes nicht vor-
     zeitig einzuschränken; vgl. Barth, 126.
124 Barth plädiert für eine »dosierte Kontextuierung«; Barth, 127-129.

- Fallen dir Unterschiede zwischen Text und Bild auf?
- Welcher Ausschnitt aus der Erzählung (dem Mythos usw.) ist auf dem Bild dargestellt?[125]
- Welche Szene (Gestalt usw.) steht im Mittelpunkt der künstlerischen, welche im Mittelpunkt der literarischen Darstellung?
- Welchen Schwerpunkt hat der Schriftsteller, welchen der Künstler gesetzt?
- Wie stellt der Künstler, wie der Schriftsteller die Personen / das Geschehen dar?
- Wie deutet der Künstler, wie der Schriftsteller das Geschehen?

4.6.5 Weitere Möglichkeiten der Bilderschließung

Die im Folgenden beschriebenen Methoden können die bereits genannten Schritte vorbereiten, begleiten oder weiterführen, aber auch ohne dieselben zum Einsatz kommen.

Im Mittelpunkt steht dabei jeweils die persönliche Begegnung und Auseinandersetzung mit dem Bild. In der Praxis hat sich für diese Methoden eine Durchführung in Einzel-, Partner- oder Gruppenarbeit bewährt, die auch außerhalb des Unterrichts (z.B. im Rahmen einer Hausaufgabe oder eines Projekts) durchgeführt werden kann.

Bildmeditation
Vor dem Austausch mit den Mitschülern sollte jeder Schüler genug Zeit für die Bildbetrachtung haben und seine persönlichen Eindrücke zunächst einmal schriftlich festhalten.
Mögliche Impulse:[126]
- Was sagt mir das Bild?
- Wohin führt es mich?
- Welche Assoziationen und Fantasien löst das Bild in mir aus?

125 Es braucht nicht eigens betont zu werden, dass »die Zuordnung eines modernen Kunstwerkes zu einem antiken Text ... meistens nur eine Hypothese« ist und »einer genauesten inhaltlichen Analyse bedarf und sich erst durch sorgfältige logische Begründung rechtfertigen lässt.« Freitag, 25.
126 Die Impulse sind bewusst in der ersten Person Singular formuliert.

- Was lehne ich ab?
- Wo kann ich zustimmen?
- Wie behandelt mich das Bild als Betrachter?
- Was erwartet es von mir?
- Überlasse ich mich dem Bild oder sträube ich mich dagegen?[127]

Sinnhaftes Identifizieren
Das sinnhafte Identifizieren[128] lädt den Betrachter ein, sich vorübergehend mit möglichst vielen Sinnen in das Bild »hineinzuversetzen«. Dieser ganzheitliche Zugang intensiviert die Bildbegegnung. Damit die Schüler das Bild nach Möglichkeit mit allen Sinnen wahrnehmen können, bieten sich folgende Impulse an:
- Wo würde ich gerne in diesem Bild sein?
- Was höre (fühle, rieche) ich?
- Mit welcher Figur nehme ich (nicht) gern (Blick-)Kontakt auf?
- In welcher Figur finde ich mich am ehesten wieder?
- Mit welcher Figur kann ich mich (nicht) identifizieren?

Stellen eines »lebenden Bildes«
Die Aufstellung nach einem Kunstbild[129] kann als Sonderform des sinnhaften Identifizierens gesehen werden.[130] Dabei stellen einige Schüler als lebende »Statuen« die Personenkonstellation des Bildes nach, während andere sich als »Statuenbauer« beteiligen oder als aufmerksame Beobachter das Geschehen wahrnehmen.[131] Im Unterricht kann solch ein Experiment nur gelingen, wenn ein Großteil der Schüler bereit ist, sich auf neue Wege einzulassen.
Durchführung:
Um die Rollenverteilung zu erleichtern, stellt der Lehrer entsprechende Kärtchen zur Verfügung, die den Schülern eine klare Zuordnung ermöglichen (z.B. »Statue«: rot; »Statuenbauer«:

---

127 Die letzten beiden Fragen stammen aus: Lange, 44.
128 Guhr / Ständer / Roth-Bußmann, 6-7.
129 Kurz, 91-92; Wicke, 170-173; Scheller, 59-70.
130 Guhr / Ständer / Roth-Bußmann, 6.
131 Vgl. Kap. 3.6.3. Beim Stellen eines »lebenden Bildes« werden allerdings nicht, wie beim Standbild, Szenen aus Texten nachgestellt, sondern (Kunst-)Bilder.

grün; Beobachter: gelb). Die Schüler wählen eine, besser zwei Karten aus und bringen durch ihre Farbwahl zum Ausdruck, welche Rolle(n) sie zu übernehmen bereit sind.

Bei der anschließenden Kleingruppenbildung müssen die unterschiedlichen Rollen in jeder Gruppe in hinreichender Zahl vertreten sein.

Vor der Aufstellung überlegen sich die »Statuen«, welche Person der bildlichen Darstellung sie verkörpern wollen, und einigen sich gemeinsam auf eine Rollenverteilung.

Nun kann jede Gruppe die Personenkonstellation des Bildes nachstellen.

Mögliche Lehrerimpulse:

– Die »Statuen« unter euch nehmen eine Körperhaltung ein, die der gewählten Rolle möglichst nahekommt.

– Die »Statuenbauer« können bei Bedarf die Position der Statue(n) verändern, indem sie die Körperhaltung, Gestik und Mimik mit ihren Händen so lange formen,[132] bis sie der Person der bildlichen Darstellung ihrer Ansicht nach am ehesten entspricht.

– Die Beobachter nehmen aufmerksam die Aktionen und Reaktionen der Akteure wahr, halten ihre Eindrücke schriftlich fest und formulieren an die »Statuen« und »Statuenbauer« Fragen, die eine wichtige Grundlage für die Abschlussbesprechung bilden können.

– Je weniger während dieser Gestaltungsphase gesprochen wird, desto eher wird es euch gelingen, euch in die jeweiligen Personen und deren Gedankenwelt hineinzuversetzen.

– Nach der wortlosen Aufstellung könnt ihr wieder eure gewohnte Körperhaltung einnehmen.

– Ihr habt nun die Gelegenheit, euch über die Empfindungen und Gefühle, die in euch ausgelöst wurden, auszutauschen und auf die Fragen der Beobachter einzugehen.

---

132 Wenn einzelne »Statuen« oder »Statuenbauer« große Berührungsängste haben, kann die gewünschte Haltung der »Statue« vom »Statuenbauer« auch demonstriert werden, ohne dass der »Statuenbauer« die »Statue« anfasst.

Zusätzliche Impulse:
Der Lehrer projiziert das Bild als Folie in hinreichender Größe
an die Wand. Dadurch erhalten die Schüler die Möglichkeit, sich
vor den an die Wand projizierten Personen ins Bild zu stellen
und eine ähnliche Körperhaltung einzunehmen.[133]
    Den Schülern wird aber auch die Möglichkeit eröffnet, ihre
eigene, evtl. ganz andere (Körper-)Haltung zu diesem Thema
einzunehmen und sich in dem anschließenden Gespräch in der
Kleingruppe darüber auszutauschen.
    In einem abschließenden Unterrichtsgespräch können sich die
Schüler über ihre Erfahrungen austauschen. Der Lehrer moderiert das Gespräch lediglich.

Kreative Weiterführung
Bei der kreativen Weiterführung[134] sollen die Schüler ihre Bildeindrücke in eine kreative Tätigkeit ihrer Wahl umsetzen. Einige
Schüler können ihre Eindrücke in kurzen Texten, Gedichten o.a.
verarbeiten. Andere greifen vielleicht lieber zu Farbe und Pinsel
oder bringen ihre Bilderfahrung mit musikalischen Mitteln zu
Gehör.[135]
    Da die kreative Weiterführung Konzentration, Ruhe und hin-
reichend Zeit voraussetzt, scheint eine Durchführung außerhalb
des Unterrichts angeraten (z.B. als Hausaufgabe oder Projekt).
Im Anschluss an die kreative Umsetzung sollten die Schüler
Gelegenheit erhalten, sich in Kleingruppen oder im Plenum über
die selbst gestalteten Texte, Bilder o.a. auszutauschen.

---

133 Wicke, 171.
134 Guhr / Ständer / Roth-Bußmann, 8.
135 Kap. 3.7.3. Anregungen und Tipps zur bildnerischen Gestaltung auch in Goecke-
     Seischab; Wicke, 164-169.

4.7 Filme

4.7.1 Definition und Ziele

Filme sind ein plurimediales und damit in visueller wie auditiver Hinsicht höchst verschlüsseltes Medium. *Dokumentar*filme dienen der Vermittlung von historischen, sach- oder landeskundlichen Informationen. *Spiel*filme erzählen – ähnlich wie Romane oder Kurzgeschichten – immer eine Geschichte. Sie beruhen auf einer Textgrundlage, dem Drehbuch, welches in der Phase der *pre-production* (Planungsphase) entsteht und für den Regisseur als Vorlage für die Produktion eines Films dient. Der Grad der visuellen und auditiven Kodierung von Filmen generiert sich insbesondere in der Phase der *post-production* (Nachbearbeitung), in der vor allem durch den Schnitt des Films und durch die Unterlegung desselben mit bestimmten Sounds bzw. einem Soundtrack besondere Filmaussagen entstehen.

Die Verwendung von Filmen im Unterricht liegt aus verschiedenen inhaltlichen wie methodischen Überlegungen auf der Hand:

Inhaltliche Gründe
(1) Informationsvermittlung: Filme vermitteln Informationen und Hintergrundwissen zu Unterrichtsthemen anschaulicher als beispielsweise ein Bild oder ein Lehrervortrag. Dadurch, dass ein Film mehrere Sinne anspricht und einen längeren Zeitausschnitt abbildet, können die Zuschauer quasi *live* eine historische Situation, eine geografische Region, eine andere Kultur, etc. miterleben.
(2) Erwerb von interkultureller Kompetenz: Ob im Unterricht im Allgemeinen oder im Fremdsprachunterricht im Speziellen motiviert das Medium Film zur Begegnung mit (fremder) Sprache und Kultur. Filme dienen dem Kennenlernen anderer Kulturen, vor allem jener, welche als traditionelle (USA, Großbritannien) wie neuere Zielkulturen (Kanada, Australien, Indien) beispielsweise für den Englischunterricht gelten. Somit unterstützen Filme das vor allem in Lehr- und Rahmenplänen für den Fremdsprachenunterricht festgeschriebene Lernziel der interkulturellen Kompetenz, einschließlich der Befähigungen zum Perspektiven-

wechsel, zur Perspektivenübernahme und zur Perspektivenkoordinierung. Diese Fähigkeiten gewinnen aufgrund der stetig voranschreitenden Globalisierung zunehmend an Bedeutung und stellen neue Anforderungen an Lehrer wie Schüler. Dabei steht die Herausbildung einer »andere[n] Ethik des Umgangs mit dem Fremden« im Mittelpunkt des Unterrichtsinteresses.[136]

(3) Ausbildung von Medienkompetenz: Während Filme im Fremdsprachenunterricht insbesondere das Hör-Verstehen schulen, können sie auch in anderen Unterrichtsfächern (Deutsch, Geschichte, Sozialkunde, etc.) bei entsprechender Schwerpunktsetzung das Seh-Verstehen fördern. Diese Befähigung benennen Lehrplanentwickler eindeutig in den Lehr- und Rahmenplänen vieler Länder.[137] Weil Filme als Medium seitens der Schüler im Alltag häufig eher passiv und unkritisch aufgenommen werden, sollte die differenzierte Rezeption dieses Mediums verstärkt geschult werden. Dies bedeutet, dass Schüler angeregt werden sollen, ihre eigenen Sehgewohnheiten zu reflektieren, wobei Lehrer in der Schule vor allem auch den Umgang mit problematischen und gewalttätigen Filminhalten thematisieren sollten.[138] Ein reflexiver wie kritischer Umgang mit dem Medium Film verfolgt konkrete Zielstellungen:

– (Spiel-)Filme sollen als eine eigene Kunstform und als eigenständiger Unterrichtsgegenstand anerkannt und entsprechend behandelt werden.

– Als plurimedialer Kunstform liegt Filmen eine kompositorische und filmtechnische Erzähltheorie zugrunde, die Schüler erkennen müssen, wollen sie die Bandbreite verschiedener Filmaussagen erschließen.

– Eine informierte Kritik kann daher nur gelingen, wenn Schüler – geschult in der Filmanalyse – den Film ausreichend dekodieren können.

---

136 Volkmann 2000, 17. Unterrichtsmaterialien zum Thema Globalisierung für den Englischunterricht in der Sekundarstufe II in Volkmann (2005).

137 So schreibt z.B. der Thüringer Lehrplan im Rahmen konkreter und orientierender Aspekte für die Unterrichtsgestaltung die »Förderung von Kommunikation sowie von kritischem Umgang mit Informationen und Medien« (1999, 6f.) fest.

138 Vgl. Hildebrand, vor allem 7ff. In diesem Zusammenhang sei auch auf Neil Postmans Schlüsselwerk Das Verschwinden der Kindheit (1986) verwiesen, in dem der Autor auf die Gefahren des Mediums Fernsehen aufmerksam macht.

– Ist ein breiteres und tieferes Interpretationsspektrum erreicht,
  können Schüler zudem nachvollziehen, warum Filme durch
  ihre Rezipienten zum Teil auf unterschiedliche Art und Weise
  wahrgenommen werden.

– Obwohl Filme Verhaltensweisen, Normen und Werte anderer
  Länder und Kulturen spiegeln, sollte die Analyse filmischer
  Texte Schülern eine Form von Medienkompetenz vermitteln,
  die von dem Grundsatz ausgeht, dass Filme – wie andere
  Texte – keine objektiven Abbildungen fremder Kulturen dar-
  stellen.

Methodische Gründe
(1) Schaffen von kommunikativen Unterrichtssituationen: Filme
bieten Ansatzpunkte für kommunikative Unterrichtssituationen,
welche die Entwicklung von Kompetenzen in den Lernbereichen
Verstehen, Sprechen und Schreiben unterstützen. Hiermit verbunden können Schüler komplexe Diskursqualitäten wie das
Diskutieren, Vermitteln und Argumentieren erproben und aus-
bilden. Darüber hinaus unterstützen Filme emotionale Reaktionen und persönliche Stellungnahmen, als Kollektiverlebnisse
geben sie Gesprächsanlässe.[139]
(2) Anlass zur Produktionsorientierung: Schüler können zu einem im Unterricht besprochenen Film selbst Texte verfassen
(z.B. Filmkritik, fiktive Interviews mit Schauspielern, etc.) oder
Materialien erstellen (z.B. Filmposter, Trailer, etc.). Schließlich
kann das Arbeiten mit Filmen auch darin münden, dass Schüler –
auf der Basis des Gelernten – selbst einen Kurzfilm drehen.

Ziel
In der bewussten schulischen Auseinandersetzung mit Filmen
geht es also darum, über eine gezielte Analyse zu einer Deutung
des Films hinsichtlich Filmthematik, Filmtechnik, Filmwirkung
und Filmaussage und somit zu einem fundamentierten kritischen
Zugang zu gelangen. Wenn man das Medium Film als Unterrichtsgegenstand hinsichtlich der Ausbildung von Medienkompetenz auswählt und gezielt behandelt, lässt sich erhoffen,
dass der Medienkonsum von Schülern im Alltag durch im Unter-

---

139 Vgl. hierzu Surkamp, 3.

richt geschulte kritische Zugänge eine Änderung im Zugang des
jugendlichen Fernsehkonsumenten zum Medium zur Folge hat –
wobei man einer numerischen Veränderung im Fernsehkonsum
an sich jedoch skeptisch gegenüber stehen muss.

4.7.2 Mögliche Einsatzorte und Inhalte

Dokumentarfilme
Dokumentarfilme werden im Unterricht zum Zwecke der Informationsvermittlung eingesetzt. Diese können z.b. folgende Bereiche abdecken:
– Historische Informationen / Dokumentationen: In Geschichte,
  Latein, Sozialkunde, Religion, etc. werden Originalmitschnit-
  te oder nachgespielte Szenen von bedeutenden Ereignissen
  gezeigt.
– Landeskundliche Informationen: In Erdkunde oder im Fremdsprachenunterricht wird ein Land oder eine Region im Film
  vorgestellt.
– Sachkundliche Informationen: In Biologie oder anderen Naturwissenschaften portraitieren Filme eine bestimmte Tier-
  oder Pflanzenart, ein physikalisches Phänomen, etc.
– Nachrichtenaufzeichnungen: In Sozialkunde oder den modernen Fremdsprachen werden Mitschnitte aktueller oder historischer Nachrichtensendungen gezeigt.

Spielfilme
Spielfilme dagegen dienen zu großen Teilen der literarischen
Interpretation. Dabei sind zwei Formen denkbar:
– Spielfilme als Ergänzung zur Arbeit mit literarischen Texten:
  In Deutsch oder den modernen Fremdsprachen werden Ver-
  filmungen von Romanen bzw. anderen Prosatexten untersucht
  und mit ihrer Vorlage verglichen. Im Unterricht der alten
  Sprachen bietet es sich an, Verfilmungen von Themen aus der
  Antike (z.B. *Ben Hur*, *Troja*, *Gladiator*, etc.) im Zusammen-
  hang mit der Lektüre antiker Texte zu besprechen.[140]

---

140 Vgl. AU 1/2005, Antike im Film.

- Interpretation eines Spielfilms an sich: Hier wird der Film als eigenständiges Kunstwerk angesehen und im Deutsch- oder Fremdsprachenunterricht mithilfe geeigneter Interpretationstechniken untersucht.

Bei den folgenden Ausführungen steht die unterrichtliche Arbeit mit Spielfilmen im Mittelpunkt.

Filmauswahl

Am Anfang der Überlegungen im Rahmen des Einsatzes von Spielfilmen im Fremdsprachenunterricht – im Folgenden am Beispiel des Englischunterrichts – steht die Filmauswahl. Hier sollten Lehrer abwägen, inwieweit sie sich mit ihrer Auswahl an der Interessenlage der Schüler orientieren wollen. Eine enge Anbindung an die Vorlieben der Schüler bietet die Möglichkeit, der Lebenswirklichkeit der Schüler zu entsprechen und so eine aktive Auseinandersetzung mit ihnen nahe stehenden Themen zu fördern. Bei der Filmauswahl müssen jedoch weitere komplexere Überlegungen angestellt werden. Die Filmauswahl sollte sich nach der Lern- bzw. Altersstufe (Grund-, Mittel-, Oberstufe) der Schüler sowie nach dem didaktischen Bereich (Sprach- oder Literaturdidaktik, *cultural studies*) richten. Dabei darf bei der Auswahl eines Films wie bei der Erstellung einer Unterrichtseinheit zu diesem Film die Relevanz für den Lehr- oder Rahmenplan nicht vernachlässigt werden. Zudem sollte man durchaus auch Filme auswählen, die aufgrund ihrer Thematik, künstlerischen Gestaltung und kulturellen Verortung nicht von vornherein den Interessen und Vorlieben der Schüler entsprechen. Denn gerade durch die kontrastive Auseinandersetzung mit dem »Unbekannten« eröffnen sich Möglichkeiten von der eigenen Lebensweise und teilweise stereotypen Erwartungshaltungen abzusehen und so eigene Wertvorstellungen, Normen und Werte kritisch zu hinterfragen bzw. Vorurteilsstrukturen abzubauen.

Hinsichtlich der Filmauswahl sollte – wie im Bereich des Literaturkanons an Schulen – ferner eine Erweiterung des Filmkanons angestrebt werden.[141] Dies schließt die Forderung ein, den Einsatz von Filmen und die Auswahl nicht allein auf Litera-

---

141 Zur Kritik am Literaturkanon an Schulen und Universitäten vgl. Freese 1996, 155 und 2005, 203f.

tur- und Dramenverfilmungen zu beschränken. Filmotheken sollten neben diesen Klassikern stetig durch aktuelle Filmproduktionen ergänzt werden. Diese mögen aufgrund soziokultureller, geschichtlicher oder politischer Inhalte oder wegen ihrer besonderen filmischen Machart ausgewählt werden.

4.7.3 Charakteristika

Wer plant, Filme im Unterricht einzusetzen, sollte neben der thematischen Relevanz der Filme für den Unterricht und im Hinblick auf den Lehr- bzw. Rahmenplan bei der Konzeption einer Unterrichtseinheit vor allem Überlegungen zu technischen Voraussetzungen und zur Lehrer- bzw. Schülerrolle und den damit verbundenen Sozialformen anstellen.

Technische Voraussetzungen
Die Vorteile der Filmtechnik hinsichtlich der Verfügbarkeit und des didaktisierten Einsatzes von Filmen haben sich durch den Übergang von der Video- zur DVD-Technik innerhalb des vergangenen Jahrzehnts rasant erweitert. Dennoch fällt bei der Analyse der Ist-Situation auf, dass insbesondere das Potenzial der DVD-Technik stellenweise noch nicht vollständig ausgeschöpft wird. Dabei weist diese Technik zahlreiche Eigenschaften auf, die vielfältige Vorteile für den Einsatz dieses Mediums im Unterricht bieten:

– Die Unterteilung des Films in Filmkapitel erleichtert die Navigation im Sinne des »Zurück- oder Vorspringens« zu bestimmten Filmsequenzen.
– Zudem besteht die Möglichkeit einen Film in unterschiedlichen Sprachen und mit unterschiedlichen Untertiteln abzuspielen. Dies eröffnet nicht nur die Möglichkeit, Filme beim Einsatz im Fremdsprachenunterricht stellenweise sprachlich zu entlasten, sondern ermöglicht zudem den fächerübergreifenden Einsatz fremdsprachlicher Filme sowie die Verwendung von Filmen im Rahmen der Herausbildung von Mehrsprachigkeit.
– Wird eine DVD auf dem Computer oder Laptop mithilfe eines entsprechenden Programms (etwa »InterVideo WinDVD«)

abgespielt (und per Beamer projiziert), können Lehrer in der Unterrichtsvorbereitung insbesondere von folgenden zwei Möglichkeiten Gebrauch machen: (1) Erstellung von *screenshots* zur detaillierten Analyse von Filmeinstellungen, (2) das Einsetzen so genannter »Lesezeichen« zum schnellen Aufsuchen ausgewählter Filmsequenzen.

– Die meisten DVDs verfügen über übersichtliche Menüs. Diese erleichtern die Kapitelanwahl wie die Sprach- und Untertitelauswahl. Darüber hinaus weisen sie häufig folgende Extramaterialien aus: Filmtrailer, Audiokommentar des Regisseurs, Standbilder, Interviews mit den Schauspielern, Kurzilme

DVD-Menü von *Kick It Like Beckham*

(*featurettes*) über thematische Elemente des Films oder über die Filmproduktion als Blick hinter die Kulissen (*behind the scenes*-Aufnahmen) und geschnittene Szenen. Von diesen Extramaterialien kann man im Unterricht auf unterschiedliche Art und Weise Gebrauch machen.

Das Ausschöpfen der Möglichkeiten der DVD-Technik ist Grundlage für kreative Unterrichtsformen und ausgefeilte Präsentationstechniken durch Lehrer wie Schüler.

Lehrer- und Schülerrolle

Eigenverantwortliches individuelles wie gemeinsames Lernen sollte auch bei der Filmarbeit im Vordergrund stehen. Filme bieten dabei vor allem Lehrern die Möglichkeit, das Ausmaß und die Anzahl von Lehrervorträgen und lehrerzentrierten Unterrichtsgesprächen zu reduzieren und diese durch Partner-, Gruppen- und Projektarbeit zu ergänzen bzw. teilweise zu ersetzen. Befähigen Lehrer auf der Basis klar strukturierter Rahmenbedingungen ihre Schüler bei der Arbeit mit und an Filmen selbstständig Unterrichtsinhalte zu recherchieren, zu gestalten und zu präsentieren, so fördern sie in entscheidendem Maß nicht nur deren Motivation, sondern zudem deren affektive, kreative, kognitive und kommunikative Fähigkeiten. Damit wird auch Lehr- bzw. Rahmenplananforderungen wie der Schüler-, Handlungs- und Prozessorientierung sowie der Herausbildung bzw. Erweiterung von Sach-, Methoden-, Selbst- und Sozialkompetenz Rechnung getragen.

4.7.4 Durchführung im Unterricht

Für den Einsatz von Filmen im Unterricht eröffnen sich vielfältige Unterrichtsaktivitäten in verschiedenen Sozialformen.

(1) Einzelne Aktivitäten bei der Arbeit mit Filmen
Susan Stempleski und Barry Tomalin unterteilen die Aktivitäten in folgende sieben Bereiche, in denen sie unterschiedliche Vorschläge zur Filmarbeit praktisch umsetzen:[142]

1. Filme allgemein: Analyse von Filmskripten; Umfragen nach dem Lieblingsfilm, der Lieblingsschauspielerin; Bewertung von Filmpostern; etc.
2. Arbeit mit Filmausschnitten: Analyse von Filmtrailern, Filmmusik, Filmaussage, der Erzählperspektive; das darstellende Spielen ausgewählter Szenen; die Arbeit mit dem Audiokommentar des Regisseurs, der Regisseurin; etc.
3. Filmmaterialien: Erstellen von Soundtracks, *storyboards*, Filmskripten; Herstellen von *merchandizing*-Produkten; etc.
4. Arbeit am Film: Nachvollziehen des Handlungsverlaufs des Films; Auswahl von Lieblingsszenen; Erstellen von Filmkritiken; etc.
5. Buch- und Filmvergleich: Arbeit mit Literaturverfilmungen; Vergleich von Filmkritiken und Filmtrailern; Vergleich von Originalversion und Remake; etc.
6. Filmcharaktere: Nachstellen von Interviews mit Filmcharakteren / Filmcrew; Erstellen von Charakterdiagrammen; Verfassen von Briefen an Filmcharaktere; etc.
7. Projektarbeit: Erstellen von Filmführern und -journalen, eines eigenen Trailers oder eines eigenen Kurzfilms; etc.

142 Stemplinski / Tomalin (2001).

(2) Detaillierte Filmanalyse
Auf Grundlage einer Auswahl dieser Aktivitäten kann eine detaillierte Filmanalyse sowohl hinsichtlich der Rahmenbedingungen für die Entstehung von Filmen (Filmquellen, Filmkonzept,
Filmproduktion, Filmgeschichte) als auch in Bezug auf die Erläuterung der Filmästhetik (Kulissenbild, Kameraführung, Mon-
tage / Schnitt, Musik) abgedeckt werden.[143]

(3) Ausweitung auf andere Bereiche und Inhalte
Dies bildet in einem dritten Schritt wiederum den Ausgangspunkt für eine Ausweitung auf andere Bereiche und Inhalte.
Hierbei sollten zudem Überlegungen zum soziokulturellen Gehalt des ausgewählten Films sowie zur intertextuellen Unterrichtsarbeit angestellt werden. Idealerweise entsteht so eine
Unterrichtseinheit, die nicht nur die Themen und Inhalte des
Films aufnimmt, sondern diesen auch als Grundlage für Aktivitäten im Rahmen der Filmanalyse und Filmkritik versteht. Da sich
viele Filme intermedial bzw. intertextuell auf andere Filme,
Songtexte oder kulturelle (Kon-)Texte im weitesten Sinne beziehen, bieten sie einen Ausgangspunkt für weitere Recherche- und
damit verbundene Projektarbeiten.

4.7.5 Beispiele

Im Folgenden seien zum Teil auf Grundlage der Filme *In Ameri-*
ca (Regie Jim Sheridan, 2002), *Whale Rider* (Regie Niki Caro,
2002) und dem mittlerweile als Schulklassiker geltenden *Bend It*
Like Beckham (dt.: *Kick It Like Beckham*, Regie Gurinder Chadha, 2002) sechs Unterrichtsaktivitäten aus den Phasen *pre-*
viewing (vor dem Ansehen des Films), *while-viewing* (während
des Ansehens), *post-viewing* (nach dem Ansehen) als Bestandtei-
le im Unterricht erprobter Unterrichtseinheiten vorgestellt.[144] Die
folgenden Aktivitäten lassen sich als Paradigmen auch auf andere Filme sowie andere Schulfächer übertragen.

---

143 Einführungen in die Filmanalyse und -ästhetik bei Gast, Steinmetz und Phillips
     sowie unter http://www.kinofenster.de, http://www.mediamanual.at.
144 Vollständige Unterrichtssequenzen mit dazugehörigen didaktischen Anleitun-
     gen sowie Arbeitsblättern mit Antwortschlüsseln in Grimm.

Beispiel 1:	Vergleich von Filmpostern
Fach und Klasse:	Englisch; 9,10, Sek. II; adaptierbar für andere Fächer
Zeitpunkt / Einbettung:	Einführung / Anfang der Unterrichtseinheit zum Film *Bend It Like Beckham (pre-viewing-*Aktivität)[145]
Dauer:	ca. 30 Minuten
Erarbeitung / Vorgehensweise:	Farbkopie zweier Filmposter für den Film *Bend It Like Beckham* auf Overhead-Folie: (1) Sprechanlass: Schüler spekulieren über den Inhalt des Films auf Grundlage der Filmposter und zu folgender Aufgabe: *"Have a look at the two movie posters. From the two examples, can you predict the movie's storyline?"* (»Wie könnte man sich anhand der Filmposter den Handlungsverlauf des Films vorstellen?«) (2) Sprechanlass: Wertender Vergleich der Filmposter zu folgender Aufgabe und anhand einer zweispaltigen Tabelle: *"Which of the two posters do you like better? Why? Would you be compelled to see the movie? Why? Why not?"* (»Welches Poster findest du besser? Überzeugen dich die Poster, den Film zu sehen? Begründe!«) (3) Erarbeiten der Struktur der Textsorte Filmposter: *"List the features a movie poster traditionally consists of."* (»Liste die Elemente auf, die ein Filmposter immer enthalten sollte!«)
Sozialform / Aktionsform:	Partnerarbeit, Unterrichtsgespräch
Ziel:	(1) der aufgeklärte Umgang mit Filmpostern (2) das Herausarbeiten der Struktur von Filmpostern: − Filmtitel − Name des Regisseurs − Name der Schauspieler − einprägsame Werbezeile (*strap line*) − auffällig gestaltete Illustration
Fortführung:	Fortsetzung der Unterrichtseinheit: − komplettes Ansehen des Films in vier Sequenzen; begleitet durch Arbeitsblätter zu verschiedenen Schwerpunktthemen (Rollenerwartungen, Kulturkonflikte, Rassismus, Happy End) − Lesen und Erarbeiten einer Filmkritik zum Film − Verfassen eigener Filmkritiken

145 Der Vergleich von Filmpostern kann generell am Anfang einer Unterrichtseinheit zu einem Film stehen und diese einführen. Filmposter sind von der Webseite www.impawards.com zu beziehen.

Beispiel 2:	Analyse einer Filmszene
Fach und Klasse:	Englisch; 9,10, Sek. II; adaptierbar für andere Fächer
Zeitpunkt / Einbettung:	nach dem kompletten Ansehen des Films *Whale Rider* als *post-viewing*-Aktivität oder während des Ansehens als *while-viewing*-Aktivität
Dauer:	ca. 45 Minuten
Erarbeitung / Vorgehensweise:	Detaillierte Analyse der Anfangsszene nach zweimaligem Ansehen; zweigliedriges Arbeitsblatt: (1) vorgegebenes filmästhetisches Vokabular, welches nicht in Gänze in der Szene verwendet wird: *slow motion* (Zeitlupe), *high-angle shot* (Aufsicht), *low-angle shot* (Froschperspektive), *fast-cutting* (schnelle Schnitttechnik), *Dutch angle* (gekippte Kamera), *split screen* (geteilter Bildschirm), *parallel editing* (Parallelschnitt), *long shot* (Totale), *medium close-up* (Halbnah), *flashback* (Rückblende), *over-the-shoulder shot* (über die Schulter gefilmt), *voice-over* (Erzählerkommentar), *exreme close-up* (Detailaufnahme), *blurred lense* (verschwommene Aufnahme). Aufgabe dazu: *"Describe the use of movie language in the powerful scene at the hospital (0:01:11-0:03:12). Re-watch the scene and tick the effects that you think are used."* (»Nenne die filmästhetischen Mittel, die in der folgenden ausdrucksstarken Filmszene genutzt werden!«) (2) Interpretation der Szene; Aufgabe: *"In a few sentences, describe how these effects support the special atmosphere of this scene."* (»Beschreibe, wie die filmästhetischen Elemente die Szene atmosphärisch unterstützen!«)
Sozialform / Aktionsform:	Partnerarbeit, Unterrichtsgespräch
Ziele:	– Filmästhetisches Vokabular einführen und im Rahmen der Szenenanalyse anwenden – Filmästhetische Elemente funktionalisieren: Wie unterstützen diese Mittel die Aussage einer Filmszene? Welche Atmosphäre und welche Emotionen des Zuschauers werden durch sie erzeugt?
Fortführung:	Dieser Aktivität wird Folgendes mit entsprechenden Arbeitsblättern vorangestellt: – Charakterisierung von Filmcharakteren – zentrale Filmthemen – Filmmotive als Metaphern Dieser Aktivität folgen: – inhaltliche Analyse einer Szene – das Erstellen eines *storyboards* – Internetrecherche (WebQuest) zum Vokabular der Maori und den damit verbundenen Traditionen

Der Film *Whale Rider* thematisiert in seiner Eröffnungsszene die Geburt des Maori-Mädchens Paikea. Bei der Geburt stirbt sowohl ihre Mutter als auch ihr Zwillingsbruder. Die Geschehnisse werden mit folgendem *voice-over* (Erzählerkommentar) unterlegt:

In the old days, the land felt a great emptiness. It was waiting to be filled up, waiting for someone to love it, waiting for a leader. And he came on the back of a whale meant to lead a new people. Our ancestor Paikea. But now we were waiting for the first-born of a new generation, for the descendant of the Whale Rider, for the boy who would be chief. [...] But he died. And I didn't. My Koro wished in his heart that I'd never been born. But he changed his mind.

Deutsche Übersetzung: »Damals fühlte das Land eine große Leere. Es wartete darauf, wieder mit Sinn erfüllt zu werden – es wartete auf einen Anführer. Und er erschien auf dem Rücken eines Wals, um ein neues Volk zu führen. Unser Vorfahr Paikea. Jetzt aber warteten wir auf den Erstgeborenen einer neuen Generation, auf den Nachkommen des Walreiters, auf den Jungen, der unser Oberhaupt werden würde. [...] Doch er starb. Ich aber blieb am Leben. Mein Großvater Koro wünschte sich insgeheim, ich wäre niemals geboren worden. Doch bald änderte er seine Meinung.«

Folgende filmästhetische Mittel sollten erkannt, beschrieben und entsprechend interpretiert werden:

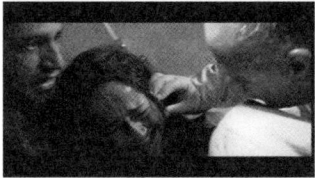

Dutch angle: Die seitwärts gekippte Kamera unterstützt eine Atmosphäre von Angst und drohender Gefahr während des Aktes der Geburt.

Parallelschnitt zur Wal-Aufnahme: Diese Einstellung unterbricht die Geburtsszene. Sie ist thematisch mit dem *voice-over* verbunden.

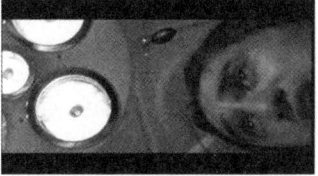

Blurred lense und *extreme close-up*: Die verschwommene Detaileinstellung verdeutlicht weiterhin Aspekte wie Angst, Gefahr und Schmerz.

Low-angle shot (Froschperspektive): Diese Einstellung aus dem Blickwinkel der Gebärenden spiegelt Ausgeliefertsein und ihre Hilflosigkeit.

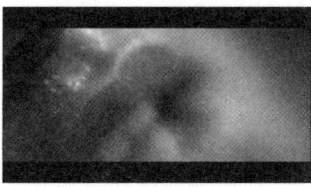

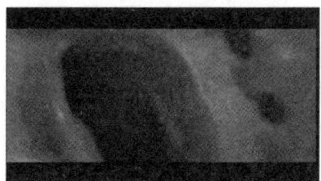

Extreme close-up der Mutter in *slow motion*: Die Mutter artikuliert den Namen ihres Kindes, Paikea. Die Bedeutung des Namens wird betont.

Parallelschnitt zu *extreme close-up* des Babys und zurück zur Mutter: Dies betont die Verbindung zwischen Mutter und Neugeborenem.

Medium close-up: Diese Einstellung, in der der Mann seine verstorbene Frau umarmt, spiegelt eine Atmosphäre der Nähe.

High-angle shot (Aufsicht) auf die Verstorbene und ihren Mann: Diese Einstellung betont das Gefühl der Einsamkeit und Verletzlichkeit.

Beispiel 3:	Erstellen eines Storyboards
Fach und Klasse:	Englisch; 9,10, Sek. II; adaptierbar für andere Fächer
Zeitpunkt / Einbettung:	als *while-viewing* oder *post-viewing*-Aktivität
Dauer:	mit Präsentation ca. 60-90 Minuten
Definition: Storyboard / Storyboarding	Das *storyboard*[146] ist eine zeichnerische Darstellung / Skizze, die Szenen aus dem Filmskript während der *pre-production* (Planungsphase) eines Films in einzelne Einstellungen aufbricht und zeichnerisch als so genannte *frames* (Zeichnungen) umsetzt. Dies gibt dem Regisseur schon vorab einen visuellen Eindruck von einer später zu filmenden Filmsequenz.
Erarbeitung / Vorgehensweise:	Ein ca. 5-zeiliger Ausschnitt aus dem Roman *The Whale Rider* (Witi Tahe Ihimaera, 1987) dient als Textgrundlage. (1) Die Schüler bekommen die Aufgabe, den Text zeichnerisch auf einem vorgegebenen *storyboard*-Arbeitsblatt umzusetzen: *"Use the excerpt and translate it into single frames. Create your own storyboard."* Die erste Textzeile lautet wie folgt: *"Astride the whale she felt the sting of the surf and rain upon her face."* (»Auf dem Wal sitzend, fühlte sie das stechende Prickeln der Brandung und des Regens auf ihrem Gesicht.«) Hierzu entstand folgende Zeichnung einer Schülergruppe: Genutzter Effekt – *long shot* (Totale): Aufnahme aus der Distanz, um neben der Figur auch die Umgebung darzustellen und so auf die Verbindung zwischen Umgebung und Figur hinzudeuten. Der heftige Regen und die unruhige See verdeutlichen die Gefahr, in der sich die Figur befindet, und kreieren eine spannungsgeladene Atmosphäre.

---

146 Storyboards zur Illustration sind auf www.storyboards-east.com/storybrd.htm herunterzuladen.

(2) Die Schüler vergleichen ihr *storyboard* mit der eigentlichen Szene im Film und mit dem Kommentar der Regisseurin (DVD: 1:24:46-1:27:35).

Sozialform / Aktionsform:	Gruppenarbeit, Präsentation, Unterrichtsgespräch
Ziele:	– Die Schüler vollziehen einen wichtigen Schritt in der Produktion eines Films nach. – Sie wenden das filmästhetische Vokabular an und vertiefen es. – Sie erkennen die Wirkungsweise bestimmter Einstellungen und Techniken. – Sie arbeiten fächerübergreifend, indem sie Fähigkeiten und Fertigkeiten aus dem Kunstunterricht einbringen.
Fortführung:	Vgl. Beispiel 2

Beispiel 4:	Einsatz einer Internetrecherche (WebQuest)
Fach und Klasse:	Englisch; 9,10, Sek. II; adaptierbar für andere Fächer
Zeitpunkt / Einbettung:	als *pre-viewing*- oder *post-viewing*-Aktivität
Dauer:	mit Präsentation ca. 60-90 Minuten
Definition: WebQuest	Die WebQuest ist eine durchstrukturierte Internetrecherche, bei der Schülergruppen das Internet gezielt auf Informationen hin durchsuchen. Die Ausrichtung der Informationssuche sollte auf einem vorgefertigten Arbeitsblatt mit folgenden Teilschritten genau festgehalten werden: – Hinführung auf das Thema (hier: Vokabular / Traditionen der Maori) – allgemeine Aufgabenstellung (hier: Informationssuche auf der Grundlage vorgegebener Fragen und Webseiten) – konkrete Fragestellungen (hier: das Aussuchen und Übersetzen einer Vokabel, das Verbinden dieser mit einem Bild und das Recherchieren von Informationen zu dem Wort im Internet) – vorgegebene Internetquellen (hier: die Online-Enzyklopädie www.wikipedia.org) – Hinweise zur Präsentation der Ergebnisse (hier: Präsentation der Ergebnisse unter Einbezug von Präsentationsmedien und einem Filmausschnitt)
Erarbeitung / Vorgehensweise:	Der Film *Whale Rider* arbeitet direkt bzw. implizit mit dem Vokabular der Maori; z.B.: *haka* (Tanz), *waka* (Kanu), *marae* (Treffpunkt bzw. -platz), *taiaha* (Kampfstock), *paikea* (Wal bzw. Walreiter). Fünf Schülergruppen übersetzen je ein Wort, ordnen es einem Bild zu und recherchieren dann dazu im Internet Hintergrundinformationen, die sie anschließend der Klasse präsentieren.
Sozialform / Aktionsform:	Gruppenarbeit, Präsentation
Ziele:	– gemeinschaftliches Erarbeiten von soziokulturellem Wissen – Förderung von Selbst- und Sozialkompetenz sowie von interkultureller Kompetenz – Schulung des Umgangs mit den Medien Computer und Internet
Fortführung:	Vgl. Beispiel 2

Beispiel 5:	Arbeit in Expertengruppen
Fach und Klasse:	Englisch; Sek. II; adaptierbar für andere Fächer
Zeitpunkt / Einbettung	als *post-viewing*-Aktivität
Dauer:	mit Präsentation ca. 90-120 Minuten
Definition: Expertengruppe	In einer Expertengruppe werden Schüler zu Experten auf einem bestimmten Gebiet (hier: im Zusammenhang mit der Filmarbeit). Als Experten geben sie ihr Wissen an die Klasse weiter bzw. werden von dieser als Experten befragt. Im Gegensatz zu einer Web-Quest können die Schwerpunkte hier eine breitere Fächerung aufweisen und dabei dem Paradigma der Binnendifferenzierung Rechnung tragen.
Erarbeitung / Vorgehensweise:	Der Film *In America* verweist aus sich heraus auf andere Texte und auf kulturelle Besonderheiten. Diese sollen durch die Expertengruppen aufgenommen und detailliert bearbeitet werden. Dazu gibt es vier Expertengruppen: (1) Intertextueller Verweis auf das altenglische Märchen *Jack and the Beanstalk* (dt.: *Hans und die Bohnenranke*): Die Expertengruppe liest das Märchen, fasst es zusammen, erläutert die Moral bzw. Hauptaussage und analysiert die Gründe für den filmischen Verweis auf das Märchen. dessen Einbettung in den Film (DVD: 0:25:40-0:27:00). (2) Thematisierung des Feiertages Halloween: Die Expertengruppe nutzt eine Internetrecherche, um die Geschichte und die modernen Traditionen um den Feiertag zu rekonstruieren. Sie nutzt einen Filmdialog, der im Film nach einer amerikanischen Halloween-Feier entsteht, und das Thema der Assimilation von Einwanderern in die dominante Kultur anspricht, um über Vor- und Nachteile der Anpassung von Immigranten an die dominante Kultur zu diskutieren. (3) Erzählperspektive des Films: Die Expertengruppe nimmt eine erzählerische Besonderheit des Films auf – das Erzählen aus der subjektiven Perspektive eines Filmcharakters mithilfe von Erzählerkommentaren (*voice-over*) und dem Camcorder als subjektive Kamera. Die Gruppe beschreibt die Besonderheiten dieser Perspektive und schreibt dann ein *voice-over* für die gleiche Szene (DVD: 0:20:15-0:25:25) aus der Sicht eines anderen Charakters.

	(4) Intermedialer Verweis auf das Lied *Desperado* (The Eagles): Die Expertengruppe rekonstruiert den Liedtext, löst semantische Aufgaben zum Wort »desperado« (Wörterbuchdefinition, Synonyme) und beschreibt einen Filmcharakter mit passenden Adjektiven. Die Gruppe diskutiert dann, inwieweit das Lied eine Filmszene (DVD: 0:58:48-1:0048) atmosphärisch und inhaltlich unterstützt.
Sozialform / Aktionsform:	Gruppenarbeit, Präsentation
Ziel:	gemeinschaftliches Erarbeiten von soziokulturellen, filmästhetischen, intertextuellen und intermedialen Aspekten
Fortführung:	Dieser Aktivität wird Folgendes in der Unterrichtseinheit mit entsprechenden Arbeitsblättern vorangestellt: – das Ansehen des Films in zwei Sequenzen mit begleitenden Fragen – Filmzusammenfassung und Vokabelarbeit Dieser Aktivität folgt: – die Diskussion des Filmschlusses (DVD: 1:32:05-1:33:13) auf Grundlage einer Hör- und Vokabelaufgabe. Hierzu dient eine Transkription des Audiokommentars des Regisseurs zum Filmende. Die Schüler setzen beim Hören / Sehen vorgegebene Vokabeln ein und diskutieren dann über die Ziele, welche der Autor mit dem Schlusspunkt seines Films verbindet.

Beispiel 6:	**Arbeit mit / Verfassen einer Filmkritik**
Fach und Klasse:	Englisch; 10, Sek. II; adaptierbar für andere Fächer
Zeitpunkt / Einbettung:	*post-viewing*-Aktivität
Dauer:	90-120 Minuten
Erarbeitung / Vorgehensweise:	(1) Den Schülern liegt eine Filmkritik zum Film *Bend It Like Beckham* (Philip French, 14. April 2002, *The Observer*) vor. – Die Schüler lesen die Kritik sorgfältig. – Die Schüler versuchen dann, ausgewählte Vokabeln mit einem einsprachigen Wörterbuch Synonymen zuzuordnen und wenden diese in eigenen Formulierungen an. – Nach nochmaligem Lesen arbeiten die Schüler anhand eines Arbeitsblattes den Inhalt der Filmkritik auf mit dem Ziel, die typische Struktur von Filmkritiken zu erkennen. (2) Die Schüler sind aufgefordert, eine eigene Filmkritik zu einem Film der eigenen Wahl zu verfassen und dabei der erarbeiteten Struktur, die nochmals als Arbeitsblatt vorliegt, zu folgen. Die erstellten Filmkritiken gehen der Benotung zu und / oder könnten auf www.amazon.com veröffentlicht werden.
Sozialform / Aktionsform:	Partnerarbeit, Einzelarbeit

Ziel:	Schüler, die einen Film meist relativ unkritisch betrachten bzw. ihre Kritik am Film häufig eher unfundiert vorbringen, erkennen, wie eine begründete Kritik an einem Film aussehen kann, indem sie
	– die typische Struktur von Filmkritiken herausarbeiten:
	  – Einleitung: Informationen über den Film (Preise, etc.), Informationen über den Regisseur, eine kurze Zusammenfassung des Films
	  – Hauptteil: eigene Meinung zum Film auf Grundlage der Beschreibung von Stärken und Schwächen des Films anhand konkreter Beispiele, Aussage / Besonderheiten des Films
	  – Schluss: Zusammenfassung der vorherigen Gedankengänge und dadurch begründet entweder Empfehlung oder Ablehnung des Films
	– eine eigene Filmkritik produzieren

4.8 Lernspiele

4.8.1 Definition und Ziele

Lernspiele sind Medien / Materialien,[147] anhand derer in spielerischer Form Wissen erworben, geübt oder vertieft wird. Die Materialien werden in der Regel in Einzel-, Partner- oder Gruppenarbeit genutzt. Sie eröffnen verschiedene Zugangsweisen zu einem Thema, z.B. schriftliche Rätsel, mündliches Befragen von Spielpartnern oder handlungsorientierter Umgang mit Karten oder Spielsteinen.

Der Einsatz von Lernspielen ermöglicht Folgendes:
– intensives Lernen durch Ausnutzen verschiedener Zugangskanäle,[148]
– hohe Schüleraktivität, da jeder Schüler aktiv beteiligt ist,
– selbstständiges Lernen, da die Verantwortung für die Durchführung des Spiels und für die Kontrolle der Ergebnisse bei den Schülern liegt,
– Binnendifferenzierung, da jeder Schüler / jede Schülergruppe in ihrem eigenen Tempo arbeitet,
– verstärkte Motivation und Spaß am Lernen, der durch Erfolgserlebnisse und den Wettbewerbscharakter mancher Spiele erzeugt wird

4.8.2 Mögliche Einsatzorte

Lernspiele lassen sich an verschiedenen Stellen im Unterricht einsetzen, z.B. im Rahmen einer »offenen Phase« im Lehrbuch-

---

147 »Lernspiel« kann auch als Aktionsform verstanden werden, z.B. das »Galgenmännchen« oder »Vokabelfußball«; ein solches Lernspiel wird mit der ganzen Lerngruppe (mehrere Mannschaften gegeneinander) gespielt. Das vorliegende Kapitel beschränkt sich darauf, Lernspiele als Medien vorzustellen.

148 Rückmeldungen von Schülern nach einer Arbeitsphase mit Lernspielen: »Ich kam gut zurecht, da ich mir durch z.B. Würfelspiele oder Ähnliches die Aufgaben besser merken kann und viele Möglichkeiten habe, effektiv zu lernen. Besser als nur Texte!«, »Ich hab das Thema gut verstanden, weil, wenn man etwas spielerisch lernt, es viel einfacher ist.«

und Lektüreunterricht; als Arbeitsmaterial in Lernzirkel, Freiarbeit oder Wochenplan, evtl. als Produkt bei projektartigen Unterrichtsformen.

Lernspiele eignen sich in den Sprachen für Vokabelarbeit, Formenlehre (Konjugationen, Deklinationen), Üben von syntaktischen Erscheinungen (Bilden von Sätzen und Konstruktionen) und Landes- / Realienkunde. In Mathematik und Naturwissenschaften können Rechen- oder Zuordnungsaufgaben sowie das Abfragen und Üben von Formeln in Lernspiele »verpackt« werden. In den gemeinschaftskundlichen Fächern kann Fachwissen z.B. über Regionen, Personen oder Daten in Lernspielen geübt werden.

4.8.3 Arten von Lernspielen und Beispiele

In den meisten Fällen wird in einem Lernspiel ein bereits erarbeitetes Thema geübt oder vertieft. Lernspiele lassen sich aber auch zum Erschließen / Entdecken eines neuen Themenbereichs einsetzen, wenn dieser nicht zu komplex ist und die Schüler an Vorwissen anknüpfen können.

Kriterien für gute Spiele
Grundsätzlich sollte ein Lernspiel einfache Regeln haben. Die Schüler müssen sofort verstehen, was sie machen sollen, ohne zuerst eine lange Spielanleitung durchzuarbeiten. Sinnvoll ist eine Spieldauer von 5-10 Minuten.[149] Das Material sollte ansprechend gestaltet sein (mit Farben und Bildern, gut zu greifen – also wie ein »echtes Spiel«) und Selbstkontrolle ermöglichen.

Die im Folgenden vorgestellten Materialien sind »Prototypen«, die sich mit unterschiedlichen Inhalten füllen (d.h. beschriften) lassen.

---

149 Ausnahme s.u. »(3) Komplexere Spiele«.

(1) Schriftliche Spiele / Rätsel
Die einfachste Form von Lernspielen sind schriftliche Spiele und Rätsel.[150] Bestimmte Wörter, Formen oder Begriffe müssen entweder gesucht und markiert oder selbst gebildet und aufgeschrieben werden. Die Schüler arbeiten in der Regel in Einzel- oder Partnerarbeit; einige der Spiele / Rätsel lassen sich auch als Wettspiele gestalten, indem mehrere Schüler auf Zeit gegeneinander spielen.[151]

Die Kontrolle erfolgt durch ein Lösungsblatt oder – bei Markierungsaufgaben – durch eine Lösungsfolie (eine Folie, auf der nur die richtigen Markierungen eingezeichnet sind, wird über das Aufgabenblatt gelegt). Aus einzelnen Buchstaben der gesuchten Wörter / Begriffe kann zur Kontrolle auch ein Lösungswort entstehen.

Buchstabengitter / Gitterrätsel / Suchrätsel[152]
In einem Buchstabengitter (Tabelle mit ca. 10x10 Kästchen, in jedem Kästchen steht ein Buchstabe) sind waagrecht, senkrecht oder diagonal Wörter / Begriffe versteckt, die der Schüler suchen und markieren soll.

Gut geeignet für Vokabeln (zu einem bestimmten Wortfeld) und Formenlehre (z.B. Formen von Pronomina oder Verben wie *esse, ire* ...), Fachbegriffe zu einem bestimmten Themengebiet etc.

Beispiel 1:	Gitterrätsel mit Vokabeln zum Thema *In a town*[153]
Fach:	Sprachen, hier: Englisch (5./6. Klasse)
Dauer:	ca. 15-20 Min.
Einbettung:	– Im Unterrichtsgespräch werden englische Vokabeln zum Thema *In a town* gesammelt und an der Tafel notiert.

---

150 Zahlreiche Beispiele für schriftliche Spiele und Rätsel im Lateinunterricht bei Bartl; vgl. auch Beckmann; Drumm (2004), Station 4, Üb.

151 Beispiel für die Gestaltung eines schriftlichen Spiels als Einzelarbeit und (wahlweise) als Wettspiel: Drumm (2005, 2000), Station 0, Üc.

152 Beispiele für Buchstabengitter / Gitterrätsel / Suchrätsel bei Bartl, 26f.; Hofmann / Mayer / Schirok (1997), 102; Kipf, 4.

153 Für die Anregung zu diesem Beispiel danke ich Frau Hedi Wenz, Gymnasium Ramstein-Miesenbach.

	– In Einzelarbeit erstellt jeder Schüler ein Gitterrätsel, in dem er zehn der gesammelten Begriffe waagrecht, senkrecht oder diagonal versteckt. – Die Blätter werden mit dem Tischnachbarn getauscht. Dieser versucht, innerhalb einer vorgegebenen Zeit (ca. 3 min) möglichst viele Begriffe zu finden und herauszuschreiben.
Kontrolle:	Der Verfasser des Rätsels notiert auf der Rückseite alle versteckten Begriffe.

Gitterrätsel *In a town*

B	S	T	A	T	I	O	N	D	P	G	F
G	U	H	C	I	O	H	Y	A	C	E	O
L	P	A	V	E	M	E	N	T	H	D	U
M	E	N	A	K	E	I	F	B	O	B	N
C	R	O	S	S	R	O	A	D	S	U	T
A	M	C	V	C	D	F	C	E	P	I	A
U	A	T	H	K	H	S	B	U	I	L	I
S	R	T	L	U	I	O	H	V	T	D	N
R	K	M	Y	S	R	L	O	G	A	I	F
N	E	P	R	O	U	C	M	L	L	N	R
S	T	R	E	E	T	O	H	N	P	G	T

(Lösungswörter: station, street, pavement, building, hospital, school, fountain, crossroads, church, supermarket)

Silbenrätsel[154]

Aus einem Vorrat an einzelnen Silben müssen Fachbegriffe oder fremdsprachliche Wörter gebildet und aufgeschrieben werden.

154 Beispiele für Silbenrätsel bei Bartl, 37; Beckmann, 7; Hofmann / Mayer / Schirok (1997), 100f.

Kreuzwort-, Kamm- und Wabenrätsel, Wortrad, Bilderrätsel[155]
Anhand einer Definition, einer Zeichnung oder einer Übersetzung müssen Wörter oder Wortformen gebildet werden. Die
Buchstaben dieser Wörter werden in Kästchen eingetragen, die
in verschiedenen Formen angeordnet sein können: als Kreuzworträtsel, als Kamm (ein langes Wort waagrecht, von jedem
zweiten Buchstaben ausgehend ein Wort senkrecht), als Waben
(Wörter von je sechs Buchstaben kreisförmig geschrieben, je
zwei Buchstaben überschneiden sich mit den Buchstaben des
Nachbarwortes), als Rad (Wörter gleicher Länge wie »Speichen«
von außen nach innen geschrieben, der letzte Buchstabe aller
Wörter / die »Radmitte« ist gleich) o.Ä.

Tabellen, Lückentexte ausfüllen[156]
In eine Tabelle oder einen Text müssen fehlende Formen oder
Begriffe eingetragen werden.

In Sprachen gut geeignet für Formenlehre (Stammformenta-
bellen / »irregular verbs«, einzelne Verbformen, Formen von
Substantiven und Pronomina, Steigerung von Adjektiven, ...),
Satzlehre (Einsetzen fehlender Wörter oder Satzteile in einen
Text) und Abfragen von Grammatikregeln (Lückentexte).

In gemeinschaftskundlichen Fächern lässt sich so Fachwissen
üben; in Mathematik kann man Formeln oder Lösungen von
Rechenaufgaben ergänzen lassen.

(2) Spiele mit Karten, Würfeln und anderem Spielmaterial
Der »Spielcharakter« eines Lernspiels tritt deutlicher hervor,
wenn mit »echtem« Spielmaterial gearbeitet wird. Relativ leicht
zu besorgen oder herzustellen sind Würfel, Karteikarten und
andere Formen von Spielkarten aus Pappe / Holz (Domino,
Puzzle, Bandolino u.Ä.). Auch hier sollte das Spielprinzip einfach
bleiben: Es geht entweder darum, Spielkarten richtig zu sortieren
bzw. einander zuzuordnen, oder darum, mithilfe des Materials
eigenes Wissen bzw. das Wissen der Spielpartner (mündlich)
abzufragen.

---

155 Beispiele für Kreuzworträtsel u.Ä. bei Bartl, passim; Beckmann, passim;
    Wagner, 28f.
156 Beispiele für Tabellen bei Drumm (2004), Station 5, Üb; Hofmann / Mayer /
    Schirok (1997), 103ff.; Beispiele für Lückentexte bei Hofmann / Mayer / Schi-
    rok (2000), 23, 25f.

Die Schüler arbeiten in der Regel mit einem Partner oder in einer Kleingruppe; mit vielen Materialien kann man aber auch allein üben. Die Kontrolle erfolgt möglichst durch das Material selbst (Rückseite, Lösungsbild, Spiel »geht auf«, ...).

Karteikarten[157]

Auf der Vorderseite der Karteikarte steht eine Vokabel, eine Rechenaufgabe, ein zu deklinierendes / konjugierendes Wort, eine Wissensfrage o.ä., auf der Rückseite die Lösung. Schüler hören sich gegenseitig ab oder üben allein.

Würfel[158]

Zur Erweiterung von Karteikarten: Es wird zuvor gewürfelt, welche Einzelaufgabe auf der Karteikarte bearbeitet wird. Z.B. muss nur *eine* Frage aus einem bestimmten Wissensgebiet beantwortet oder eine einzelne Wortform gebildet werden. Dazu sind die Würfel beschriftet, z.b. mit einzelnen Wissensgebieten (ähnlich dem Spiel *Trivial Persuit*) oder mit verschiedenen Zeiten und Personen (zum Bilden von Verbformen).

Schüler würfeln abwechselnd / reihum und bilden die entsprechende Form; spielende oder mitspielende Schüler kontrollieren mithilfe der Rückseite der Karteikarte.

Tandembogen

Tandembogen bestehen aus einem »Bogen A« und einem »Bogen B«. Die Schüler arbeiten in Partnerarbeit, d.h., jeder bekommt einen Bogen. Die Bogen enthalten jeweils eine Liste von Fragen / Übungsaufgaben, die mündlich beantwortet werden, und sind so gestaltet, dass ein Schüler die Lösungen für die Aufgaben des anderen hat. Die Schüler arbeiten – immer abwechselnd – ihre Aufgabenliste ab; der Partner kontrolliert sofort.

Gut geeignet für einfache Rechenaufgaben, Vokabelarbeit, Formenübungen, kurze Übersetzungssätze, Wissensfragen oder Fragen zu den Inhalten der gelesenen Lektionstexte.

---

157 Beispiele und Anregungen für die Arbeit mit Karteikarten bei Göttsching / Rode, Lernspiel ALTER ALTERUM INTERROGAT; bei Hofmann / Mayer / Schirok (1997), 55, 90f. u.a.; bei Müller (1997), 82ff.
158 Beispiele und Anregungen für einfache Würfelspiele bei Drumm (2004), Station 5, Üa; bei Hofmann / Mayer / Schirok (1997), 127; bei Müller (1997), 87.

Beispiel 2:	**Tandembogen zur Übung von PPP-Formen**[159]
Fach:	Latein
Dauer:	ca. 10 Min.
Einbettung:	– Im Rahmen einer kurzen Partnerarbeitsphase während des laufenden Lehrbuchunterrichts, – als Station in Lernzirkel- oder Freiarbeit.
Kontrolle:	durch den Partner

Schüler 1 Anleitung: – Bearbeite die einzelnen Felder der Reihe nach. – Hast du ein **graues** Feld, bilde das **PPP** zu dem angegebenen Verb und nenne die deutsche **Übersetzung** des Verbs (im Infinitiv). – Mit den **weißen** Feldern korrigierst du deinen Partner.	Schüler 2 Anleitung: – Bearbeite die einzelnen Felder der Reihe nach. – Hast du ein **graues** Feld, bilde das **PPP** zu dem angegebenen Verb und nenne die deutsche **Übersetzung** des Verbs (im Infinitiv). – Mit den **weißen** Feldern korrigierst du deinen Partner.
PPP von movere	motum (movere: bewegen)
captum (capere: fangen)	PPP von capere
PPP von docere	doctum (docere: lehren)
cognitum (cognoscere: erkennen)	PPP von cognoscere
PPP von facere	factum (facere: machen)
dictum (dicere: sagen)	PPP von dicere
PPP von ducere	ductum (ducere: führen)
iussum (iubere: befehlen)	PPP von iubere
PPP von mittere	missum (mittere: schicken)
petitum (petere: erstreben)	PPP von petere
PPP von respondere	responsum (respondere: antworten)
inventum (invenire: finden)	PPP von invenire
PPP von trahere	tractum (trahere: ziehen)
victum (vincere: besiegen)	PPP von vincere

---

159 Drumm (2004). Weitere Beispiele für Tandembogen bei Hofmann / Mayer / Schirok (1997), 96.

Spielbretter
Ein Spielbrett (DIN A5 oder DIN A4) ist schachbrettartig in Spielfelder unterteilt. Jedes Feld ist beschriftet, z.B. mit Vokabeln, Rechenaufgaben, kurzen Fragen.

Auf diese Spielfelder werden von zwei Partnern abwechselnd Spielsteine gesetzt (System *Mühle*: Man benötigt drei Steine in einer Reihe, darf aber nur auf Felder setzen, deren Vokabeln man übersetzen bzw. deren Aufgaben man lösen kann).

Beispiel 3:	Mühlespiel zu Vokabeln (*Lumina* Lekt. 1-2)[160]
Fach:	Latein
Dauer:	ca. 5 Min.
Einbettung:	– Im Rahmen einer kurzen Partnerarbeitsphase während des laufenden Lehrbuchunterrichts, – als Station in Lernzirkel- oder Freiarbeit.
Kontrolle:	Vokabelverzeichnis im Buch oder Lösungsordner

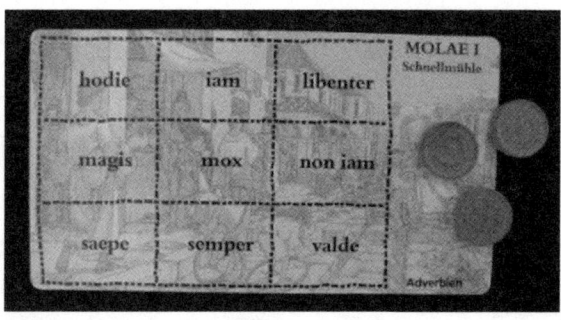

Schieber und Drehscheibe
Aus Papier / Pappe gebastelte Modelle, bei denen ein oder mehrere Papierstreifen verschoben werden können oder ein Rad (System Parkuhr!) gedreht werden kann. So erscheinen in einem oder mehreren Fenstern des Modells verschiedene Aufgaben bzw. Lösungen, oder ein auf dem Modell stehender Satz wird verändert / unterschiedlich ergänzt. Sinnvoll ist Einzel- oder Partnerarbeit.

160 Göttsching / Rode.

Schieber und Drehscheibe eignen sich zum Üben von Vokabeln und Formen, für Aufgaben zur Satzgrammatik und kurze Übungssätze.[161] Außerdem können solche Modelle dazu dienen, neuen Grammatikstoff einzuführen bzw. zu visualisieren, indem die Schüler durch »Spielen« mit dem Modell etwas Neues »entdecken«.

Beispiel 4:	**Schieber zur Einführung des Ablativus absolutus**[162]
Fach:	Latein
Dauer:	ca. 15 Min.
Einbettung:	– Im Rahmen einer Partnerarbeitsphase während der Grammatikeinführung im Klassenunterricht, – als Station im Lernzirkel zum Abl. abs.
Kontrolle:	Unterrichtsgespräch oder Lösungsordner

Links: Ausgangsposition des Schiebers: zwei Einzelsätze; rechts: Schieber nach Verschieben der Papierstreifen: Einer der Einzelsätze wurde als abl. abs. in den anderen Satz eingebettet.

161 Beispiele für Übungen mit Schiebern und Drehscheiben Hofmann / Mayer / Schirok (1997), 86-89; Hofmann / Mayer / Schirok (2000), 11f., 28f.; Behrens, 7f., 29.
162 Drumm (2005, 2000), Station 1, Ea.

Beispiel 5:	Drehscheibe zur Einführung der Sinnrichtungen des Ablativus absolutus[163]
Fach:	Latein
Dauer:	ca. 10 Min.
Einbettung:	– Im Rahmen einer Partnerarbeitsphase während der Grammatikeinführung im Klassenunterricht, – als Station im Lernzirkel zum Ablativus absolutus.
Kontrolle:	Unterrichtsgespräch oder Lösungsordner

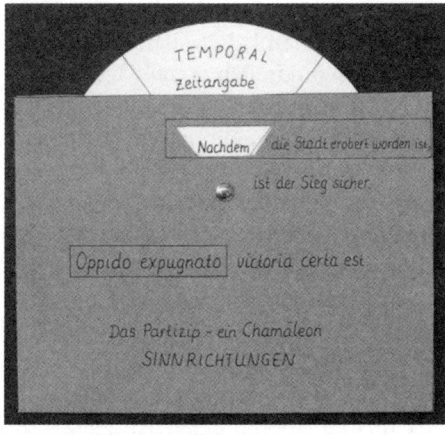

Durch Weiterdrehen der Scheibe verändert sich der deutsche Satz so, dass nacheinander alle Sinnrichtungen ablesbar sind.

Puzzle mit Spielplan

Einseitig beschriftete Kärtchen werden auf passende Felder auf einem Spielplan einsortiert. Einzel- oder Partnerarbeit; wenn das Spiel mehrmals vorhanden ist, auch als Wettspiel in einer Gruppe möglich

Gut geeignet für einfache Rechenaufgaben (System *LÜK-Kasten*), Vokabelarbeit (»Vokabelpuzzle«: auf den Feldern des Spielplans stehen Vokabeln, auf den Kärtchen die Übersetzungen),[164]

---

163 Drumm (2005, 2000), Station 3, Ea.
164 Beispiele für Vokabelpuzzle bei Hofmann / Mayer / Schirok (1997), 70ff.; Müller (1997), 78; 85.

Formenübungen (»Formensalat«: der Spielplan ist eine leere
Deklinations- / Konjugationstabelle, auf den Kärtchen stehen die
deklinierten / konjugierten Formen eines Substantivs / Prono-
mens / Verbs)[165] oder Sachkunde (»Zuordnungsspiel«: der Spielplan ist z.B. der Grundriss eines Hauses oder ein Stadtplan, die
Kärtchen mit den entsprechenden Bezeichnungen müssen richtig
zugeordnet werden).[166]
    Die Korrektur kann so geschehen, dass beim richtigen Aufle-
gen aller Kärtchen ein Lösungsbild entsteht. Befindet sich das
Lösungsbild auf der Vorderseite der Kärtchen, muss es so ab-
strakt sein, dass man nicht einfach nach dem Bild vorgehen
kann; ist das Lösungsbild auf der Rückseite der Kärtchen, sollte
der Spielplan einen Rahmen haben, damit man ihn mitsamt den
aufgelegten Kärtchen umdrehen kann.[167] Natürlich kann man
auch ein Lösungsblatt herstellen oder anhand des Grammatikhef-
tes (z.B. Deklinationen / Konjugationen) kontrollieren lassen.

Domino[168]
Jeweils die rechte Seite eines Spielsteins und die linke eines
anderen passen aneinander; am Schluss bleibt kein Stein übrig.
Gespielt wird zu zweit oder in der Gruppe. Jeder Spieler bekommt die gleiche Anzahl Spielsteine, dann wird reihum angelegt. Wer keinen passenden Dominostein hat, setzt aus. Gewonnen hat, wer als Erster alle Steine angelegt hat.
    Gut geeignet für die Zuordnungen Aufgabe – Ergebnis, Vo-
kabel – deutsche Bedeutung, Gegenteile, Form – Bestimmung,
Substantiv – kongruentes Adjektiv / Partizip, Aktivform – Pas-
sivform, gleiche Wortarten. Kontrolle dadurch, dass sich das
Domino zu einem Kreis schließen lässt; evtl. kann man ein
Lösungsblatt beilegen.

---

165 Beispiele für Formensalat bei Müller (1997), 86.
166 Beispiele für Zuordnungsspiele bei Hofmann / Mayer / Schirok (2000), 167ff.
167 Müller (1997), 82; Kopiervorlage für das Lösungsbild auf der Vorderseite auch
     Hofmann / Mayer / Schirok (1997), 173; Anleitung zum Basteln eines Spiel-
     bretts mit Klapprahmen bei Hofmann / Mayer / Schirok (1997), 52.
168 Beispiele für Dominos bei Göttsching / Rode, Lernspiel PARIA (Wortarten-
     Domino), Lernspiel LIGA! (Deklinations-Domino); Drumm (2004), Station 5,
     Üe; Hofmann / Mayer / Schirok (1997), 40ff., 63ff.; Müller (1997), 81; 85f.

Andere Puzzles zum Anlegen: Quadratpuzzle[169] *und Trimino*[170]
Spielkarten zum Anlegen können auch in quadratischer oder
dreieckiger Form hergestellt und entlang allen Kanten beschriftet
werden. Die Kärtchen müssen dann so aneinandergelegt werden,
dass die Beschriftungen aller jeweils aneinanderstoßenden Kanten zueinander passen. Gespielt wird entweder in Einzel- / Partnerarbeit oder in Gruppenarbeit nach den Regeln des Domino-
spiels.
   Möglichkeiten für Zuordnungen wie beim Domino. Kontrolle
dadurch, dass alle Spielkarten zu einem großen Quadrat bzw.
Dreieck zusammengelegt werden, ohne dass eine Karte übrig
bleibt; evtl. Lösungsblatt.

Memory[171]
Die Spielkarten (von denen je zwei inhaltlich zusammengehö-
ren) liegen verdeckt auf dem Tisch. Ein Spieler (Partner- oder
Gruppenarbeit) darf jeweils zwei Karten kurz aufdecken; passen
sie zusammen, darf er das Pärchen behalten.
   Möglichkeiten für Zuordnungen wie beim Domino. Man soll-
te darauf achten, dass die Zuordnungen eindeutig sind, dass also
jede Karte nur *eine* mögliche Partnerkarte hat.
   Um das Spiel zu erleichtern / beschleunigen, kann man die
Memorykarten in zwei getrennten Feldern auslegen, z.B. auf der
einen Seite des Tisches alle Karten mit den fremdsprachlichen
Vokabeln, auf der anderen Seite alle Karten mit den deutschen
Übersetzungen.[172]
   Kontrolle dadurch, dass das Spiel am Schluss aufgeht. Bei
schwierigen Übungen kann man eine Lösungsliste beilegen,
anhand derer die Schüler die gefundenen Pärchen überprüfen
können.

---

169 Beispiele für Quadratpuzzle Hofmann / Mayer / Schirok (1997), 45ff.; 85;
   Müller (1997), 84; 86.
170 Beispiel für Trimino Hofmann / Mayer / Schirok (1997), 73.
171 Beispiele für Memorys bei Drumm (2004), Station 3, Üb; Hofmann / Mayer /
   Schirok (1997), 79f.
172 Man kann die Memorykarten auch in zwei unterschiedlichen Farben drucken.

Verbolino[173]

Eine längliche Pappkarte ist am rechten und am linken Rand beschriftet und mit kleinen Einkerbungen versehen. Um die Pappkarte wird eine Kordel gewickelt, mit der Zusammengehörendes jeweils vom linken Rand zum rechten Rand hinüber verbunden wird (Prinzip: Bandolino / Bandolo für Kinder). In der Regel in Einzelarbeit zu spielen.

Möglichkeiten der Zuordnungen wie beim Domino. Die Zuordnungen müssen eindeutig sein. Kontrolle: Auf der Rückseite der Karte ist eingezeichnet, wie die Kordel verlaufen muss, wenn alle Verbindungen korrekt gespannt wurden.

Beispiel 6:	Verbolino zu lateinischen Verbformen[174]
Fach:	Latein
Dauer:	ca. 10 Min.
Einbettung:	Als Station in Lernzirkel- oder Freiarbeit.
Kontrolle:	Rückseite

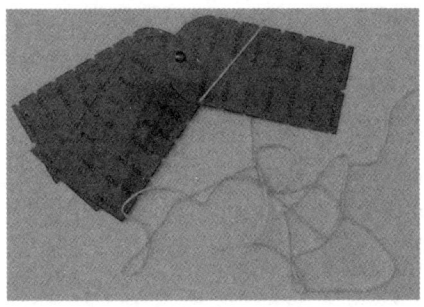

Verbolino zu den Verben esse, posse (1. Karte), ire (2. Karte),
velle, nolle, malle (3. Karte), ferre (4. Karte)

Kommode

Kleine Kärtchen, auf denen z.B. lateinische Formen stehen, müssen in die beschrifteten Schubladen einer »Kommode« einsortiert werden, die aus Streichholzschachteln o.Ä. gebastelt ist. Einzel- oder Partnerarbeit.

173 Beispiel für Verbolino / »Ludus filorum« bei Hofmann / Mayer / Schirok (1997), 129f.; Hofmann / Mayer / Schirok (2000), 98f.
174 Drumm (2004), Station 4, Üc.

Gut geeignet zum Üben von Deklinationen (zwei mal fünf Schubladen: beschriftet mit den fünf Fällen im Singular und Plural)[175] oder von Konjugationen (z.b. zwei mal fünf Schubladen: beschriftet mit verschiedenen Zeiten im Aktiv und Passiv), aber auch zum Zuordnen von Fachbegriffen zu verschiedenen Oberbegriffen etc.

Kontrolle: In jeder Schublade liegt eine kleine Liste mit allen Formen, die dorthin passen. Achtung: Doppeldeutige Formen auf alle möglichen Listen aufnehmen.

Beispiel 7:	**Konjugationskommode zu Verbformen**[176]
Fach:	Latein
Dauer:	ca. 10 Min.
Einbettung:	Als Station in Lernzirkel- oder Freiarbeit.
Kontrolle:	Liste in jeder Schublade oder Lösungsblatt.

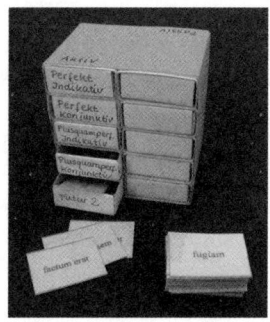

Bausteinkästen

Aus beschrifteten Holzwürfeln oder Pappkärtchen werden fremdsprachliche Wortformen zusammengesetzt (in Latein z.B. Verben aus Stamm, evtl. Bindevokal, Tempuszeichen, Endungen; Substantive aus Stamm und Endungen)[177] oder korrekte Sätze gebildet (aus Subjekten, Objekten, konjugierten Verbformen, Adverbien usw.),[178] Einzel- oder Partnerarbeit.

---

175 Beispiel für Deklinationskommode bei Müller (1997), 89.
176 Drumm (2004), Station 5, Üf.
177 Beispiel für Formenbaukasten bei Drumm (2004), Station 1, Üc.
178 Beispiele für Satzbaukästen bei Hofmann / Mayer / Schirok (2000), 15; 107; bei Kipf, 6.

Kontrolle bei Formenbaukästen durch entsprechende Hinweise auf der Rückseite der einzelnen Bausteine, bei Satzbaukästen durch die Mitspieler oder den Lehrer.

(3) Komplexere Spiele

Neben den bisher vorgestellten spielerischen Einzelübungen gibt es komplexere Spiele, die z.T. mehrere der o.g. Materialien und Aktionsformen vereinen und in der Regel über einen längeren Zeitraum (15-45 min) in einer Gruppe gespielt werden. Spielidee, -material und -regeln sind an »klassische«, im Handel erhältliche Brettspiele, Kartenspiele oder Rollenspiele angelehnt; Spielinhalte können Grammatik (Vokabeln, Formen, Syntax) oder Sachkunde (geschichtliche Fakten, Wissen über verschiedene Länder, Sitten und Persönlichkeiten etc.) sein – in sprachlichen Fächern ist oft beides kombiniert.

Brettspiele

Bei den meisten Brettspielen ziehen die Schüler mit Spielfiguren über ein Spielfeld und müssen auf bestimmten Feldern Aufgaben lösen. Oft ist das Spiel in eine Rahmenhandlung oder Geschichte eingebettet. Nach diesem System lassen sich für alle Fächer Wissenspiele entwerfen.

Beispiele für den Lateinunterricht: *Würfelspiel ALEA; Circus Maximus; Auf Caesars Spuren; Götter, Mythen und Touristen;*[179] *Scrabulus; Kartenklau;*[180] *Equus declinationum;*[181] *Sapere aude;*[182] *Colosseum;*[183] *Die Grammatik in der Falle;*[184] *Bingo; Magister casuum;*[185] *Cursus honorum*[186] sowie die Spiele in *Felix ludens*[187]

Einige der genannten Spiele sind im Handel erhältlich, andere kann man (mithilfe der Kopiervorlagen in der angegebenen Literatur) selbst herstellen.

---

179 Alle vier Spiele bei Kipf, 2ff.
180 Beide Spiele bei Wassenberg, 16f.
181 Müller (2001), 36f.
182 Hotz, 38ff.
183 Schwabenbauer / Hecht-Schwabenbauer, 43ff.
184 Klimek-Winter, 92ff.
185 Beide Spiele bei Hofmann / Mayer / Schirok (1997), 115ff.
186 Hofmann / Mayer / Schirok (2000), 176ff.
187 Kuen.

Kartenspiele
Viele Kartenspiele lehnen sich an das klassische Quartett-/ Quin-
tettspiel an: Die Spieler müssen zu verschiedenen Themen bzw.
Bereichen Serien von jeweils vier bzw. fünf Spielkarten sam-
meln. Diese können sachkundliche (z.b. Länder desselben Kon-
tinents, Schriftsteller aus einer Epoche) oder grammatikalische
Inhalte (z.b. Verben des Wortfeldes »Laufen«, alle Fälle eines
Nomens) haben. Beispiele für den Lateinunterricht: *Quaere!*
(Verben-Quintett),[188] *ludus quaternus*[189]
    Andere Kartenspiele funktionieren nach dem Prinzip des Ste-
chens: Eine Karte mit höherem Wert sticht eine andere (z.b.:
Ablativ sticht Akkusativ, Akkusativ sticht Dativ usw., Plural
sticht Singular). Beispiele für den Lateinunterricht: *Supera!*
(Substantiv-Stechen),[190] *Kartenspiel Latein zur Bestimmung von
Deklinationsformen,*[191] *Stechspiel.*[192]
    Kartenspiele können auch zum Abfragen von Wissen verwen-
det werden: Auf der Vorderseite der Karte stehen Fragen oder
Themen, auf der Rückseite (zur Kontrolle) die entsprechenden
Antworten. Beispiele für den Lateinunterricht: *Felix. Das Kar-
tenspiel,*[193] *Viri nobiles,*[194] Aulis Lernspiele Latein[195]
    Auch andere bekannte Kartenspiele lassen sich mit Inhalten
des Schulunterrichts füllen.[196]

Rollenspiele
Bei Rollenspielen übernimmt jeder Mitspieler die Rolle einer
(fiktiven) Persönlichkeit. Anhand von Info-, Rollen- oder Indiz-
karten müssen die Schüler Szenen spielen oder Aufgaben lösen.
Beispiel für den Lateinunterricht: *Convivium mortis*[197]

---

188 Göttsching / Rode.
189 Hofmann / Mayer / Schirok (2000), 199ff., Hofmann / Mayer / Schirok (1997),
     132.
190 Göttsching / Rode.
191 Steinhilber.
192 Hofmann / Mayer / Schirok (1997), 136f.
193 Hecht / Schwabenbauer.
194 Hofmann / Mayer / Schirok (2000), 192ff.
195 *Quod verbum latet ...?, Quid significat ...?, Perfecte loqui, Romae vivere,* alle
     im Aulis Verlag, Köln.
196 Hofmann / Mayer / Schirok (1997), 131: *Me miserum* (»Schwarzer Peter«);
     138: Räuber-Rommé; Weitz, 92: Mau-Mau, Uno.
197 Kipf, 8ff. Oder die Schüler schreiben selbst Rollenspiele, vgl. Kap. 3.5.

4.8.4 Tipps zur Herstellung und zum Einsatz im Unterricht

Es empfiehlt sich, möglichst viele Lernspiele selbst zu entwerfen und herzustellen, da die Arbeit mit Lernspielen am besten klappt, wenn die Spiele genau zum aktuellen Unterrichtsstoff und zur Lerngruppe passen.[198] Kopierte oder gekaufte Lernspiele sind oft relativ komplex aufgebaut oder decken sich z.B. im Vokabular nicht mit dem Vorwissen der Schüler, sodass eine (zu?) lange Einführungsphase nötig ist.

Sinnvoll ist außerdem, wenn man identisches Arbeitsmaterial mehrfach herstellt. Dann können auch in kurzen Übungsphasen innerhalb einer einzelnen Unterrichtsstunde alle Schüler parallel mit einem Lernspiel (z.B. Domino, Karteikarten, Tandem) üben.

Tipps zur Herstellung[199]
Für Karteikarten, Domino-, Memoryspiele u.Ä. kann man sich Masken per Computer herstellen.[200] Die ausgefüllten Seiten können entweder auf festeren Kopierkarton oder auf Adressaufkleber ausgedruckt werden, die man z.B. auf die Dominosteine aufklebt.

Trennlinien als unauffällige gestrichelte / gepunktete Linien gestalten, da es schwierig ist, später ganz exakt zu schneiden. Bei Kopiervorlagen für Vorder- und Rückseite Trennlinien nur auf *eine* Seite aufdrucken, da die Linien bei Kopien auf Vorder- und Rückseite selten genau deckungsgleich werden

---

198 Tipps zum Entwerfen von Rätseln o.Ä. mit dem Computer in Kap. 4.5.4.
  Grundsätzlich ist es empfehlenswert, Spiele auch von den Schülern selbst herstellen zu lassen, z.B. im Rahmen einer AG oder eines Projektes.
199 Hofmann / Mayer / Schirok (1997), 17f.; 149ff. (mit Leerschemata und Spielfeldern), auch im Internet zu finden:
  www.zum.de / Faecher / Materialien / felix / herstellung.html; vgl. auch Kuen, 4f.; Müller (1997), 79ff. Der zeitliche Aufwand ist zu Beginn hoch; es macht sich aber bezahlt, wenn man von Anfang an qualitativ gutes Material herstellt, das man immer wieder einsetzen kann.
200 Für Karteikarten DIN A7: DIN-A4-Word-Dokument Hochformat; Seitenränder auf 0 cm; Tabelle mit vier Zeilen und zwei Spalten einfügen; Zeilenhöhe auf ca. 7,4 cm definieren, sodass die Tabelle die ganze Seite ausfüllt. Für Dominosteine: DIN-A4-Word-Dokument Hochformat; Seitenränder oben auf 0,8 cm, unten 0,7, rechts und links 0 cm; Tabelle mit acht Zeilen und sechs Spalten einfügen (ergibt 8x3 Steine, da jeder Stein zweigeteilt ist); Zeilenhöhe auf ca. 3,54 cm definieren, sodass die Tabelle die ganze Seite ausfüllt.

Das Material wirkt ansprechender, wenn es auf farbiges Papier bzw. auf farbigen Karton gedruckt ist. Man kann sich ein System für die Farbgebung überlegen, z.b. Übungen zu Vokabeln immer gelb, zu Deklinationen grün, zu Konjugationen blau o.Ä.

Je griffiger das Material ist, desto besser. Kleine Papierzettelchen sind schwer zu greifen, verrutschen auf dem Spielfeld und gehen leicht verloren. Zum Bedrucken oder Kopieren sollte man mindestens 160-Gramm-Papier verwenden; wenn man per Hand beschriftet, noch festeren Karton, Depavit oder Holz. Die Größe der Karten sollte man an »echte« Spielkarten angleichen, also nicht zu klein!

Materialien werden haltbarer und wirken schöner, wenn man sie laminiert oder mit selbstklebender Folie einbindet. Am wenigsten Arbeit macht es, wenn man beim Herstellen von kleineren Kärtchen das ganze DIN-A4-Blatt zuerst laminiert und dann zerschneidet. Auf gute Qualität der Laminierfolie achten, damit sie sich nicht mit der Zeit wieder ablöst!

Zum Schneiden eine Schneidemaschine verwenden.

Auch schriftliche Spiele können auf festeren, farbigen Karton kopiert und laminiert (bzw. in Klarsichthüllen gesteckt) werden. Die Schüler beschriften sie dann mit einem wasserlöslichen Folienstift und wischen ihre Eintragungen nach der Kontrolle wieder ab. So heben sich die Spiele auch deutlicher von »einfachen« Arbeitsblättern ab.

Für den Wiedereinsatz ist es hilfreich, wenn die Materialien genau gekennzeichnet sind (Thema, Lektion o.Ä.) und übersichtlich aufbewahrt werden (in beschrifteten Karteikästen, Ordnern, Schuhkartons o.Ä.), damit man einmal hergestelltes Material schnell wiederfindet.

Bezugsquellen

Blanko-Spielkarten, unbeschriftete Würfel, festen Karton u.a. erhält man in Schreibwarengeschäften. Außerdem bieten einige Verlage Rohmaterialien an. Ausführliche Listen: AU 1/1997, 96; Hofmann / Mayer / Schirok (1997), 145.

Bei vielen Verlagen gibt es zudem Lernspiele und Freiarbeitsmaterialien. Ausführliche Listen mit Verlagen und Spielen für Latein: www.fu-berlin.de/klassphi/didaktik/spiel.html; AU 1/1997, 96; AU 1/2001, 13f.; Hofmann / Mayer / Schirok (1997), 145.

Materialien zum Download:
www.zum.de/Fächer/Materialien/felix.html
Lernspiele zum Spielen im Internet:
www.prolatein.de/spiele.html;
www.interrete.de/spiele/spiele.html

Einsatz im Unterricht
Der Einsatz von Lernspielen will vorher gut durchdacht und
geplant sein. Folgende Punkte sollte man bedenken:

Schwierigkeitsgrad: Wird nur *ein* Spiel parallel von allen
Schülergruppen gespielt, darf dieses nicht zu schwer oder komplex sein, v. a. dann nicht, wenn es dem Einstieg in einen neuen
Themenbereich dient. Die Erklärungsphase sollte nicht länger
dauern als das Spiel selbst, und alle Schüler(gruppen) müssen
das Spiel in der vorgegebenen Zeit lösen können. Gibt es verschiedene Spiele zur Auswahl, sollten alle Schwierigkeitsgrade
vorhanden sein.

Das Spiel / die Spiele sollten einen direkten Bezug zum Unterrichtsthema haben, also Vokabular, Grammatikstrukturen und
Inhalte des aktuellen Themas aufgreifen. Der Eindruck einer
zusammenhangslosen Spielstunde darf nicht entstehen!

Gruppenbildung: Für eine kurze Spielphase innerhalb des
Klassenunterrichts empfiehlt es sich, Zufallsgruppen / -paare zu
bilden. Schüler können sich erfahrungsgemäß besser auf die
Inhalte eines Spiels konzentrieren, wenn sie nicht in ihrer Clique
spielen. Das Vorgehen bei der Gruppenbildung und die entsprechende Sitzordnung sollte man sich als Lehrer im Vorfeld genau
überlegen, damit während der Stunde nicht zu viel Zeit verloren
geht.[201] In offenen Großformen wählen die Schüler natürlich ihre
Spielpartner selbst.

Das Spielmaterial muss in ausreichender Anzahl vorhanden
sein. Im Extremfall benötigt jede Schülergruppe ihr eigenes
Material. Aber auch wenn viele verschiedene Spiele angeboten
werden, kann es ratsam sein, Spielmaterial in mehrfacher Ausfertigung zur Verfügung zu stellen, damit Schüler genug Aus-
wahlmöglichkeiten haben.

---

201 Kap. 2.3.3. und Kap. 2.4.5.

Die Kontrolle geschieht am besten durch das Spielmaterial selbst, in offenen Großformen auch durch Lösungsordner. Wurde nur *ein* Spiel gespielt, kann man dies evtl. im Plenum nachbesprechen oder für die weitere Erarbeitung nutzen.

Literatur

1 Einführung

Drumm, Julia / Frölich, Roland (Hg.): Innovative Methoden für den Lateinunterricht, Göttingen 2007

Meyer, Hilbert: Unterrichtsmethoden I: Theorieband, 11. Aufl., Frankfurt/M. 2005

– : Unterrichtsmethoden II: Praxisband, Frankfurt/M. 2003

2 Sozialformen

Antons, Klaus: Praxis der Gruppendynamik, Göttingen 1996

Bovet, Gislinde / Huwendiek, Volker: Leitfaden Schulpraxis. Pädagogik und Psychologie für den Lehrberuf, 3., erweiterte und bearbeitete Aufl., Berlin 2000

Cohn, Ruth / Terfurth, Christina: Lebendiges Lehren und Lernen. TZI macht Schule, Stuttgart 1997

Drumm, Julia / Frölich, Roland (Hg.): Innovative Methoden für den Lateinunterricht, Göttingen 2007

Fatzer, Gerhard: Ganzheitliches Lernen. Humanistische Pädagogik und Organisationsentwicklung, Paderborn 1998

Glücklich, Hans-Joachim: LU. Didaktik und Methodik, 2. Aufl., Göttingen 1993

Gudjons, Herbert: Spielbuch Interaktionserziehung, 7. Aufl., Bad Heilbrunn 2003

– (Hg.): Handbuch Gruppenunterricht, Weinheim und Basel 1993

Hugenschmidt, Bettina / Technau, Anne: Methoden schnell zur Hand, Stuttgart 2002

Klafki, Wolfgang: Lernen in Gruppen. Ein Prinzip demokratischer und humaner Bildung, in: Gudjons, Herbert (Hg.): Handbuch Gruppenunterricht, Weinheim und Basel 1993, 54-71

Klippert, Heinz: Methoden-Training. Übungsbausteine für den Unterricht, 11., überarbeitete und neu ausgestattete Aufl., Weinheim und Basel 2000

Langmaack, Barbara / Braune-Krickau, Michael: Wie die Gruppe laufen lernt. Anregungen zum Planen und Leiten von Gruppen. Ein praktisches Lehrbuch, 7., vollständig überarbeitete Aufl., Weinheim, Basel 2000

Mattes, Wolfgang: Methoden für den Unterricht. 75 kompakte Übersichten für Lehrende und Lernende, Paderborn 2002

Meyer, Ernst: Gruppenunterricht. Grundlegung und Beispiel, 9. Aufl. des Klassikers der Gruppenpädagogik 1954 in der Neubearbeitung von Gerhard Meyer, Hohengehren 1996

Meyer, Hilbert: Unterrichtsmethoden II: Praxisband, 11. Aufl., Frankfurt/Main 2005

Nürnberger Projektgruppe: Erfolgreicher Gruppenunterricht. Praktische Anregungen für den Schulalltag, Leipzig u.a. 2001

Nuhn, Hans-Eberhard: Partnerarbeit als Sozialform des Unterrichts, Weinheim und Basel 1995

Peterßen, Wilhelm: Kleines Methoden-Lexikon, 2. Aufl., München 2001 *(mit Literaturhinweisen)*

Weber, Hermann / Röschmann, Doris: Arbeitskatalog der Übungen und Spiele, Bd. 2: Ein Verzeichnis von über 400 Gruppenübungen und Rollenspielen, Hamburg 1998

3 Aktionsformen / Handlungsmuster

Barié, Paul: Canere aude, in: AU 5/1979, 73-79

Behrens, Jürgen: Die Ideenbörse. Texte, Spielszenen, Lieder, Bastelvorschläge, Bamberg 2001

Bundesarbeitsgemeinschaft der jungen Philologen im Deutschen Philologenverband (Hg.): Methodentraining für die Schule von morgen, Kreativität und Wissen, Krefeld 1998

Draheim, Joachim: Vertonungen antiker Texte vom Barock bis zur Gegenwart (mit einer Bibliographie der Vertonungen für den Zeitraum von 1700 bis 1978), Dissertation Heidelberg 1978 (Heuremata Band 7), Amsterdam 1981

Draheim, Joachim / Siewert, Walter: Vier Kanons nach lateinischen Texten. Kanons und Lieder – auf Lateinisch, Beilage zu AU 5/1980

Ewald-Spiller, Ulla: Szenische Verfahren im Deutschunterricht am Beispiel von Max Frischs Stück »Andorra«. Kompaktkurs. Staatliches Seminar für Didaktik und Lehrerfortbildung (Gymnasien), Freiburg 2003 [Manuskript]

Fritsch, Andreas: Quin in scholis Latinis experimur Latine cantare, in: Vox Latina 13,49,1977, 286-293

Frölich, Roland / Knöller, Karl-Heinz / Vogel, Volker / Weickenmeyer, Michael: Lernzirkel zu Mythen des Hygin, Göttingen 2003

Haas, Gerhard: Handlungs- und produktionsorientierter Literaturunterricht in der Sekundarstufe I, Hannover 1984

Hofmann, Anton / Mayer, Erich / Schirok, Edith: Handreichungen für offene Unterrichtsformen in Latein, Teil 2: Freiarbeit: Syntax – Textverstehen – Textmontage – Kreatives Schreiben und Gestalten – Realien, LEU L 64, Stuttgart 2000. Vertrieb: Landesinstitut für Erziehung und Unterricht Stuttgart, Wiederholdstr. 13, 70174 Stuttgart, Tel.: 07 11/18 49-5 56; Fax: 07 11/18 49-5 65

Kolossa, Bernd: Methodentrainer, Arbeitsbuch für die Sekundarstufe II / Gesellschaftswissenschaften, Berlin 2000

Laser, Günter: Als römischer Redner agieren, in: AU 6/1999, 43-50

Lehmann, Herbert: Das spielende Klassenzimmer. Anregungen zum Theatermachen, Stuttgart 2000

Maier, Friedrich (Hg.): Kreativität im Lateinunterricht. Neue Chancen zur Steigerung von Effizienz und Motivation, 1. Aufl., Bamberg 2001

Mattes, Wolfgang: Methoden für den Unterricht, 75 kompakte Übersichten für Lehrende und Lernende, Braunschweig / Paderborn / Darmstadt 2004

Mettenberger, Wolfgang: Tatort Theater. Kleiner Leitfaden für »Schauspieler«, Offenbach 1993

Meurer, Horst Dieter / Riebeling, Rekkehart / Selbert, Wolfgang: Handlungsorientiertes Üben, in: AU 2/1997, 45-53

Meusel, Horst: Einsatz spielerischer, bildnerischer und musikalischer Elemente im Unterricht der Alten Sprachen (Spielerisch lernen. Hg. von MKS Baden-Württemberg. H. 4: Alte Sprachen). Stuttgart (Service-Gesellschaft für Druck, Hohenheimer Str. 29, 70184 Stuttgart) o.J.

Meyer, Hilbert: UnterrichtsMethoden II: Praxisband, 11. Aufl. Frankfurt/Main 2005

Meyer, Thomas: Merkverse. Einprägung im Wiederholungsprogramm, in: AU 6/91, 60-69

Moormann, Eric M. / Uitterhoeve Wilfried: Lexikon der antiken Gestalten. Mit ihrem Fortleben in Kunst, Dichtung und Musik, Stuttgart 1995

Peterßen, Wilhelm: Kleines Methoden-Lexikon, 2. Aufl. München 2001

Pietsch, Wolfgang J.: Schüler/innen vertonen lateinische Lieder, in: AU 4/1990, 59-67

Ritter, Hans Martin: Sprechen auf der Bühne, Berlin 1999

Sauer, Michael / Fleitner, Elke: Das Methodenbuch, Lernbox Geschichte, 2. Aufl. Seelze/Velber 2003

Schau, Albrecht: Szenisches Interpretieren im Unterricht, 1. Aufl., Stuttgart 1998

– : Szenisches Interpretieren. Ein literaturdidaktisches Handbuch, 1. Aufl., Stuttgart 2000

Scheller, Ingo: Szenisches Spiel. Handbuch für die pädagogische Praxis, 2. Aufl., Berlin 1999

Seifert, Josef W.: Visualisieren, Präsentieren, Moderieren, 12. Auf. Offenbach 1998

Siewert, Walter: Cantate Latine. Ein Liederbuch für den Lateinunterricht. Boppard 1991

– : Cantate Latine. Lieder und Songs auf Lateinisch, Stuttgart 1992 (Reclam 8802)

– : Das Lied im lateinischen Anfangsunterricht, in: AU 5/1980, 53-65

Spann, Rudolf: »Mit Musik geht alles besser.« Warum nicht auch in Latein?, in: Anregung 27,1981, 206-207

Vester, Frederic: Denken, Lernen, Vergessen. Was geht in unserem Kopf vor, wie lernt das Gehirn, wann lässt es uns im Stich, München 1987

Wülfing, Peter: Antike und moderne Redegestik. Quintilians Theorie der Körpersprache, in: AU 1/1994, 45-63

4 Medien

4.1 Arbeitsblätter

Arbeitsbögen zum lateinischen Sprachunterricht. (Vertrieb: Arbeitskreis Lateinischer Sprachunterricht. Geschäftsführung: Werner Backhaus, Schubertstr. 36, 76275 Ettlingen, Tel.: 0 72 43/71 90 30; E-Mail: *ALS1895@aol.com*)

Bartels, Klaus: Trüffelschweine im Kartoffelacker. 77 Wortgeschichten, Mainz 2003

Carlson, Laurie: Wir spielen Griechen und Römer, Mülheim 2000

Cursus Continuus. Texte und Übungen, Ausgabe A: C.C.Buchner / Lindauer / Oldenbourg, 2. Auflage 1997

Döhring, Elizabeth / Hilke, Marianne / Hundsdörfer, Petra / Rieche, Anita u.a.: Archäologischer Park / Regionalmuseum Xanten, 6 Schülerhefte (jedes Heft zu vielen realienkundlichen Themen, nur z.t. ausschließlich zu Xanten selbst). (Zu beziehen über: Rheinland Verlag, Abtei Brauweiler, 50259 Pulheim.)

Hell, Klaus / Rupp, Robert: Oktopus. Kopiervorlagen. Bei den Römern. Weltmacht am Mittelmeer (hg. v. Klaus Hell und Peter Kirch), 1. Aufl., Gotha 2003

Hugenschmidt, Bettina / Techau, Anne: Methoden schnell zur Hand. 58 schüler- und handlungsorientierte Unterrichtsmethoden, Stuttgart 2003

Interesse. Lehrwerk für Latein als 2. Fremdsprache in zwei Bänden, Ausgabe A: J. Lindauer Verlag (R. Schaefer) München, 1998

Klassische Sagen des Altertums. Sagenhaft erzählt von Michael Köhlmeier, ORF Edition Radio Literatur, I: 1995, II: 1996, III: 1997

Koller, Hermann: Orbis pictus Latinus. Vocabularius imaginibus illustratus, Neuausgabe Düsseldorf / Zürich 1998

Mader, Michael: Lateinische Wortkunde für Alt- und Neusprachler. Der lateinische Grundwortschatz im Italienischen, Spanischen, Französischen und Englischen, 3., verbesserte Aufl., Stuttgart 2005

Nagel, Werner: Latein und romanische Sprachen. Ihre Vernetzung in Unterrichtseinheiten, Bamberg 2003

Nickel, Rainer: Lexikon zum Lateinunterricht, Bamberg 2001

Spann, Rudolf / Baier, Wiltrud: Wir können alle etwas Latein. 61 deutsche Lehnwörter aus der lateinischen Sprache in Bildern mit Angabe des lateinischen Wurzelwortes, Herrsching 1995. (Zu beziehen über ANTIKE ZUM BEGREIFEN, Dr. Gabriele Nick, Niddastr. 7, 65239 Hochheim, www.antike-zum-begreifen.de, nick@antike-zum-begreifen.de)

Spuren der Römer in der näheren Umgebung und in Europa, Landesinstitut für Erziehung und Unterricht (LEU): Materialien L (Latein) 61, Stuttgart 1997 (Bausteine: Römische Expansion, Siedlungs- und Wirtschaftsformen, Alltagsleben, Architektur und Technik, Götterverehrung und Totenkult, Sprachliches Erbe, Britain, Le tour de Gaule, Rom und die Christen). (Zu beziehen über das LEU, Wiederholdstr. 13, 70174 Stuttgart, Tel.: 07 11/18 49-556, www.leu-bw.de)

Steinhilber, Jürgen: Lude Latine 3. Lateinische Rätsel und Spiele für das 3. Lateinjahr, München 1990

–: Medienhandbuch zum Lateinunterricht. Anregungen. Beispiele. Literaturhinweise, Bamberg 1982, 10-12

Tewes-Eck, Roswitha / Dunkel, Erich: Die griechische Sagenwelt, Stuttgart 2000

– / Dunkel, Erich: Die römische Sagenwelt, Stuttgart 2002

– / Dunkel, Erich: Lernerlebnis Griechische Antike. Entdecken, Handeln, Verstehen, 2. Aufl., Paderborn 2001

– / Dunkel, Erich: Lernerlebnis Römische Antike. Entdecken, Handeln, Verstehen, Paderborn 2000

Unterrichtsmodell Antike Sagen (aus der Reihe »EinFach Deutsch«, hg. v. Johannes Diekhaus), Textheft (deutsch), 1. Aufl., Paderborn 2000

Unterrichtsmodell Antike Sagen (aus der Reihe »EinFach Deutsch«, hg. v. Johannes Diekhaus), Lehrerheft mit Kopiervorlagen, 1. Aufl., Paderborn 2003

Visser, Tamara: Schülerarbeitsblätter im Museum. Chancen und Probleme ihrer Ausgestaltung, AU 4+5/2001, 15-23

Viele Verlage geben inzwischen passend zu ihrem Latein-Lehrwerk Schülerarbeits-
hefte heraus, die hier nicht angeführt sind. Ebenfalls nicht angegeben sind die
zahlreichen lateinischen Lektürehefte mit Lehrerkommentar, die z.T. ebenfalls gutes
und vielfältiges Arbeitsmaterial über den Text hinaus, v.a. auch zu Interpretation
und Rezeption, enthalten. Für Materialhinweise vgl. auch die Literaturhinweise zu
Kap. 4.6 und Kap. 4.8.

4.2 Tafel und Folien

Kroner, Bernd / Schauer, Herbert: Unterricht erfolgreich planen und durchführen.
    Der Ratgeber aus der Praxis für die Praxis, Köln 1997
Meincke, Werner: Handreichungen zur Satz- und Texterschließung im Lateinunter-
    richt, in: AU 4/1993, 69-84
Niemann, Karl-Heinz: Bildeindrücke zum Verständnis von Grammatikthemen, in:
    AU 6/2002, 16-18
Niemetz, Gerold: Praxis Geschichtsunterricht. Methoden – Inhalte – Beispiele,
    Stuttgart 1983
Pfeifer-Blaum, Diana: Folienbilder als Texterschließungshilfen, in: AU 6/2002, 22-24
Steinhilber, Jürgen: Medienhandbuch zum Lateinunterricht. Anregungen – Beispiele
    – Literaturhinweise, Bamberg 1982
Thies, Stephan: Visualisierung als didaktisches Prinzip, in: AU 6/2002, 4-12

4.3 Plakate

Grötzinger, Klaus: Gestaltung von Plakaten, München 1994
Klimek-Winter, Rainer: Die Satzgliederbahn, in: AU 4+5/2003, 91
Klippert, Heinz: Methoden-Training. Übungsbausteine für den Unterricht, 3. Aufl.,
    Weinheim / Basel 1995, 169ff.
Mattes, Wolfgang: Methoden für den Unterricht. 75 kompakte Übersichten für
    Lehrende und Lernende, Paderborn 2003, 24f.
Paradies, Liane / Linser, Hans Jürgen: Üben, Wiederholen, Festigen. Praxishand-
    buch für die Sekundarstufe I und II, Berlin 2003, 125-129
www.teachsam.de/arb/lernplakat/arb_1plakat_1.htm
www.teachsam.de/arb/lernplakat/arb_1plakat_3_1.htm
www.teachsam.de/arb/lernplakat/arb_1plakat_3_2.htm
www.teachsam.de/arb/lernplakat/arb_1plakat_3_3.htm

4.4 Tonträger

Blank-Sangmeister, Ursula u.a.: Lumina audio. Hör-CD mit nach *pronuntiatus
    restitutus* gelesenen Lumina-Texten. Sprecher: Julia Hansen und Michael Ja-
    ckenkroll, Göttingen 2005

– / u.a.: Litora audio. Hör-CD mit nach *pronuntiatus restitutus* gelesenen Litora-Texten. Sprecher: Julia Hansen und Michael Jackenkroll, Göttingen 2005

Drumm, Julia: Lernzirkel zu den lateinischen Konjugationen, Göttingen 2004

Frölich, Roland: Lernzirkel zur Arbeit mit dem lateinischen Wörterbuch, Göttingen 1999

Hofmann, Anton / Mayer, Erich / Schirok, Edith: Handreichungen für offene Unterrichtsformen in Latein, Teil 2: Freiarbeit: Syntax – Textverstehen – Textmontage – Kreatives Schreiben und Gestalten – Realien, LEU L 64, Stuttgart 2000

www.bundeswettbewerb-fremdsprachen.de

4.5 Computer

Bechthold-Hengelhaupt, Tilman: Alte Sprachen und neue Medien, Göttingen 2001

– :Computer im Lateinunterricht – Überlegungen und Erfahrungen, in: Forum Classicum 4/97 (online auch unter www.hengelhaupt.de abrufbar)

– : Ethische Aspekte der Gentechnik. Ein Handbuch für den Ethikunterricht, Göttingen 2007

– : Medienkompetenz im altsprachlichen Unterricht, in: AU 3+4/2002, 42-46

Finkenauer, Achim: ... utilitas rei publicae vincat. (Cic. Catil. 4,9). Lektüre der vierten Catilinaria Ciceros in einer 11. Klasse unter besonderer Berücksichtigung der Notstandsproblematik des Staates (Pädagogische Prüfungsarbeit im Fach Latein), Darmstadt 2002 (online unter http://lernarchiv.bildung.hessen.de/archiv/examen/latein/sek02/finkenauer.pdf)

Lanier, Jaron: Digital Maoism: The Hazards of the New Online Collectivism, 30.5.2006, online unter: http://www.edge.org/3rd_culture/lanier06/lanier06_index.html; deutsch in der Süddeutschen Zeitung vom 16.6. 2006 unter dem Titel: »Digitaler Maoismus. Der Trugschluss des Kollektivismus im Internet«

Thies, Stephan: Vom Unterricht ins Internet – eine Recherche, in: AU 3+4/2002, 66-70

Vollbrecht, Ralf: Einführung in die Medienpädagogik, Weinheim und Basel 2001.

Wagner, Peter: Üben der lateinischen Tempora »Perfekt« und »Imperfekt«, in: AU 1/97, 25-37, besonders 36f.

Zanini, Anja: Computergestützte Textestrukturierung, in: AU 3+4/2002, 32-35

Das alte Rom, CD-ROM/DVD; Systhema (United Soft Media), München 2001

http://www.geschichte.uni-osnabrueck.de/projekt/

www.hengelhaupt.de/latein

http://www.hengelhaupt.de/latein/ovid-met.htm

http://latein.eduhi.at

www.latein-woerterbuch.de

www.latein.zum.de

http://www.sodis.de

4.6 Bilder

Barth, Walter: Kunstbetrachtung als Wahrnehmungsübung und Kontextunterricht. Grundlagen und Unterrichtsbeispiele, Hohengehren 2000

Bätschmann, Oskar: Einführung in die kunstgeschichtliche Hermeneutik, Darmstadt 1984

Bechthold-Hengelhaupt, Tilman: Alte Sprachen und neue Medien, Göttingen 2001

Bertscheit, Ralf: Bilder werden Erlebnisse. Mitreißende Methoden zur aktiven Bildbetrachtung in Schule und Museum, Mülheim an der Ruhr 2001

Bothe, Marie-Luise: Textbezogener Einsatz von Abbildungen im Lehrbuch, AU 1/1994, 86-89

Colombati, Silvia: Flip-Poster. SPQR. Kultur und Faszination des antiken Roms auf mitreißenden Bildern neu entdecken, Stuttgart 1997

Cremer, Claudia u.a.: Fenster zur Kunst. Ideen für kreative Museumsbesuche, Berlin / Milow 1996

Dech, Uwe Christian: Sehenlernen im Museum. Ein Konzept zur Wahrnehmung und Präsentation von Exponaten, Bielefeld 2003

Disselkamp, Christoph: Das Bild als Hilfe beim Dekodieren, AU 1+2/1990, 51-55

Fina, Kurt, in: Filser, Karl (Hg.): Theorie und Praxis des Geschichtsunterrichts, Bad Heilbrunn 1974, 110-126

Fink, Gerhard / Niedermeier, Eduard: Succursus Arbeitsheft A zu CURSUS NOVUS compactus, Lektionen 1-50, Bamberg 1991

Freitag, Christiane: Altsprachlicher Unterricht und Moderne Kunst. Lektüreprojekte, Bamberg 1994

Glücklich, Hans-Joachim: Hercules und Cacus. Ein Beispiel für Veranschaulichung durch Umsetzung eines Textes in Bilder, AU 1+2/1990, 56-64

Goecke-Seischab, Margarete Luise: Miteinander kreativ sein. Bildnerisches Gestalten in kirchlichen Kinder-, Jugend- und Erwachsenengruppen, Lahr 1989

– / Domay, Erhard: Botschaft der Bilder. Christliche Kunst sehen und verstehen lernen am Beispiel von 9 Farbtafeln und 9 Dias, Lahr 1990

Grohn-Menard, Christin: Caesaris expeditio in Germaniam. Ein Comic-Projekt in der Einführungsphase, in: AU 1+2/1990, 69-72

Guhr, Sigrid / Ständer, Christina / Roth-Bußmann, Ingrid: Unterrichtsideen. Ich möchte wissen, was dahinter ist ... Moderne Kunst im Religionsunterricht, Leipzig u.a. 1998

Hey, Gerhard: Lernen durch Spielen. Lernspiele im lateinischen Sprachunterricht, 2. Aufl. Bamberg 1991

Hofmann, Anton / Mayer, Erich / Schirok, Edith: Handreichungen für offene Unterrichtsformen in Latein, Teil 2: Freiarbeit: Syntax – Textverstehen – Textmontage – Kreatives Schreiben und Gestalten – Realien, LEU L 64, Stuttgart 2000. Vertrieb: Landesinstitut für Erziehung und Unterricht Stuttgart, Wiederholdstr. 13, 70174 Stuttgart, Tel.: 07 11/18 49-5 56; Fax: 07 11/18 49-5 65

Kaufmann, Dieter / Tiedemann, Paul: Internet für Althistoriker und Altphilologen. Eine praxisorientierte Einführung, Darmstadt 1999

Koller, Hermann: Orbis Pictus Latinus, 5. Aufl. Zürich / München 1989

Kowalski, Klaus: Methoden der Bildanalyse. Arbeitsheft, Stuttgart 2001

Kurz, Helmut: Methoden des Religionsunterrichts. Arbeitsformen und Beispiele, 2. Aufl. München 1989

Lange, Günter: Bilder zum Glauben. Christliche Kunst sehen und verstehen, München 2002

Maier, Friedrich: Lateinunterricht zwischen Tradition und Fortschritt, Band 2, 2. Aufl. Bamberg 1987

–: Lateinunterricht zwischen Tradition und Fortschritt, Band 3, 2., durchgesehene Aufl. Bamberg 1988

Manguel, Alberto: Bilder lesen. Eine Geschichte der Liebe und des Hasses, Hamburg 2002

Mertin, Andreas / Wendt, Karin: Mit zeitgenössischer Kunst unterrichten. Religion – Ethik – Philosophie, Göttingen 2004

Nickel, Rainer: Die Alten Sprachen in der Schule. Didaktische Probleme und Perspektiven, Kiel 1974

– : Lexikon zum Lateinunterricht, Bamberg 2001

Niemann, Karl-Heinz: Bildeindrücke zum Verständnis von Grammatikthemen, AU 2/1998, 15-18

– : »Valde te rogo, ut secundum pedes statuae meae catellam pingas ...«. Bilddokumente geben Impulse zum Textverständnis, AU 2/1998, 19-35

– : Bilder als Dokumentationen von Lernergebnissen, AU 6/2002, 50-57

Reinhart, Günter: Text und Bild, in: Bayer, Karl (Hg.): CURSUS NOVUS COMPACTUS. Methodisches Beiheft A, Lektionen 1-50 von Fink,Gerhard / Reinhart, Günter / Schirok, Edith, Bamberg / München 1991

Richard, Birgit / Tiedemann, Paul: Internet für Kunsthistoriker. Eine praxisorientierte Einführung, Darmstadt 1999

Richter-Reichhelm, Joachim: De Davo servo mendaci. De Aulo fastidio. Zwei lustige Geschichten zur Wiederholung lateinischer Gliedsätze, 3. Aufl. Frankfurt/M. 1988

– / Richter-Reichhelm, Kristin: Casus in Comics. Text und grammatisches Arbeitsheft, Frankfurt/M. 1982

Riedel, Ingrid: Bilder. In Therapie, Kunst und Religion, Stuttgart 1988

Sarholz, Werner: Illustration einer Lektüre, AU 2/1998, 49-53

Schareika, Helmut: Ins Netz gegangen, AU 3+4/2002, 72-73

Scheller, Ingo: Szenisches Spiel. Handbuch für die pädagogische Praxis, Berlin 1998

Scherling, Theo / Schuckall, Hans-Friedrich: Mit Bildern lernen. Handbuch für den Fremdsprachenunterricht, 6. Aufl., Berlin u.a. 2001

Steinhilber, Jürgen: Medienhandbuch zum Lateinunterricht. Anregungen, Beispiele, Literaturhinweise, Bamberg 1982

Stratenwerth, Dietrich: Bildgeschichten als Kontextlieferanten, AU 6/2002, 13-15

Thies, Stephan: Visualisierung als didaktisches Prinzip, AU 6/2002, 4-12

Weidenmann, Bernd (Hg.): Wissenserwerb mit Bildern. Instruktionale Bilder in Printmedien, Film / Video und Computerprogrammen, Bern u.a. 1994

Wicke, Rainer-Ernst: Grenzüberschreitungen. Der Einsatz von Musik, Fotos und Kunstbildern im Deutsch-als-Fremdsprache-Unterricht in Schule und Fortbildung, München 2000

4.7 Filme

Caro, Niki: Whale Rider, mit: Keisha Castle-Hughes, Rawiri Paratene, Vicky Haughton, Cliff Curtis, Neuseeland / Deutschland 2002.

Chadha, Gurinder: Bend It Like Beckham, mit: Parminder Nagar, Keira Knightley, Jonathan Rhys Meyers, Anupam Kher, Juliet Stevenson, Großbritannien / Deutschland / USA 2002

Freese, Peter: Universality vs. Ethnocentricity, or: the Literary Canon in a Multicultural Society, in: Zeitschrift für Anglistik und Amerikanistik 44.2/1996, 155-170

– : American Studies and EFL Teaching in Germany. A Troubled Relationship, in: Amerikastudien / American Studies 50.1,2/2005, 183-229

Gast, Wolfgang: Film und Literatur. Analysen, Materialien, Unterrichtsvorschläge. Einführung in Begriffe und Methoden der Filmanalyse, Frankfurt/Main 1993

Grimm, Nancy: Teaching Films. In America, Whale Rider, Bend It Like Beckham, aus der Reihe eXplorations, hg. von Laurenz Volkmann, Göttingen 2007

Hildebrand, Jens: Film. Ratgeber für Lehrer, Köln 2001

Phillips, William H.: Film. An Introduction, Boston u.a. 2005

Postman, Neil: Das Verschwinden der Kindheit, Frankfurt/Main 1986

Sheridan, Jim: In America, mit: Sarah Bolger, Emma Bolger, Samantha Morton, Paddy Considine, Djimon Hounsou, Irland / Großbritannien 2002

Steinmetz, Rüdiger: Filme sehen lernen. Grundlagen der Filmästhetik, Frankfurt/ Main 2003 (nur vom Verlag erhältlich, www.Zweitausendeins.de)

Stempleski, Susan & Tomalin, Barry: Video in Action. Recipes for Using Video in Language Teaching, New York & London 1990

– : Film, Oxford 2001

Surkamp, Carola. Teaching Films. Von der Filmanalyse zu handlungs- und prozessorientierten Formen der filmischen Textarbeit, in: Der Fremdsprachliche Unterricht Englisch 68/2004, 2-8

Thüringer Kultusministerium: Lehrplan für das Gymnasium. Englisch, Erfurt 1999

Tomalin, Barry & Stempleski, Susan: Cultural Awareness, Oxford 1993

Volkmann, Laurenz: Interkulturelle Kompetenz als neues Paradigma der Literaturdidaktik? Überlegungen mit Beispielen der postkolonialen Literatur und Minoritätenliteratur, in: Wie Ist Fremdverstehen Lehr- und Lernbar?, hg. von Lothar Bredella, Franz-Joseph Meißner, Ansgar Nünning & Dietmar Rösler, Tübingen 2000, 164-190

– : The Global Village. Progress or Disaster?, Frankfurt/Main 2005

Filminformationen: www.imdb.com, http://allmovie.com, www.filmsite.org

Filmkritiken: www.rottentomatoes.com, www.imdb.com, http://filmcritic.com

Filmskripte: http://www.geocities.com/hollywood/9371/scriptlist1.htm

Screenplays: http://dir.yahoo.com/Entertainment/Movies_and_Film/Screenplays

Storyboards: www.storyboards-east.com/storybrd.htm

Filmposter: www.impawards.com

Songs: www.lyricsdownload.com

Filmportal: http://dir.yahoo.com/Entertainment/Movies_and_Film

British Film Institute: www.bfi.org.uk

Medienarbeit: www.kinofenster.de, www.mediamanual.at

Unterrichtsvorschläge: www.sester-online.de/englisch/film,_video.htm

4.8 Lernspiele

Bartl, Manfred: Rätseln mit Spaß. Latein, München 1996

Beckmann, Heiko: Rätsel im Lateinunterricht, Köln 2003

Beer, Sonja: Lumina Lernspiele 2, Göttingen 2000

Behrens, Jürgen: Die Ideenbörse. Texte, Spielszenen, Lieder, Bastelvorschläge, Bamberg 2001

Drumm, Julia: Lernzirkel zu den lateinischen Konjugationen, Göttingen 2004

– : Lernzirkel zum Ablativus absolutus, Göttingen 2005, 2000

Göttsching, Verena / Rode, Inge: Lumina Lernspiele 1, Göttingen 1999

Hecht, Viola / Schwabenbauer, Raimund: Felix. Das Kartenspiel, Bamberg

Hofmann, Anton / Mayer, Erich / Schirok, Edith: Handreichungen für offene Unterrichtsformen in Latein, Teil 1: Freiarbeit: Einführung – Wörter – Formen, LEU L 62, Stuttgart 1997 (mit Diskette im Format Winword 6.0/W95). Vertrieb: Landesinstitut für Erziehung und Unterricht Stuttgart, Wiederholdstr. 13, 70174 Stuttgart, Tel.: 07 11/18 49-5 56; Fax: 07 11/18 49-5 65

Hofmann, Anton / Mayer, Erich / Schirok, Edith: Handreichungen für offene Unterrichtsformen in Latein, Teil 2: Freiarbeit: Syntax – Textverstehen – Textmontage – Kreatives Schreiben und Gestalten – Realien, LEU L 64, Stuttgart 2000. Vertrieb: Landesinstitut für Erziehung und Unterricht Stuttgart, Wiederholdstr. 13, 70174 Stuttgart, Tel.: 07 11/18 49-5 56; Fax: 07 11/18 49-5 65

Hotz, Michael: »Sapere aude«. Einsatz eines Wissensspiels im Lateinunterricht, in: AU 1/2001, 38-42

Kipf, Stefan: Et vitae et scholae ... ludimus. Das Lernspiel im altsprachlichen Unterricht, in: AU 1/2001, 2-14

Klimek-Winter, Rainer: Die Grammatik in der Falle – Ein Würfelspiel, in: AU 4+5/2003, 92-95

Kuen, Matthias: Felix ludens. Lernspiele zu den Anfangslektionen. Leitfaden und Kopiervorlagen, Bamberg 2003

Meurer, Horst Dieter / Riebeling, Rekkehart / Selbert, Wolfgang: Handlungsorientiertes Üben, in: AU 2/1997, 45-53

Müller, Ralph: Equus declinationum, in: AU 1/2001, 36-37

Müller, Ralph: Spielerische Übungsformen für Freiarbeit in der Sekundarstufe I, in: AU 1/1997, 77-91

Nesemann, Matthias: Kann denn Spielen Syntax sein?, in: AU 2/1997, 65-74

Schwabenbauer, Raimund / Hecht-Schwabenbauer, Viola: Colosseum. Ein Lernspiel von Eltern für Kinder, in: AU 1/2001, 43-46

Steinhilber, Jürgen: Die Übung im lateinischen Sprachunterricht. Grundlagen. Methoden. Beispiele, Bamberg 1986

Steinhilber, Jürgen: Kartenspiel Latein zur Bestimmung von Deklinationsformen

Wagner, Peter: Üben der lateinischen Tempora »Perfekt« und »Imperfekt«, in: AU 2/1997, 25-37

Wassenberg, Jörg: Vacca currens & Co., in: AU 1/2001, 15-20

Weitz, Friedemann: Pronomina ins (Karten-)Spiel gebracht, in: AU 4+5/2003, 92

Autorinnen und Autoren

Bechthold-Hengelhaupt, Tilman
unterrichtet Latein, Deutsch und Ethik am Graf-Zeppelin-Gymnasium in Friedrichshafen und ist Fachberater für das Fach Latein beim Regierungspräsidium Tübingen.

Biastoch, Dr. Martin
unterrichtet Latein, Griechisch und Geschichte am Max-Planck-Gymnasium in Göttingen.

Drumm, Julia
unterrichtet Latein und Französisch am Gymnasium Ramstein-Miesenbach.

Frölich, Roland
unterrichtet Latein und Mathematik am Gymnasium St. Franziskus in Kaiserslautern und ist Fachleiter für Latein am Studienseminar Kaiserslautern.

Grimm, Nancy
ist wissenschaftliche Mitarbeiterin am Lehrstuhl für Englische Fachdidaktik der Friedrich-Schiller-Universität Jena.

Kliemt, Stefan
unterrichtet Latein, Geschichte und Katholische Religion am Kurfürst-Balduin-Gymnasium in Münstermaifeld.

Münch-Rosenthal, Bettina
unterrichtet Latein und Geschichte am Privaten Gymnasium Nonnenwerth in Remagen.

Scholz, Ingvelde
unterrichtet Latein und Evangelische Religion am Friedrich-Schiller-Gymnasium in Fellbach. Sie ist Fachberaterin für Latein am Regierungspräsidium Stuttgart sowie Fachleiterin für Latein, Lehrbeauftragte für pädagogische Psychologie und Leiterin der Projektgruppe Begabten- und Hochbegabtenförderung am Studienseminar Stuttgart.

Siemer, Joanna
unterrichtet Latein, Deutsch und Griechisch am Johannes-Kepler-Gymnasium Stuttgart-Bad Cannstadt.

Wehmann, Philipp
unterrichtet Latein und Geschichte an der Deutschen Schule Tokyo/Yokohama.